Nils Straatmann
AUF JESU SPUREN

Nils Straatmann

AUF JESU SPUREN

Eine Wanderung durch Israel und Palästina

Mit 35 farbigen Abbildungen und zwei Karten

MALIK

Mehr über unsere Autoren und Bücher:
www.malik.de

MIX
Papier aus verantwortungsvollen Quellen
FSC® C083411

ISBN 978-3-89029-479-7
3. Auflage 2019
© Piper Verlag GmbH, München 2017
Redaktion: Fabian Bergmann, München
Bildteilfotos: Sören Zehle, außer: S. 13 oben (Nils Straatmann)
Karte: Marlise Kunkel, München
Satz: Kösel Media GmbH, Krugzell
Litho: Lorenz & Zeller, Inning a. A.
Druck und Bindung: CPI books GmbH, Leck
Printed in Germany

Inhalt

Prolog 7

Das geheime Gatsby 10

Die Skyline des Heilands 17

Jesus und Lenin 29

Der Herr des Weinbergs 42

Das erste Wunder 55

Von Zimmermännern und Dschinns 62

Die Zähne des Lahvac 73

Verklärungsbedarf 83

Die Taufe am Jordan 88

Putins Bruder 93

Lina Magdalena 100

Jesus Christus Superstar 108

Der große Abuna 122

Das zweite Wunder 130

Die Lichtung des Lahvac 143

Die Grenze der Bibel 151

Die Bewohner des Hermons 168

Das Tal der Tränen 184

Familienbande 194

Der Fischer vom See Genezareth 204

Ramadan, habibi 215

Widerstand im Zeichen des Biers 235

Die Axt am Baum 241

Zwei Welten in keinem Land 251

Erinnerung und Identität 265

Der Deutsche, der Garten und das leere Grab 271

Das tote Mädchen 284

Epilog 300

Dank 304

Prolog

8. Juli 2016, Zgheib-Militärbasis, Sidon, Libanon
Mehrere Rollen NATO-Draht schirmen die Straße vom restlichen Verkehr ab. Ein Panzer steht in der Einfahrt, das Rohr direkt auf uns gerichtet. Ein Typ in Uniform sitzt am Geschützturm und raucht eine Zigarette. Hinter ihm an einer Schranke stehen weitere Soldaten. Von ihren Schultern hängen Gewehre.
»Was wollt ihr hier?«, fragt einer von ihnen auf Englisch.
»Wir brauchen eine Genehmigung, um in den Süden des Landes zu kommen«, antworte ich so naiv wie möglich. »Uns wurde gesagt, wir sollen uns an euch wenden.«
»Wer hat das gesagt?«
»Freunde. Im Hostel.«
Der Soldat winkt uns zu einem weiß getünchten Empfangshäuschen, wo ein schlecht gelaunter Beamter hinter einem abgewetzten Schreibtisch unsere Pässe kontrolliert.
»Telefone?«, fragt er barsch. »Abgeben!«
Wir ziehen unsere Handys aus der Tasche und händigen ihm damit unsere einzige Sicherheit aus. Sein Blick fällt auf unsere Flipflops.
»Was sind denn das für Schuhe? Das sind keine Schuhe! Habt ihr andere dabei?«
Ich schüttle den Kopf.
»Ich mag eure Schuhe nicht. Die werden Probleme bereiten. Besorgt euch andere Schuhe!«
»Wir haben kei…«
»Dann haut ab!«
Ich blicke zu Sören, er blickt zurück. 12 000 Kilometer, Hamburg–Tel Aviv–Hamburg und dann zurück in den Nahen Osten.

Wochen voller Recherchen, je ein zweiter Reisepass, ein kompletter Gepäckwechsel, und das alles, nur um jetzt von einem mies gelaunten Typen mit schlecht gestutztem Schnurrbart wegen unserer Flipflops abgewiesen zu werden. Danke, Jesus! Hätten sich die Torwachen in Jerusalem wegen deiner Sandalen so angestellt, hätte sich deine Botschaft nie verbreiten können.

»Gibt es wirklich keine Möglichkeit, mit diesen Schuhen ...«, setze ich an, doch der Beamte grätscht dazwischen: »Hört zu: Entweder ihr steht hier jetzt noch eine Weile rum, und ich lasse euch von den Jungs da draußen abführen oder ihr besorgt euch von irgendwoher vernünftige Schuhe und kommt morgen wieder!«

Wir treten auf der Stelle. Morgen wollen wir uns bereits auf dem Weg in die Berge befinden. Kurz überdenke ich unsere Möglichkeiten. Dann schultere ich meinen Jutebeutel und mache mich schleunigst auf den Rückweg nach Beirut.

Knapp drei Stunden später bin ich wieder da. In der Hand trage ich meine Nikes und Sörens schwere Wanderstiefel, die auf beinahe 400 Kilometern in ehrlichem Männerschweiß durchgewalkt wurden. Sören, der im Schatten einer Pinie gewartet hat, hebt den Blick. Seit das Display seiner Kamera kaputt ist, sieht er beim Sichten der Aufnahmen immer so aus, als würde er sehr konzentriert seine Füße fotografieren.

»Der Geruch Ihrer Schuhe hat Ihr Kommen bereits angekündigt, Sir«, begrüßt er mich. »Shall we?«

Ich nicke.

Diesmal bereitet uns der Beamte keine Probleme. Wir geben unsere Handys und Jutebeutel ab, dann werden wir ins Lager geleitet. Militärfahrzeuge und aufgeschichtete Sandsäcke. Überwachungskameras, derbe Jungs mit Maschinengewehren. Ein hagerer Kerl in Flipflops führt uns hinter das Hauptgebäude zu einem schlecht klimatisierten Container, in dem wir erwartet werden.

Wir sitzen auf einem mit schwarzem Kunstleder überzogenen Drahtgestell. Zwei Schreibtische, Furnierholz, darüber ein sich träge drehender Ventilator, der den Muff von zu oft geatmeter Luft im Raum verteilt. Vor uns ein Mann, dessen aufgesetztes Lächeln nicht darüber hinwegtäuschen kann, dass er in seiner Freizeit wahrscheinlich gerne Menschen frisst.

»Pässe?«, blafft er, während sein Kollege im hoffnungslosen Versuch, eine Fliege zu erschlagen, eine zusammengerollte Zeitschrift durch die Luft schwingt.

»Deutsche, ja?« Er wirft uns einen misstrauischen Blick zu. »Und ihr wollt in den Süden? Was habt ihr da vor?«

Jetzt bloß nichts über Israel sagen, denke ich. So, wie es uns eingebläut wurde: Kein Wort über Israel und Palästina.

Das geheime Gatsby

> *»Sie müssen doch Gatsby kennen.«*
> F. Scott Fitzgerald

16. Mai 2016, Ben Gurion Airport, Tel Aviv, Israel
Sören und ich stehen vor einer Scheibe aus Panzerglas, die uns und unsere Pässe voneinander trennt. Geschäftig dreinblickende Reisende schauen auf ihre Uhren, schreiende Kinder und ungeduldige Blicke rempeln uns an. Durch einen Spalt unter der Scheibe sprechen wir mit zwei Grenzbeamten.

»Zum ersten Mal in Israel?«, fragt ein junger Mann in dunkelblauer Uniform durch den Schlitz.

»Ja«, antworte ich.

»Ihr gehört zusammen?«

»Jupp.«

»Wie lang bleibt ihr?«

»Zwei Monate.«

»Was macht ihr?«

»Wir wollen so nah wie möglich an der historischen Route Jesu entlangwandern.«

Er tippt etwas in seinen Computer. »Wandern? Wieso wandern? Es ist heiß!«

»Weil Jesus auch gewandert ist. Kein Auto, kein Führerschein. Die hatten ja nichts…«

Der Beamte lacht nicht. »Und wo wandert ihr lang?«

»Wir beginnen in Bethlehem. Von dort fahren wir nach Nazareth und wandern am See Genezareth entlang bis zum Hermon an die Nordgrenze. Von da aus dann zurück nach Jerusalem.«

Der junge Mann berät sich kurz und mit ernsten Blicken mit seiner Kollegin, dann schaut er wieder zu uns. »Und warum kommt ihr dafür nach Israel? Warum fahrt ihr nicht in ein anderes Land?«

Ich zögere. »Na ja... In England auf den Spuren Jesu zu wandern wäre nicht sehr klug, oder?«

Ein paar ruppig geschriebene Notizen mit dem Kugelschreiber, und abschließend noch genau vier Fragen an meinen Begleiter:

»Du heißt Sören?«
»Ja.«
»Wie heißt dein Vater?«
»Peter.«
»Und dein Großvater?«
»Hans-Joachim.«
»Wieso heißt du dann Sören? Das ist kein deutscher Name!«
Der Beamte macht ein Gesicht, als hätte er ihn gerade bei einer Straftat überführt.

Sören schaut verdutzt. Er streicht sich das lange Haar zurück. »Also... wir kommen aus Norddeutschland. Da macht man so was. Wir sind Wikinger da oben, wissen Sie?« Wobei er offenlässt, ob er mit »da oben« den Norden oder seinen Kopf meint.

Fünf Minuten später befinden wir uns auf dem Weg zum Gepäckband. »Nice«, flüstert Sören. »Wikinger ziehen immer.«

Das Sammeltaxi, das uns in die Jerusalemer Altstadt bringen soll, teilen wir uns mit einigen orthodoxen Juden. Schläfenlocken, weiße Hemden, dunkle, breitkrempige Hüte. Ich schäme mich dafür, wie neugierig ich sie anstarre.

Die Ledersitze sind von Brandflecken durchlöchert, durch die Fenster pfeift Wind herein. Dörfer fliegen vorbei, deren Namen auf den Straßenschildern in drei Sprachen ausgewiesen sind. Die arabischen Schriftzeichen erinnern mich immer an einen Schwerttanz. An den Hängen der Hügel wachsen Olivenbäume, grau und knorrig, seit Tausenden von Jahren. Manchmal auch Kakteen. Dann verändert sich die Landschaft, und wir passieren Zäune, NATO-Draht und rauchende Soldaten. Die westlichen Ausläufer Jerusalems.

Unser Fahrer setzt uns am Damaskustor ab. Eine Gruppe Polizisten bewacht den Verkehrskreisel davor, ein Scharfschütze hockt zwischen den Zinnen der Altstadtmauer. Im Licht der untergehenden Sonne sieht es beinahe schön aus.

Die Altstadt ist in vier Bezirke aufgeteilt: das muslimische Viertel, das jüdische Viertel, das armenische Viertel und das christliche Viertel. Wir durchwandern die von Millionen Füßen blank gebohnerten Gassen, riechen Baklava und Falafel, und just als wir unsere Herberge erreichen, knackt irgendwo ein Lautsprecher, und über die geschäftig klingende Geräuschkulisse aus fremden Sprachen, Souvenirgeklimper und Taubengurren erhebt sich das übersteuerte Lied eines Muezzins, das von einem Minarett gegenüber unserer Unterkunft schallt.

Das »Österreichische Hospiz zur Heiligen Familie« liegt im muslimischen Viertel. Als sichtbare Präsenz der Habsburger wurde es 1856 im Heiligen Land erbaut, diente als Pilger-, dann als Waisenhaus, später als Hospital und schließlich wieder als Pilgerhaus. Kaiser Franz Joseph war zu Besuch, der jordanische König Hussein und nun wir, die wir uns den Reisestaub von den Hosen klopfen und von der Veranda des Hospizes das Treiben der jahrtausendealten Stadt bestaunen.

Anschließend machen wir uns auf schnellstem Weg zurück in die Stadt, denn wir haben noch einen Termin: Chris, der Freund eines Freundes, erwartet uns im »Gatsby«. Eine angesagte Cocktailbar, die versteckt hinter einem anderen Café liege, welches wiederum in einer Parallelstraße der Jaffa Street sei. Zweimal laufen wir an besagtem Café vorbei, bis Chris selbst uns an der Schulter packt und erklärt, dass wir schon beim ersten Mal richtig gewesen seien. Er trägt einen ansehnlichen Fünftagebart und einen Bauch, der nicht groß genug ist, um ihn als dick zu bezeichnen. Er führt uns über die Terrasse des Cafés, an deren Ende wir durch eine schäbig aussehende Tür in einen schwach ausgeleuchteten Raum treten.

Ein junger Mann mit gezwirbeltem Schnurrbart steht an einem Tresen aus dunklem Tropenholz. An der Decke hängen milchige Pub-Lampen, der Boden ist mit rotem Teppich ausgelegt. Überall Bücherregale. Die gesamte Einrichtung zitiert den dekadenten Wohlstand der Roaring Twenties, und man wartet nur darauf, gleich Leonardo DiCaprio oder Tobey Maguire hereinkommen zu sehen. Das einzige Problem: Es ist keine Bar. Es gibt keinen Zapfhahn, keine Spirituosen, nur den Typen mit dem Schnurrbart, die Bücher an der Wand und eine kleine silberne Tischglocke, die auf dem Tresen steht und darauf wartet, gedrückt zu werden.

»Die Jungs gehören zu mir«, erklärt Chris. Der Rezeptionist betätigt die Klingel, das Bücherregal vor uns schwingt zur Seite, und wir treten ein.

Das »Gatsby« wirkt wie ein geheimer Klub des schönen Stils. Weiße Wände, mit Marmor ausgekleidet, dahinter diffuse Lichtquellen, in deren Schein alles weich und attraktiv aussieht. Die Winkelgasse der Boheme. Die Bar im Jugendstil, an der Rückwand ein großer Spiegel, der von Spirituosen in allen Variationen verdeckt wird. Die männlichen Gäste tragen Hosenträger und Hut, die weiblichen meist Cocktailkleid und Federboa. Die Getränke werden hier *designt*. Sie haben Namen mit zu vielen Silben und werden in ausgefallenen Gläsern mit dazupassenden Eiswürfeln serviert.

Viele Frauen kommen und umarmen Chris, er unterhält sie charmant und untermalt seine Sätze mit kleinen Gesten der Finger. Wie nebenbei berichtet er uns, dass er vor zwei Tagen einen Anruf vom Militär erhalten habe. Er solle sich als Reservist bereithalten, die dritte Intifada sei in vollem Gange. Gerade heute Morgen sei wieder jemand mit einem Messer vor dem Damaskustor attackiert worden. Daher der Name: Messer-Intifada.

Ich zucke zusammen. Meine Frage, wie beunruhigend die Lage sei, wischt Chris mit einem Wink beiseite. »Wir haben die beste Armee der Welt. Wenn sie uns angreifen, schlagen wir zurück!«

»Aber das schützt doch nicht vor den Angriffen an sich.«

Chris nippt an seinem Cocktail. Gelassen erwidert er: »Angst ist etwas, womit du hier leben musst. Am besten, du ignorierst sie. Dann geht sie irgendwann von allein.« Er schnipst, und die Angst verpufft. Nach kurzem Überlegen fügt er hinzu: »Und Gras. Gras hilft auch. Wir kiffen wie die Idioten.«

Als Sören und ich zu unserem Hospiz in der Altstadt zurückkehren, kann ich den Scharfschützen auf der Mauer nicht mehr sehen. Ein paar Katzen rascheln in verschiedenen Müllhaufen, ansonsten treffen wir keine Seele. An der Rezeption trägt ein trauriger Jesus am Holzkreuz auch heute Abend das Leid der Welt. Ich sage ihm gute Nacht, um ihn aufzuheitern, dann folge ich der Treppe ins Untergeschoss und schlafe zum urigen Sound knarzender Betten ein.

Aber was hat das alles jetzt mit Jesus zu tun?

Ich komme aus einer relativ christlichen Familie. Für norddeutsche Verhältnisse wahrscheinlich sogar sehr christlich. Ich war in einem evangelischen Kindergarten und habe in mehreren Krippenspielen verschiedene Schafe mit Bravour verkörpert. Einmal hatte ich sogar eine Sprechrolle: »Oh, seht, ein Stern! Was hat er wohl zu bedeuten?« Sitzt bis heute. Die Kinderbibel habe ich wie das Sams oder lustige Taschenbücher gelesen. Das Sams hatte Wunschpunkte, Jesus war der Typ, der Wasser zu Kindersekt machen konnte.

Meine Gemeinde war schrecklich. Die Pastorin sah aus wie Dracula und benahm sich ähnlich. Immerhin, mein Kumpel Alex und seine damalige Freundin hatten ihre ersten sexuellen Erfahrungen in der Abstellkammer neben dem Konfirmandensaal. Bremen-Nord, wo wir aufwuchsen, war kein Ort für keusche Lämmchen. Ich hatte zwei Onkel, die Pastoren waren und von denen ich lernte, dass man auch als Pastor ein echter Mensch sein kann. Die Fußball guckten und fluchten, manchmal zu viel Erwachsenensekt tranken und doch mitunter sehr weise waren. Und trotzdem dachte ich zu jedem Weihnachts- und Osterfest, zu jeder Taufe, jeder Konfirmation in meiner Gemeinde: »Ach, Leute! Warum denn so langweilig? Das kann man doch viel spannender, viel wirklichkeitsnäher machen!« Jedes Mal, wenn ich in der Kirche saß, wuchs in mir der Wunsch, Pastor zu werden, um diesem Elend ein Ende zu bereiten.

Nach meinem Abitur schwankte ich zwischen Theologiestudium und Kirchenaustritt. »Entweder«, sagte ich mir, »du versuchst, das ganze Ding zu verstehen und bestenfalls zu verbessern, oder du musst damit nichts zu tun haben.« Ich entschied mich für Ersteres.

Im Studium erlebte ich, wie Kommilitonen manche Professoren als Ketzer beschimpften. Wie bei Fußballspielen die Nächstenliebe so weit ging, dass jedes Tor für beide Mannschaften zählte, damit sich alle gemeinsam freuen konnten. Aber ich traf auch Menschen, denen ihr Glaube die Kraft gab, ihr Leben zu bestreiten. Denen die Kirche Lebensinhalt und vor allem -sinn stiftete. Ich machte ein Praktikum bei einem schwulen Pastor in Lübeck, mit dem ich am Küchentisch saß, wo wir mithilfe seines »Gaydars«, seines »Schwulensensors«, gemeinsam versuchten herauszufinden, wer von den katholischen Kollegen in der vatikanischen Kurie schwul war und wer nicht. Dieser Pastor stand für eine Kirche, von der ich Teil sein wollte. Eine realistische Kirche für alle, in der Lachen nicht verboten war, in der

Fehlbarkeit akzeptiert und thematisiert wurde. Kein sakrales Tüdelü.

Mein Theologiestudium hatte ich immer als hervorragenden Plan B beschrieben. Einen Plan A gab es lange nicht. Bis ich merkte, dass ich vom Schreiben und dem dazugehörigen Auftreten leben konnte. So stellte ich mir irgendwann die Frage, wie sich Studium und Arbeit verbinden ließen.

Es war ein Freitagmorgen, als ich in einer Vorlesung zur Kulturgeschichte des Neuen Testaments saß. Ich hörte nicht richtig zu, denn ich war in diesem esoterischen Zustand zwischen noch betrunken und schon verkatert. Der Professor erzählte etwas über die Höhlen am Berg Arbel und die Ausgrabungen in Magdala, und mit einem Mal entwickelte sich in mir die Idee, den Weg Jesu nachzuwandern. Ich kannte so viele Orte, an denen er gewesen sein sollte, und doch hatte ich keinen davon mit eigenen Augen gesehen. Wie sollte ich das Christentum verstehen, wenn ich seine Wurzeln, die Kultur und Region, denen es entstammt, nicht kannte?

Mich faszinierte vor allem der menschliche Jesus: Wer war der Typ, der die Evangelisten zu ihren Texten inspirierte? Was ließ die Leute an ihn glauben? Was lässt sie heute glauben? Wer war Jesus von Nazareth, und was hat ihn zu dem gemacht, der er war? Was würde heute aus ihm werden? Wo wäre er zu finden?

Diesen Fragen wollte ich nachgehen. Im wahrsten Sinne des Wortes. Aber vorher brauchte ich eine Aspirin.

Die Skyline des Heilands

*Da machte sich auf auch Josef aus Galiläa,
aus der Stadt Nazareth, in das judäische Land
zur Stadt Davids, die da heißt Bethlehem ...*
Lk 2,4

17. Mai 2016, Jerusalem
Das Licht scheint golden in die noch leeren Straßen und Kalksteingassen. Kein Tourist ist auf den Beinen. Nur gelegentlich ist das Quietschen einer Holzkarre zu hören oder das Klappern von Schritten, wenn die Händler das erste Gemüse des Tages zu ihren Ständen schaffen. Sören und ich trinken einen Kaffee an der Bab Hutta Street. Ein paar Spatzen picken nach Brotkrumen, ein Muezzin ruft in der Ferne zum Morgengebet. Der Kaffee schmeckt nach Kardamom.

Wir befinden uns abseits der üblichen Touristenrouten. Schulkinder passieren unser Café, sie tragen Kopftücher oder Baseballcaps, unterhalten sich laut auf Arabisch. Hier ist es bunter als im touristischen Bereich der Altstadt. Viele Fassaden sind weiß getüncht, darauf Graffiti in Rot, Grün und Schwarz, den Farben Palästinas. Die Straßen sind verwinkelt, überall Stufen. Strom- und Wasserleitungen ranken sich wie Efeu an den Häuserwänden empor.

In einer Ecke gegenüber unserem Café gammelt ein Haufen Müll. Ein Reinigungsmann kommt die Straße entlang, wirft ein paar Säcke dazu und verschwindet dann wieder. Über dem Haufen hängt ein Schild: »It is forbidden to throw garbage and litter here.«

Im jüdischen Viertel sind die Straßen bereits voller. An verschiedenen Orten sind stationäre Sicherheitskontrollen eingerichtet, manchmal streifen uns Männer mit Pistolen. An der Klagemauer beten die Gläubigen in wippenden Bewegungen. Manche schieben zusammengefaltete Papierzettel in die Ritzen zwischen den Steinen, mit Wünschen und Gebeten an ihren Gott darauf. Die Klagemauer bildet den Rest des Jerusalemer Tempels, der zum Ende des von 66 bis 70 n. Chr. dauernden jüdisch-römischen Krieges von den Römern niedergebrannt wurde. An seine Stelle bauten sie einige Jahrzehnte später einen Jupiter-Tempel. Die Absicht war, mit dem Tempel nicht nur ein Gebäude, sondern einen ganzen Gott und damit die Identität der Juden auszulöschen.

Als wir den Platz vor der Klagemauer verlassen, spüre ich plötzlich, wie jemand nach meinem Handgelenk greift. »Dies ist ein Segen«, flüstert ein orthodoxer Jude auf Englisch und windet mir in flinken Bewegungen einen roten Bindfaden um den Arm. Während ich ihn perplex anschaue, hält er mir die offenen Hände hin. »Gib mir eine Spende! Für den Segen!«

»Wie bitte?«, schimpfe ich. »Ich hab doch um gar keinen Segen gebeten! Wie kannst du dafür Geld verlangen?«

Die Situation erinnert mich an die Praxis der Mormonen, die im 20. Jahrhundert unzählige stellvertretende Massentaufen für Todesopfer des Holocaust durchführten, um sie nachträglich dem »wahren Glauben« zuzuführen. Anne Frank soll postum bis zu neun Mal getauft worden sein. Wie fies ist das denn?

Mein Gegenüber hält mir noch immer die Hände entgegen. Als ich nicht darauf eingehe, grummelt er mürrisch: »Gott segne dich!« Und eilt davon.

Mit einem Ruck reiße ich mir den Bindfaden vom Handgelenk. Nicht, dass ein Fluch daraus wird. So abergläubisch bin ich dann doch.

17. Mai 2016, zwischen Jerusalem und Bethlehem, Palästina

Ursprünglich hatte ich versprochen, in Jerusalem keine öffentlichen Verkehrsmittel zu benutzen. Zu gefährlich, hieß es, könnten explodieren. Ein Bekannter hatte geraten, sich im Zweifelsfall immer nach hinten zu setzen, da Selbstmordattentäter sich für gewöhnlich vorne, in der Nähe des Eingangs, in die Luft sprengten. Und so hocke ich, eingezwängt zwischen drei palästinensischen Kindern und zwei Müttern, direkt über der Hinterachse eines schwankenden Busses, der uns Richtung Bethlehem bringt. Während die Hügel Palästinas am Fenster vorbeiwackeln, bohrt sich der Zehennagel eines der Kinder unangenehm in meinen Oberschenkel. Vor mir hat Sören das Fenster aufgeschoben und filmt die Umgebung.

»Hast du deinen Reisepass griffbereit?«, rufe ich ihm zu, um gegen den Fahrtwind anzukommen.

»Alter, die Atmo!« Sören strahlt mich an.

»Was für 'ne Atmo?«

»Na, für die Aufnahme! Der Fahrtwind, das Motorengeräusch, voll geil! So journeymäßig!« Er ist voll in seinem Element.

»Hast du deinen Reisepass einstecken?«

»Wofür?«

»Für die Kontrolle! Vor Bethlehem müsste ein Checkpoint kommen! Checkpoint 300!«

»Geiler Name!«

»Hast du den Reisepass dabei?«

»Sag das noch mal in die Kamera!« Sören dreht das Objektiv in meine Richtung.

»Hast du deinen Reisepass einstecken?«

»Ja!«

Im Grunde genommen ist es inkonsequent von uns, nach Bethlehem zu reisen. Unsere Route soll den Spuren des historischen Jesus folgen. Den Spuren jenes Mannes, der nachweislich gelebt hat und später als göttlicher Heilsbringer verehrt wurde. Ein halbes Jahr lang habe ich Landkarten gewälzt, Sekundärliteratur gelesen und mich mit Professoren ausgetauscht, um eine grobe Idee von der Tour zu entwickeln. Ich wollte nicht herausfinden, welchen Weg Jesus gegangen ist. Das wäre unmöglich. Mir war wichtig, bei jedem Ort unserer Reise einschätzen zu können, ob es historisch wahrscheinlich, möglich oder legendarisch ist, dass Jesus ihn betreten hat. Bei Bethlehem ist der heutige wissenschaftliche Kenntnisstand sehr klar: Jesus ist höchstwahrscheinlich nie dort gewesen.

Natürlich kennt jeder, der schon einmal zu Weihnachten in der Kirche war, die Geburtsgeschichte: Augustus, der Kaiser in Rom, ordnet eine Volkszählung an, um seine Steuereinnahmen zu berechnen, und Josef, ein Zimmermann aus Galiläa, muss mit seiner schwangeren Frau Maria in seine Geburtsstadt Bethlehem reisen, um sich dort schätzen zu lassen. Als die beiden ankommen, ist die Stadt völlig überlaufen. Nur im Stall einer Herberge finden sie noch Platz. Dort platzt prompt die Fruchtblase Marias, und ihr Neugeborenes wird in eine Futterkrippe gebettet. Aufgrund seines intensiven Erstkontakts mit Heu und Stroh wird sich der neue Erdenbürger zwar niemals mit Heuschnupfen herumplagen – dennoch wird er eines frühen Todes sterben.

Die Geschichte ist gut erzählt, aber leider weist sie einige Ungereimtheiten auf. Warum musste jeder Bürger des Römischen Reiches in seinen Geburtsort reisen, um sich dort schätzen zu lassen? Nazareth, der Wohnort Josefs, lag im Norden des Landes, Bethlehem etwa sieben Tagesreisen weiter südlich. Eine solche Reise anzuordnen wäre wirtschaftlicher Wahnsinn gewesen. Wer sollte den Arbeitsausfall auffangen? Was, wenn die Felder bestellt werden mussten? Wenn Einzelne gar nicht reisefähig waren?

Zwar gibt es römische Quellen, die eine Steuerschätzung in Judäa belegen, allerdings erst ab dem Jahr 6 n. Chr, als Quirinius Statthalter war. Es ist möglich, dass Lukas, der Schreiber der Geburtsgeschichte, von der Schätzung des Quirinius wusste und sie in die Zeit der Geburt Jesu rückprojizierte. Allerdings ist es unwahrscheinlich, dass es schon früher eine römische Schätzung gab, da Galiläa und Judäa bis dahin gar kein Teil des Römischen Reiches gewesen waren. Dies führt direkt zum nächsten Problem der Geschichte, denn die darin erwähnten Herrscher Augustus und Herodes der Große sowie Quirinius sind zwar unzweifelhaft historische Personen – jedoch waren sie zu ganz unterschiedlichen Zeiten aktiv: Quirinius zum Beispiel kam erst 6 n. Chr. in sein Amt, Herodes starb jedoch schon 4 v. Chr.

Offensichtlich kann man sich also nicht auf die neutestamentliche Geburtsgeschichte verlassen. Warum aber sollte sie erfunden worden sein?

Laut jüdischer Tradition sollte der kommende Messias ein Nachfahre Davids sein. Jenes Hirtenjungen, der Goliath mit einer Steinschleuder besiegt hatte und später der größte König der Juden geworden war. Dieser David war in Bethlehem geboren, und so sollte es laut den Propheten auch mit dem Messias sein. Es ist durchaus vorstellbar, dass es im Urchristentum jüdische Gruppen gab, die die Davidssohnschaft Jesu beweisen wollten. Und deshalb liegt die Vermutung nahe, dass die gesamte Geburtsgeschichte eine Legende ist, die geschaffen wurde, um Jesu Heiligkeit jüdisch zu belegen.

Na und? Sören und ich wollen trotzdem nach Bethlehem. Zum einen, weil ich der alljährlichen Weihnachtsgeschichte mindestens einen Ninja Turtle Party Van, einen Game Boy Color und eine mehrteilige Werder-Bremen-Bettwäsche zu verdanken habe; zum anderen, weil eine fast 2000-jährige christliche Tradition auf unserer Reise nicht zu ignorieren ist.

Etwa 15 Minuten später wird der Bus langsamer. Wir erreichen eine Wand, die das Ende unserer Fahrt markiert. Die Türen öffnen sich, und während die anderen Fahrgäste bereits aussteigen, ihr Gepäck einsammeln und geschäftig auf ein beiges Militärgebäude zustreben, blicken Sören und ich uns erschrocken um.

Ich muss schlucken. Denn dort, wo einst der Heiland im Bauch seiner Mutter über die Olivenhügel in die Stadt gezogen sein soll, erhebt sich heute eine riesige graue Mauer. Ein acht Meter hohes Betonungetüm, mit NATO-Draht bewehrt und alle 50 Meter von einem Wachturm unterbrochen. Links von uns liegt der Checkpoint 300. Metallzäune, Drehkreuze, Sicherheitskontrollen, Kameras. Maria und Josef müssten sich, wenn sie heute nach Bethlehem reisten, erst mal den bewaffneten Behörden aussetzen.

Nach einem kurzen Securitycheck gelangen wir über einen vollständig vergitterten Gang auf einen Innenhof. Der Platz ist asphaltiert, an allen vier Seiten stehen Wachtürme, hinter deren verdunkelten Scheiben unsichtbare Soldaten das Geschehen beobachten. Leute kommen uns entgegen, um die Stadt zu verlassen, in einfacher Kleidung, mit müden Gesichtern. Eine Frau vor uns balanciert eine prall gefüllte H&M-Tüte auf dem Kopf. Es ist ein beklemmendes Gefühl, hier entlangzugehen. Man muss nichts verbrochen haben, um sich schuldig zu fühlen. Schließlich ein zweiter Securityposten, dahinter eine gelangweilt kaugummikauende Soldatin. Mit erstaunlich nachlässigem Blick auf unsere Pässe winkt sie uns durch das Drehkreuz. Ein letzter dunkler Gang, dann die andere Seite der Mauer.

Bethlehem wirkt auf den ersten Blick nicht wie eine Stadt, sondern wie ein Gefängnis.

Hinter dem Checkpoint 300 beginnt eine mehrspurige Straße. Einst muss hier viel Verkehr geherrscht haben, doch heute, da der Weg von dieser 50 Zentimeter dicken Betonwand abgeschnitten wird, prägt Leerstand die Umgebung. Taxifahrer lungern am Straßenrand und winken nach Kunden. Fliegende Händler verkaufen Snacks und Kaugummis.

In einem Schlagloch im Asphalt finde ich eine Murmel. Als ich sie aufhebe, sehe ich winzige Luftblasen, die sich im Glas gebildet haben. Eine Murmel an diesem Ort? Verwundert stecke ich sie in die Tasche.

Sören wird derweil von einer Horde Taxifahrer beinahe überwältigt. Immer wieder rufen sie ihm die gleichen Preise zu: »25 Shekel, yalla, habibi! It's cheap!«

»Nein, vielen Dank! Wie bitte? Wir – das ist ...«

»Wir laufen!«, rufe ich kurzerhand und marschiere strammen Schrittes an ihm vorbei.

Unser Ziel ist die Wohnung eines deutschen Pärchens am Rand der Altstadt, mit dem mich ein befreundeter Schriftsteller in Kontakt gebracht hat. Ein einsamer Hund folgt uns eine Weile, um uns laut bellend von einem verwahrlosten Grundstück fernzuhalten, bis er einsieht, dass dieses Anwesen schon seit Jahren nicht mehr beschützt werden muss, und abdreht.

Kurz darauf stoßen wir erneut auf die Mauer. Sie ist dunkler auf dieser Seite und überall mit politischen Graffiti besprüht. »Free Palestine! Love the people! Make humus, not walls.« Ein Stück weiter ein Lokal, das mit einem Plakat wirbt: »All European Championship Games live here!« Gegenüber eine drei mal fünf Meter große Fläche, an der die Mauer geweißt wurde. Dort, wo der Beamer die jeweiligen Spiele an die Wand werfen soll. Der Beton als Fenster zur Welt.

Schließlich kommen wir in einen belebteren Teil der Stadt. Die Straßen heißen nun übersetzt Krippenstraße oder Sternenstraße und erzählen vom christlichen Erbe. Hinter einer Anhöhe passieren wir das »Catholic Action Sports Center«. Ich muss lachen, als ich mir vorstelle, wie unter dem hohen Dach alte

Männer in Talaren Bungee-Jumping oder Open Water Diving trainieren.

»Weißt du was«, sage ich zu Sören. »Ich glaube, ich werde später Action-Pastor! Alles klingt cooler, wenn ein ›Action‹ drin ist.«

»Geil«, erwidert Sören. »Und wirst du dann auch Action-Hochzeiten feiern und einen Action-Talar tragen?«

»Klar!«

»So richtig mit Glitzer und Strasssteinchen?«

»Nein. Der Talar wird schwarz und glatt sein, wie es sich gehört!«

Sören guckt enttäuscht. »Aber wird es wenigstens Action-Schwarz sein?«

»Natürlich.«

Sören und ich kennen uns bereits seit der Schulzeit. Wir wohnten nur zwei Straßen voneinander entfernt, im hintersten Winkel Bremen-Nords, direkt neben den Kids, die in den anderen Stadtteilen für ihre Einbruchserien und Handydiebstähle berüchtigt waren. Was ich vor allem mit ihm verbinde, sind die ersten Tage nach dem Abitur. Als die Luft nach Sommer roch und das Leben ausschließlich aus Spaß bestand. Jeden Morgen krochen wir todmüde aus irgendeinem Kellerloch in Schönebeck, die Daumen noch pochend vom zu vielen Nintendo-Spielen, und hievten uns auf unsere Räder, um noch eben die zehn Kilometer heim nach Blumenthal zu radeln. Es ist das ermattete Schnaufen, das ich besser als alles andere von Sören kenne. Die roten Augen und der müde Blick. Ich hatte keine Ahnung, wie oft ich dieses Schnaufen auf der kommenden Wanderung noch hören würde.

Nachdem wir das »Catholic Action Sports Center« hinter uns gelassen haben, öffnet sich vor uns die Bethlehemer Skyline. Grazile Kirchtürme aus weißem Kalkstein, altertümliche Fassaden, Werbetafeln. Vor einer sonnengebleichten Tankstelle sitzen zwei Jungs in Lehnstühlen und rauchen Zigaretten. Hinter ihnen ein zweistöckiger Bau, in dessen Einfahrt Zitronenbäume wachsen. An einem schwarzen Gatter drücke ich eine Klingel.

Die Wohnung riecht nach arabischem Kaffee. Auf einem üppig gedeckten Tisch warten Datteln, Oliven, Humus, Pita, Mispeln und tausend weitere orientalische Köstlichkeiten auf uns, die in bunt verzierten Schälchen angerichtet sind.

»Schön, dass ihr endlich da seid!«, begrüßt uns Tina mit breitem Grinsen. »Entschuldigt, dass wir euch nicht abholen konnten!« Eine vorbehaltlose Freundlichkeit strahlt aus ihrem Gesicht. »Ihr müsst hungrig sein! Setzt euch erst mal hin!«

Hinter ihr tritt ein Mann aus der Küche. »Hallo, ich bin Steffen. Limo?«

Es ist das erste Mal, dass wir Tina und Steffen begegnen. Die Herzlichkeit, mit der wir empfangen werden, ist überwältigend. Binnen kürzester Zeit haben wir unsere Rucksäcke abgelegt, uns den Reisestaub aus den Gesichtern gewaschen und sind in ein Gespräch vertieft.

»Also«, Tina beugt sich wissbegierig nach vorne, »wie ist es bisher gelaufen?«

Wir erzählen von unserem Abend im »Gatsby«, von unserer Fahrt nach Bethlehem und der Begegnung mit der Mauer, da springt Tina plötzlich auf und verschwindet im Bad. Als sie zurückkommt, wirft sie mir eine Handvoll Desinfektionstücher in den Schoß. »Hier, steckt die ein!«

»Danke«, sage ich perplex. »Aber wir haben ein Medi…«

»Die sind nicht zum Verarzten«, erklärt Steffen. »Sondern falls ihr mal in Schwierigkeiten kommt. Haltet sie euch vor die Nase, wenn ihr in eine Tränengaswolke geratet. Dann beißt es nicht so.«

»Passiert das häufiger?«, frage ich erschrocken.

»Nein«, antwortet Tina. »Es sei denn, ihr legt es darauf an. Wichtig ist, dass alle Leute um euch herum wissen, dass ihr Gäste seid. Dann wird sich immer jemand um euch kümmern.«

Mit mulmigem Gefühl stecke ich die Tücher in die Tasche.

Tina und Steffen leben seit fünf Jahren in Bethlehem. Er arbeitet als Psychologe, sie mit gewaltfreien Bewegungen im Westjordanland. »Konflikte haben wir genug«, erklärt Tina. »Ich versuche, meinen Beitrag zu leisten, das Verhältnis zugunsten des Friedens zu verbessern.«

Wenn die beiden über das Westjordanland sprechen, reden sie von Palästina. »Weil ›Palästina‹ die Einwohner beim Namen nennt«, erklärt Steffen. »›Westjordanland‹ ist eine leere Worthülse, die für ein geografisches Gebiet steht. Damit identifizieren sich Menschen mit ihren Kulturen nicht! Hier leben Palästinenser.«

»Sprache schafft Identität«, erläutert Tina. »Es ist ein riesiger Unterschied, ob sich die Leute als Bewohner eines geografischen Gebiets oder als Teil eines Volkes mit einer eigenen Geschichte und Tradition begreifen. Es gibt nicht *die* Palästinenser, sowie es nicht *die* Israelis oder *die* Juden gibt. Es gibt palästinensische Muslime, palästinensische Christen, und es gab auch bis zum ersten arabisch-israelischen Krieg palästinensische Juden. Genauso wie es Christen, Juden, Muslime und andere Religionsgruppen in anderen Ländern gibt!«

»Gibt es auch Palästinenser oder Israelis, die keiner Religion angehören?«, fragt Sören.

»Ehrlich gesagt nein«, antwortet Steffen. »Das könnt ihr euch gleich merken: Ihr seid Christen.«

»Aber ich bin kein Christ!«, protestiert Sören.

»Bist du getauft?«

»Na ja ... Ja.«

»Bist du konvertiert?«

»Ich bin ausgetreten.«

»Dann bist du nach hiesigem Verständnis ein nicht praktizierender Christ«, stellt Steffen klar. »Was du glaubst oder nicht, ist egal.«

Zum Abendessen gehen wir gemeinsam ins »Hosh Jasmin«. Ein hübsches Restaurant unterhalb einer von Schlaglöchern übersäten Landstraße, die aus Bethlehem hinaus gen Osten führt. Piniennadeln bedecken den Pfad zum Lokal, Olivenhaine ziehen sich den Hügel hinauf. Am Horizont, der zwischen zwei Erhebungen hindurchschimmert, glänzt ein schmaler silberner Streifen, das Mittelmeer. Die Luft riecht nach Lagerfeuer und Shisha-Tabak. Unzählige Hängematten sind zwischen die Bäume gespannt; zwei Baumhäuser wurden in die Äste der Pinien gezimmert; Divans, Sofas und Sessel stehen um provisorische Tische.

Tina führt uns zu einem freien Platz am Ende des Geländes, wo wir es uns zwischen Kakteen und Weinreben an einem wackeligen Schreibtisch gemütlich machen. Eine Speisekarte gibt es im »Hosh Jasmin« nicht. Der Kellner zählt alle Gerichte im Angebot auf. »Taybeh oder Shepherds?«, fragt Steffen, als wir zum Bier kommen, und spricht gleich eine Empfehlung aus: »Ich würde Taybeh nehmen. Die einzige Brauerei in Palästina, die nach deutschem Reinheitsgebot braut!«

Während wir essen, könnte man fast vergessen, dass wir uns Tausende Kilometer von zu Hause entfernt befinden. Das »Hosh Jasmin« könnte auch ein Biergarten um die Ecke sein, so herzlich und vertraut ist die Stimmung.

»Eigentlich müsstet ihr mal mit Mitri Raheb reden«, meint Steffen irgendwann. »Er hat ein Buch geschrieben: *Glaube unter imperialer Macht.*«

»Klingt nach *Star Wars*«, wirft Sören ein.

»Fast. Es geht um einen politischen Jesus. Mitri beschreibt Jesu Verhalten gegenüber dem römischen Imperium in Palästina und versucht, daraus Handlungsanweisungen im Glauben gegenüber der heutigen israelischen Präsenz in Palästina zu erörtern. Er sieht Jesus als politischen Akteur, der sich heute gegen die israelische Regierung auflehnen würde.«

»Steile These«, meine ich.

»Sprich mal mit ihm.«

»Apropos steil«, sagt Sören. »Gehen wir heute noch steil?«

Nachdem wir einige Taybeh später in unsere Wohnung zurückgekehrt sind, bin ich noch lange wach. Alle Fenster sind geöffnet, trotzdem liege ich mit nur einem Bein unter dem Laken und spüre, wie sich Schweißperlen auf meiner Brust bilden. Es ist erst unser zweiter Abend, und doch fühle ich mich, als wären wir bereits eine Woche im Land. Alles geschieht so rasant. Ich muss an die Mauer denken, die sichtbarste Ausprägung all der Konflikte.

Wäre Jesus heute in Bethlehem geboren, wäre er Palästinenser. Er wäre hinter Beton aufgewachsen, wäre Christ oder Moslem, vielleicht Aktivist, politischer Gefangener oder würde ein neues Leben in Europa suchen. Ich frage mich, wo wir in dieser ummauerten Stadt einen Heiland finden sollen. Wäre Jesus heute hier geboren, sein Weg wäre vielleicht schon zu Ende.

Jesus und Lenin

Ihr werdet finden das Kind in Windeln gewickelt
und in einer Krippe liegen.

Lk 2,12

18. Mai 2016, Geburtskirche, Bethlehem, Palästina
Maria starrt mit frommem Blick an mir vorbei. Seit über einer Minute stehe ich nun schon vor ihr und versuche, diesen Blick einzufangen. Doch egal, ob ich mich nach links oder rechts bewege, ich schaffe es nicht, ihr in die Augen zu sehen. Die Mona Lisa in Paris hat mir immer hinterhergeblickt. Noch als ich fast im nächsten Raum war, hatte ich das Gefühl, sie schaue mir auf den Hintern. Aber diese Maria starrt einfach ins Nichts. Ihr Fokus liegt irgendwo auf einem Punkt ganz weit weg, als hätte sie keinen Sinn für das Weltliche. Das Jesuskind in ihrem Arm schläft ruhig und fest unter einer purpurnen Decke. Ich werde es ihm nicht sagen, aber ich glaube, seine Mutter hat einen Silberblick.

Die Geburtskirche, in der wir uns befinden, ist mit Abstand die größte und geschichtsträchtigste Kirche in Bethlehem. Aber sie ist beileibe nicht die einzige: Es gibt die lutherische Weihnachtskirche, die syrisch-orthodoxe Marienkirche, die römisch-katholische Katharinenkirche und die Milchgrotte, eine Kapelle an der Stelle, wo ein Tropfen Muttermilch aus Marias überquellender Brust einen Felsen weiß gefärbt haben soll. Vor Ort lernten wir, dass Frauen, die dessen Staub, in Wasser aufgelöst, trinken, fortan fruchtbarer seien. Durchaus vorstellbar, dass es funktioniert: Viele Fruchtbarkeitsprobleme haben psychischen

Ursprung, warum nicht mit einem kleinen Glaubensdoping nachhelfen? Wenn man allerdings nicht daran glaubt, kann man wahrscheinlich genauso gut eine Schultafel ablecken.

Die Geburtskirche ist da von ganz anderem Kaliber. Groß und erhaben prangt sie am östlichen Ende des Krippenplatzes, ihr Glockenturm weithin sichtbar, wie ein Stern in der Nacht. Helena, die Mutter Kaiser Konstantins des Großen, veranlasste im Jahr 326 ihren Sohn, die Kirche zu bauen.

Konstantin ging als der erste christliche Kaiser des Römischen Reiches in die Geschichte ein – und Helena, die eine gute Mutter war, unterstützte ihren Sohn in allem, was er tat. Sie reiste ins Heilige Land und studierte mit Feuereifer alle Traditionen und Geschichten, die einen Hinweis darauf gaben, wo der Heiland gewirkt haben könnte, um ihm dort eine Kirche zu errichten. Gefühlte 80 Prozent der historischen Kirchen in Israel und Palästina gehen auf Helenas Stiftung zurück. Im Grunde ist sie unser Vorbild. 300 Jahre nach Jesu Tod war sie die Erste, die auf seinen Spuren reiste.

Auf den letzten Metern zur Kirche raubte uns die Masse an Souvenirshops beinahe den Atem. Hätten die Herbergsbesitzer damals gewusst, mit welcher Wertsteigerung der Aufenthalt der Familie aus Nazareth in ihrer Unterkunft einmal verbunden sein würde, sie hätten sich wahrscheinlich um das Paar gerissen.

Vor der Kirche hatte sich eine lange Schlange gebildet. Ein Tourguide klärte seine Gruppe über die Eingangspforte auf: »Sehen Sie die verschiedenen Steinformationen? Die Toröffnung wurde im Laufe der Jahrhunderte immer wieder verkleinert, um anstürmenden Angreifern den Platz zu rauben. Heute muss man sich bücken, wenn man die Kirche betreten will, aber das hat den Vorteil, dass wir schon beim Eintritt dem Herrn unsere Demut bezeugen.« Wohlgefälliges Gelächter.

Während der Zweiten Intifada Anfang des neuen Jahrtausends hatten sich palästinensische Kämpfer in der Geburtskirche verschanzt, worauf das israelische Militär das Gebäude 39 Tage lang belagerte. Heute erinnern nur noch wenige Einschusslöcher daran. Die Fenster wurden erneuert, die Orgel, die von einer Brandbombe beschädigt worden war, erklingt in hellen Flötentönen. Und doch war diese Kirche, die einer der friedlichsten Orte der Welt sein sollte, für längere Zeit Kampfgebiet.

Im Innern herrscht Zwielicht. Vereinzelte Blitzlichter erhellen den Raum, die Decke spannt sich hoch über uns auf. Zwischen den Säulen, die dick wie Baumstämme die Seitenschiffe abstützen, hängen prunkvolle Kandelaber.

Ausgewaschene Steinplatten führen auf das Querschiff zu. Aus Gold und Silber gearbeitete Metallstiche schmücken die Wände, überall hängen kunstvolle Ketten, an denen bunt verglaste Kerzenleuchter glitzernde Akzente werfen. Auf einer Plakette steht geschrieben: »We are hoping that: If you enter here as a tourist, you would exit as pilgrim. If you enter here as a pilgrim, you would exist as a holier one.«

Im rechten Teil des Querschiffs entdeckte ich schließlich die schielende Maria. Vielleicht ist es Absicht, dass ihr Blick sich nicht festhalten lässt. Sie wirkt so unnahbar, wie nicht von dieser Welt. Unter ihr ist ein Devotionalienstand für Tauf- und Gebetskerzen aufgebaut. Daneben liegt eine Steintreppe, über die der Geruch von zu vielen Menschen auf zu engem Raum emporzieht.

Kerzenlicht erhellt die Kulisse, als ich die Treppe in eine kleine Grotte hinuntersteige. Die Decke ist schwarz vom Ruß, die Wände sind mit dicken Stoffbehängen ausgekleidet, deren Motive nicht mehr zu erkennen sind. Menschen mit versonnenen Gesichtern stehen vor einer Aussparung in der Wand. Die Geburtsstätte Jesu.

Ich stelle mich in einer U-förmigen Schlange an. Eine Frau hält die Hände gefaltet und murmelt mit geschlossenen Augen vor sich hin. Ein Mann dahinter checkt Handyfotos. Ich streiche mit den Fingern über die Wandbehänge und fühle, dass an einigen Stellen eisenbeschlagene Löcher in das Material eingearbeitet sind. Im Fels dahinter haben sich tiefe Mulden gebildet. Und plötzlich verstehe ich, was der Sinn der Behänge ist: Es sind Schutzhüllen. Ohne sie hätten die Pilger wahrscheinlich bereits die gesamte Grotte abgetragen.

Es dauert ein paar Minuten, bis ich die kaminartige Aussparung in der Wand erreiche. Die Frau vor mir bekreuzigt sich, küsst ihre Finger und verlässt nach einem kurzen Gebet den Raum. Nun muss ich schnell sein, hinter mir spüre ich bereits den Atem der folgenden Pilger im Nacken. Ich knie mich auf den Boden und fühle – nichts.

Eigentlich habe ich nichts anderes erwartet. Und trotzdem bin ich enttäuscht. Obwohl es aus wissenschaftlicher Sicht unwahrscheinlich ist, dass Jesus überhaupt aus Bethlehem stammt, hatte ich gehofft, dass mich diese Stätte in irgendeiner Weise berühren werde. Seit Jahrhunderten pilgern Gläubige schon an diesen Ort, um Gott zu preisen. Ich hatte gehofft, dass etwas von dieser Frömmigkeit in den Stein übergegangen sei und sich nun in einem warmen Gefühl auf mich übertragen werde. Doch alles, was ich spüre, sind meine Knie auf hartem Fels und ein unangenehmes Stechen im Nacken.

Ich nutze die verbleibende Zeit, um mich umzuschauen. Eine kreisrunde Senke deutet auf den Ort der Niederkunft hin. Ein silberner Stern ist darum herumgearbeitet, 14 Zacken für die 14 Geschlechter im Stammbaum Jesu. Darüber hängen Petroleumleuchter. Es riecht wie in einem Maschinenraum. Wenn man genau hinsieht, erkennt man die Kabelbinder, mit denen die Lampen mitunter fixiert wurden.

Vielleicht hatte ich sogar ein wenig Angst vor diesem Moment. Was, wenn ich wirklich eine Gotteserscheinung oder so gehabt hätte? Ich wollte eigentlich nicht als missionierender Heiliger nach Deutschland zurückkehren. Jetzt aber steht fest: Glaube funktioniert nur für die Glaubenden. Ich habe schon im Vorfeld nicht an diesen Ort geglaubt, und so ist da auch nun kein Heiliger Geist, der sich auf mich herabsenkt.

Während ich noch darüber nachdenke, tritt mir jemand ungeduldig in die Hacken. Ich erhebe mich, versuche eine versonnene Geste und verlasse den Raum. Ehrlich gesagt bin ich auch ein bisschen neidisch auf die anderen Gläubigen. Wenigstens eine kleine Erleuchtung hätte ich schon gerne erfahren.

Abseits des Krippenplatzes, im Rücken der Geburtskirche, liegen die Werkstätten der palästinensischen Tischler. Dichter Nebel verdunkelt die Räume, Sägespäne setzen sich in allen Poren und Fasern fest. In den Drechselmaschinen klemmen halb fertige Heilige, in den Regalen lagern Jesuskinder, Hirten, eine Massenzucht von Ochsen und Schäfchen.

Im Hinterhof des »Blessings Gift Shop« stoßen wir auf einen alten Palästinenser. Sein olivgrünes T-Shirt ist steif von Leimflecken, seine Lider sind rot und verquollen, die Tränensäcke so groß wie Pistazien. Wenn er atmet, hört man den Holzstaub in seiner Lunge. Eine Mischung aus Darth Vader und Gepetto. Er arbeitet an einer Krippe.

»Olivenwurzel«, erklärt er und hält ein Stück Holz hoch. »Es hat so eine feine Struktur ... Aber nur für das Baby. Der Rest ist aus günstigerem Holz.«

Auf meine Frage, ob er Christ sei, schüttelt er den Kopf. »Moslem. Aber kein Problem. Ich arbeite gerne hier. Willst du mal sehen?« Er reicht mir eine kleine Figur aus Olivenholz. »Wir glauben auch an Jesus, weißt du? Er ist ein Prophet. Kein Gott, ein Mensch. Aber ein Prophet.« Er deutet auf eines der fertigen Holzspiele. »Schau mal: Das ist eine Krippe, wie wir sie uns von vor 2000 Jahren vorstellen.«

Er hebt eine der Krippen an und hält sie mir vor die Augen. Dann nimmt er eine längliche Holzplatte und schiebt sie in einen schmalen Spalt vor dem strohgedeckten Stall, sodass die Szenerie für den Betrachter nicht mehr zu erkennen ist.

»Und das ist sie heute.«

Die zweitgrößte touristische Attraktion Bethlehems ist ganz sicher die Mauer. Und so ironisch es sein mag, ist sie wahrscheinlich auch die zweitgrößte Einnahmequelle. Überall in der Stadt gibt es die Postkarten mit den verschiedenen Motiven: Jesus vor der Mauer, Maria und Josef vor der Mauer, der Weihnachtsmann vor der Mauer, dazu hochaufgelöste Graffiti, die, mit einem netten Gruß versehen, in die Welt geschickt werden. Eine Friedenstaube mit einem Fadenkreuz auf der Brust; ein Mädchen, das einem Soldaten eine Blume schenkt – Banksys kluge Bilder, die wahrscheinlich jeder Jugendliche kennt, ohne zu wissen, woher sie stammen.

An einem Punkt ist die Mauer auf etwa 100 Metern weiß überstrichen. Hierhin kam Papst Franziskus 2014 für seine Gebete. Die israelische Regierung hatte einige Wochen vorher alle politischen Graffiti auf dem Abschnitt übermalen lassen. Allerdings bildete sich schnell eine palästinensische Opposition, die in einer Nacht-und-Nebel-Aktion die Wand mit neuen Botschaften besprühte. Wieder überpinselte Israel die politischen Slogans und ließ den Mauerabschnitt bewachen.

Als der Tag des Papstbesuchs anstand und der Pontifex sich in seinem Papamobil Richtung Mauer bewegte, benachrichtigte ein palästinensischer Mitstreiter die Aktivisten. Diese stürmten los, eroberten den Mauerabschnitt und sprühten hastig ihre Botschaften: »Papst, wir brauchen jemanden, um über Gerechtigkeit zu sprechen! Bethlehem sieht aus wie das Warschauer Ghetto!«

Wenig später traf Franziskus ein. Mit geschlossenen Augen und der Hand an der Wand stand er da, den Kopf zum Gebet geneigt. Auch dieses Motiv gibt es als Postkarte zu kaufen.

Folgt man der Mauer vom Checkpoint 300 aus Richtung Westen, verwandelt sie sich bald in eine Art Freiluftgalerie. Hier sind sie, die großformatigen Motive, von denen wir schon so viele im Postkartenformat gesehen haben: jüdische und muslimische Kinder, die gemeinsam den Schlüssel für ein eisernes Schloss in der Hand halten; eine Frau mit Kopftuch, die eine Friedensfahne durch eine Heerschar von israelischen und palästinensischen Kämpfern trägt.

Sören gibt leise Geräusche der Verzückung von sich, während sein Gesicht hinter der Kamera verschwindet. Ich bin hin- und hergerissen, was ich von all diesen Graffiti halten soll. Einerseits tragen sie die Aufmerksamkeit für die politische Situation Bethlehems in die Welt, andererseits verharmlosen sie die Lage, indem sie aus der Mauer ein Kunstobjekt machen. Touristen hängen sich die bunten Motive zu Hause an ihre Kühlschränke, hintendrauf steht »Liebe Grüße aus Bethlehem, alles voll arty hier«, und man freut sich über einen »echten« Banksy. Nur wenige schaffen die Transferleistung, die Leinwand unter den Bildern zu erkennen.

Irgendwann erreichen wir einen Friedhof. Wilde, strohige Gräser wachsen hüfthoch, dazwischen liegen Pinienzapfen. Spatzen sitzen in den Wipfeln der Bäume, es riecht nach Urlaub in Frankreich. Die meisten Gräber sind über der Erde angelegt. Brusthohe Betonkästen, mit einfachen Fliesen beklebt. Putz platzt ab, Fliesen sind gesprungen, Unkraut wächst aus den Rissen im Beton. Auf dem Boden liegen umgefallene, mit arabischen Schriftzeichen versehene Grabsteine. Man hört das Zwitschern der Spatzen.

Zwischen den Gräsern entdecken wir Papprollen und Metallkartuschen mit hebräischen Schriftzeichen. Tränengasbehälter, wie sich später herausstellt. Ich blicke hoch zu den Wachtürmen, die entlang der Mauer um den Friedhof herum gebaut wurden. Kameraaugen blicken zurück. Wir finden Gummigeschosse, Reste von NATO-Draht, manchmal auch Glasscherben. Und immer noch der Geruch von Urlaub in Frankreich.

Direkt hinter dem Friedhof befindet sich eine Militärausfahrt, die gegenüber dem Flüchtlingslager Aida liegt, das nur 200 Meter die Straße hinunter beginnt. Es gibt viele dieser Camps in Palästina, denn mit der immer stärker werdenden Spaltung der Gesellschaft in eine jüdische und eine arabische Gruppe, die schließlich Ende der 1940er-Jahre in den ersten arabisch-israelischen Krieg mündete, mussten viele Palästinenser aus ihrer Heimat fliehen. Die Lager sollten temporäre Einrichtungen sein, bis Israel den Flüchtlingen eine Rückkehr gestattete. Doch die Jahre vergingen, und nichts bewegte sich. Vor über 60 Jahren wurde Aida als Zeltstadt erbaut. Heute beherbergt es 4700 Menschen. Es gibt Wasser, Strom und feste Häuser, die gesamte Infrastruktur etwas unzuverlässiger als im Rest der Stadt.

Über dem Tor des Camps prangt ein stilisierter Schlüssel. Hier liegen deutlich mehr israelische Tränengaskapseln verteilt. Dazu Zündringe von Blendgranaten, Gummigeschosse, aber auch Steine, Scherben und Latten. Je nachdem, in welche Richtung wir uns auf der Straße bewegen, häufen sich entweder die Hinterlassenschaften der israelischen oder der palästinensischen Kämpfer. Direkt vor dem militärischen Ausfahrtstor türmen sich Steinhaufen. An der Wand warnt ein Plakat in roter Schrift: »Please hide yourself against life and rubber bullets and tear gas, shot by the most moral army in the world«. Darunter finde ich zwei Murmeln. Als ich mich genauer umschaue, entdecke ich noch mehr.

Als Kind hatte ich einen schwarzen Stoffsack mit einem roten Bändsel, in dem ich meine Lieblingsmurmeln aufbewahrte. Er lag unter dem Kopfende meiner Matratze, denn ich wusste, dass jeder Pirat seine Schätze dort aufbewahre. Es gab durchsichtige Glasmurmeln mit einer bunten Spirale in der Mitte, die ich Seele nannte; Murmeln mit einer dunklen, regenbogenartigen Oberfläche, die wie Öltropfen schimmerten; und welche mit einer matten Oberfläche, die man durchsichtig machen konnte, wenn man sie anlutschte. Und schließlich gab es die Murmeln mit den hellen Punkten im Innern, durch die man nur hindurchsehen konnte, wenn man sie vor eine starke Lichtquelle hielt. Diese Murmeln nannte ich Universen, weil ich mir vorstellte, dass sie genau das waren: kleine, in sich geschlossene Welten, in denen es Sterne, Sonnensysteme, Autos und Verkehr gab und deren Bewohner gar nicht wussten, dass sie in einer Murmel lebten.

All diese Murmeln finde ich auch vor dem Tor in Bethlehem. Ich stecke sie in meine Tasche.

Plötzlich hupt ein Auto hinter uns. Ein verrosteter Mercedes, der Typ hinterm Steuer winkt uns zu. »Hallo, Freunde, braucht ihr Hilfe? Willkommen in Palästina!« Er steigt aus, setzt sich mit seiner hellen Jeans auf die Motorhaube und fährt sich durchs Haar. »Ich bin Khader! Was machen wir heute, Männer?«

Einen Moment später sitzen wir in Khaders Wagen. Leere Cola- und Fantadosen rollen durch den Fußraum, Staub- und Aschereste ziehen sich über das Armaturenbrett. Der Geruch von kaltem Rauch hängt in der Luft.

Khader beäugt im Rückspiegel Sören, der es sich auf der Rückbank bequem gemacht hat. »Hat dir schon mal jemand gesagt, dass du aussiehst wie Jesus?«

Sören lächelt. »Um ehrlich zu sein, schon oft, ja!«

»Seid ihr Amis?«

»Nö!«

»Ihr seht aus wie Amis!« Er schaut zu mir. »Du hast die Cap falsch rum auf, das sieht scheiße aus! Das machen nur Amis!«

Beschämt lege ich mir die Kappe in den Schoß. »Wir haben uns verkleidet. Wir wollten wie Touristen wirken!«

Khader sieht nicht aus, als ob er uns glaubte. »Also seid ihr Russen?«

»Hä?«

»Hat dir schon mal jemand gesagt, dass du ohne Cap aussiehst wie Lenin?«

Ich runzle die Brauen. »Als Kind wurde mir mal gesagt, ich sehe aus wie DiCaprio... Aber Lenin?«

»Nein, Mann! Überhaupt nicht! Das war bestimmt deine Mama! Du siehst aus wie Lenin, Mann!« Khader klopft mir auf die Schulter und zündet sich eine Zigarette an. »Also, Lenin, Jesus, was macht ihr in Bethlehem?«

»Wir wollen so nah wie möglich an der historisch...«, setze ich an, doch Sören unterbricht mich.

»Eltern besuchen«, sagt er.

»W... – aah, weil du Jesus bist!« Khader lacht laut. »Du bist witzig, Mann! Ey, ich hab grad nichts zu tun, wollt ihr, dass ich euch die Stadt zeige? Was wollt ihr sehen? Banksy?«

»Weißt du, was diese Murmeln hier bedeuten?«, frage ich und halte ihm eine der Kugeln hin. »Spielen die Kinder damit?«

Khader schüttelt den Kopf. Er nimmt eine der Murmeln in die freie Hand und wirft sie in die Luft. »Du bist süß, Lenin. Das sind Waffen! Damit spielen keine Kinder. Das sind Geschosse für Schleudern und Zwillen!«

Er gibt mir die Murmel zurück, in deren Oberfläche ich nun einzelne Kerben erkenne. Ich kann mir vorstellen, wie es schmerzt, wenn man sie gegen den Schädel bekommt. Ich muss an David gegen Goliath denken.

Mittlerweile rollen wir auf den Eingang zum Aida-Camp zu. An einem heruntergekommenen Flachbau prangt das hellblaue Logo der UN, die über eine Hilfsorganisation das Lager betreut. Schimmel zieht sich großflächig über die Häuserfassaden, es riecht nach Feuer und warmem Abfall. »Wir wollten schon lange eine Müllverbrennungsanlage haben«, erklärt Khader. »Aber in Bethlehem fehlt uns der Platz – und außerhalb der Stadt bekommen wir keine Baugenehmigung von Israel.«

»Wieso braucht ihr eine Baugenehmigung von Israel?«, frage ich.

»Palästina ist in drei Zonen aufgeteilt: Die A-Zonen stehen unter palästinensischer Kontrolle, die B-Zonen werden gemeinsam mit Israel verwaltet, in den C-Zonen gilt israelisches Militärrecht. Nur in den A-Zonen dürfen wir ohne israelische Genehmigung bauen... Übrigens, wenn ihr mal günstig einkaufen wollt: Macht es hier.«

»Ist es nicht gefährlich für uns, hier allein rumzulaufen?«

Khader schaut mich belustigt an. »Junge, das ist Palästina! Ihr seid willkommen! Habt ihr Hunger?«

Kurz darauf betreten wir ein knallvolles Lokal. Abgenutzte Plastikstühle auf gefliestem Boden, die Tische glänzend von Fett. Im Fernsehen läuft ein arabischer Sender. Khader organisiert uns drei Pitas. Ihr Inhalt ist breiig und weiß, der Geschmack ein wenig wie Leberwurst.

»Was ist das?«, frage ich mit vollem Mund.

»Schafshirn«, antwortet Khader und haut Sören lachend auf die Schulter. »Alter, Jesus, guck dir Lenin an, der hat mehr Hirn im Bauch als im Kopf!«

Sören lacht mit, wobei ihm die Hälfte seines Essens aus dem Mund fällt. Ob Absicht oder nicht, ist schwer zu sagen.

»Wie kommt es eigentlich, dass die Flüchtlingscamps noch immer existieren?«, frage ich, nachdem ich die ersten Bissen gemeinsam mit dem dazugehörigen Schock heruntergeschluckt habe. »Warum sind die Leute nicht schon längst weggezogen?«

»Das hat zwei Gründe«, erklärt Khader. »Woanders zu wohnen ist teuer, zumindest für unsere Verhältnisse. Die meisten sind froh, wenn sie einen Job haben, der sie über die Runden bringt. Deshalb fressen sie auch Hirn.«

»Um schlauer zu werden?«, fragt Sören.

»Mann, Jesus! Weil sie kein Geld haben! Hirn ist billig! Aber um auf deine Frage zurückzukommen, Lenin: Der andere Grund ist das Right of Return. Habt ihr den Schlüssel über dem Eingang von Aida gesehen?«

Sören und ich nicken.

»Das ist das Symbol für das Right of Return. Viele Palästinenser hoffen noch immer auf eine Rückkehr in ihre Heimat. Laut internationalem Recht müsste Israel ihnen das zugestehen. Aber wenn sie das Lager verlassen würden, wäre ihr Right of Return verwirkt. Oder zumindest würde es schwieriger, es zu erkämpfen. Daher bleiben sie dort wohnen. Es ist ein Akt der Hoffnung, versteht ihr?«

»Und werden sie irgendwann zurückkehren?«

Khader zögert einen Moment. »Nein«, sagt er dann. »Übrigens, ich hab kein Geld ... Zahlt ihr?«

Unser nächster Halt liegt am Rand der Stadt. Wir setzen uns auf das Dach des Mercedes und blicken auf den Horizont, hinter dem Khader irgendwo das Meer vermutet.

Er atmet tief ein und bläst die Luft in einem leisen Pfeifton wieder hervor. »Fühlt ihr das?«, fragt er. »Das ist Freiheit! Seht mal, wie weit wir gucken können! Ey, ich wäre gern ein Vogel! Dann würde ich mir die ganze Welt ansehen.« Er schweigt. »Oder ich hätte gerne euren Reisepass.«

»Hä?«

»Euer fucking Reisepass ist der beste der Welt! Wisst ihr das nicht? Alle lieben die Deutschen! Ihr könnt überallhin! Eigentlich seid ihr die Vögel ...«

Ich versuche, das Meer hinter dem Horizont zu erkennen. So habe ich die Sache noch nie gesehen. Für mich war es immer normal, jeden Ort der Erde erreichen zu können. Erst jetzt begreife ich, was für ein Privileg das ist.

»Hast du Familie?«, frage ich irgendwann.

»Meine Frau und ich leben getrennt. Sie hat mich eingesperrt.«

»Wie eingesperrt?«

»Ich habe sie wie eine Königin behandelt, aber sie mich wie einen Diener. Das hat nicht funktioniert. Wir hätten ein Königspaar sein sollen.«

»Habt ihr Kinder?«

»Eine Tochter. Sehr hübsch. Macht mir fast Angst.«

»Bist du religiös?«

»Du meinst, wegen Hidschab und so? Das muss sie selbst entscheiden. Wenn Gott will, dass sich Frauen verschleiern, warum hat er sie dann so schön gemacht?«

Weitere Minuten vergehen im Schweigen.

»Was würdest du sagen, wenn Jesus heute nach Bethlehem kommen würde?«

Khader überlegt einen Moment. »Ich würde sagen: Ey, Dude, ich hab 'nen Kumpel aus Deutschland, der sieht aus wie du. Und dann würden wir ein Bier trinken gehen. Moslem, Christ, scheiß drauf!«

»Jesus war Jude.«

»Na und? Ist doch nicht jeder Jude ein Arschloch, oder?«

Der Herr des Weinbergs

*Noah aber, der Ackermann,
pflanzte als Erster einen Weinberg.*
Gen 9,20

Das Right of Return bildet einen der Hauptkonflikte bei der Diskussion um einen dauerhaften israelisch-palästinensischen Frieden. Waren es nach der Spaltung des Landes und dem Ende des ersten arabisch-israelischen Krieges 1949 etwa 650 000 Palästinenser, die ihre Heimat zurücklassen mussten, sind es heute mit Kindern und Kindeskindern beinahe zehnmal so viele, die auf eine Rückkehr hoffen. Denn laut Vereinten Nationen sind auch die Nachkommen der Geflüchteten als Flüchtlinge anzusehen, sofern sich die Situation in deren Heimatland nicht ändert.

Es ist die Furcht, durch den palästinensischen Bevölkerungszuwachs die Identität als jüdischer Staat zu verlieren, die Israel verunsichert. Die Furcht, den Schutzraum, den man sich geschaffen hat, zu verlieren.

Ich muss an Deutschland und all die besorgten Bürger denken, mit ihrer Angst, fremd im eigenen Land zu werden. Wie banal das dagegen klingt. Zu Beginn meines Studiums in Leipzig traf ich mich mit einigen Kommilitonen, mit denen ich über das Problem der aufkommenden Rechten sprach. Dabei stellte sich heraus, dass keiner meiner sächsischen Mitstudenten von sich behaupten konnte, einen Moslem in seinem Bekanntenkreis zu haben. Es herrschte eine riesige Unsicherheit darüber, wie man diesen Fremden begegnen sollte. Während in Westdeutschland das Wirtschaftswunder auch mithilfe vieler muslimisch geprägter Gastarbeiter geschafft werden konnte und man so häufig sukzessive miteinander sozialisiert wurde, kam der Osten nur vereinzelt mit dem Islam in Berührung.

Bei uns in Bremen-Nord war das Zuckerfest ein anerkannter Feiertag. Wir waren neidisch auf unsere muslimischen Mitschüler, die zum Eid al-Fitr zu Hause blieben und dazu mit den leckersten Süßigkeiten vollgestopft wurden. Im Ramadan konnte unser Fußballtraining nur unter Einschränkungen stattfinden, da die Hälfte der Mannschaft fehlte oder mit halber Kraft spielte, weil die Spieler fasteten. Und trotzdem kenne ich niemanden in Bremen-Nord, der eine Überfremdung beklagt hätte. Im Gegenteil: Die fremden Bräuche waren eine Bereicherung. Was waren wir zunächst entrüstet, als wir bemerkten, dass unsere muslimischen Freunde zum Zuckerfest fehlten und wir sie dann auch noch zu Nikolaus auf den Straßen sahen! Das war unser Fest! Man konnte sich doch nicht einfach die Rosinen herauspicken! Bis wir auf die Idee kamen, sie zum Zuckerfest zu besuchen. Ich verstand weder die Bräuche noch die Gespräche, die dort untereinander geführt wurden, aber ich verstand die Herzlichkeit und die Gastfreundschaft, mit denen ich in den Familien empfangen wurde. Und ich hatte beide Backen voller Süßigkeiten.

Es gab viele Menschen aus unserem Freundes- und Bekanntenkreis, die uns von einer Reise nach Israel und ins Westjordanland abrieten. Es herrsche Krieg da unten, hieß es, nie sei man sicher vor Selbstmordattentätern oder Raketen aus Gaza. Steffen, in dessen Nachbarschaft einst eine dieser Raketen eingeschlagen war, klärte uns darüber auf, dass aus Gaza zum Teil mit umgebauten Ofenrohren geschossen werde. Gänzlich ohne Sprengstoff ausgestattet, damit sie weiter fliegen könnten. Das machte die Sache natürlich nicht besser, denn es zeigte, dass die Rebellen in Gaza wirklich mit allen Mitteln kämpfen – aber es rückte die Bedrohung für mich in ein ungefährlicheres Licht.

Vor einem Ofenrohr hatte ich jedenfalls weniger Angst als vor einer Rakete.

Außerdem haben wir festgestellt, dass auch hier in Palästina echte Menschen leben, von denen nicht jeder einen Sprengstoffgürtel um die Hüften trägt. Menschen, die froh sind, dass sich jemand für sie interessiert.

19. Mai 2016, Bethlehem, Palästina

Unsere Rucksäcke haben wir eng an die Körper geschnürt, jeder von uns trägt vier Liter Wasser in den Seitentaschen.

Tina hat uns von »Dahers Weinberg« erzählt. Eine kleine Erhebung im Süden Bethlehems, wo eine christlich-palästinensische Familie Weinbau betreibt und sich für friedliche Konfliktlösungen engagiert. Der gesamte Weinberg sei von Höhlen durchzogen, erzählte Tina, Höhlen wie die, in der auch Jesus geboren worden sei. Zum Teil lebe die Familie heute noch darin.

Zunächst wunderte ich mich, doch in der Tat hängt unser europäisches Bild von der Geburt Jesu außerordentlich schief. Es gab im Palästina zur Zeit Jesu keine Ställe, wie wir sie kennen, zumindest keine, die aus Holz gebaut und mit Stroh gedeckt waren. Es gab auch keine Hirten mit Filzhüten und blassen Gesichtern, sondern braun gebrannte Männer in langen Gewändern, die ihr Vieh in Höhlen, Spalten oder an Überhängen unterstellten und häufig selbst mit dort wohnten. In so einer Höhle muss man sich das Jesuskind vorstellen, wenn man der Geburtsgeschichte Glauben schenken will.

Wir waren sofort Feuer und Flamme, als wir von dem Weinberg hörten. Wir wollten unbedingt in einer Höhle schlafen!

Autos hupen uns an, als wir unserem Weg Richtung Süden folgen. Taxifahrer halten, wollen uns mitnehmen und lachen uns aus, wenn wir ihnen erklären, dass wir wirklich laufen wollen. Überall heißt es: »Salam aleikum, kiif halkum, welcome to Palestine! – Gott sei mit euch, wie geht's? Willkommen in Palästina!«

Wir passieren Kirchen und Moscheen, Automechaniker, Reifenhändler, Obstverkäufer, Metallarbeiter und Tischler. Auf dem Mittelstreifen hat ein Steinmetz seine Arbeiten ausgestellt: etliche Bethlehem-Sterne, wohlgeformt aus weißem Kalkstein, bereit, die Herzen der Gläubigen zu erfreuen. Auf der Straße hängen Bilder von Jassir Arafat und die wehenden Fahnen Palästinas. Durch eine Öffnung in einer Mauer können wir auf einen Hinterhof blicken. Alte Rutschen und Schaukeln stehen auf einem Betonfundament, ein paar Kinderwagen. Schafe durchwühlen einen Abfallhaufen im Hintergrund nach Futter. Vier Jungs mimen eine Gang, tragen dreckige Hosen, einer hat ein Fahrrad, auf dem er Hochstarter übt. Ein alter Mann wacht über die Szene. Nicht zu sagen, ob er die Schafe oder die Kinder hütet. Und dann ist da noch ein Pferd. Es trägt bunt geschmücktes Zaumzeug, ein Junge sitzt darauf, er lacht laut, während das Pferd immer wieder im Kreis antrabt.

Ich mache ein Foto von diesem Moment. Es hält die Trostlosigkeit der Szene fest. Die Risse im Beton und den Rost an den Spielgeräten. Und daneben den Stolz in den Gesichtern der Kinder, ihren unbändigen Willen, auch aus der unangenehmsten Situation noch das größte Glück herauszuholen.

Die letzten Kilometer wandern wir entlang einer Schnellstraße. Der Tag hat seinen Zenit überschritten, die Sonne taucht das Land in weiches Licht. Der Geruch von Heu liegt in der Luft. Autos rasen an uns vorbei, Lkw, Transporter, Militärjeeps. Ab und an kommen uns Männer auf Maultieren entgegen. In gemächlichem Schritt schlurfen die Tiere über den Seitenstreifen, die Reiter haben einen freundlichen Gruß auf den Lippen, meist aus einem zahnlosen Mund.

Es ist später Nachmittag, als wir die Zufahrtsstraße zur israelischen Siedlung Neve Daniel erreichen. Dort, wo die Straße einen Knick macht und auf einen stabilen Metallzaun zuläuft, der die Siedlung vom restlichen Land abschottet, biegen wir auf einen groben Feldweg ab. Ein Walnussbaum spannt seine Krone über den ansteigenden Pfad, die tief stehende Sonne blitzt durch das Astwerk. Als wir den Hügelsaum erreichen, wirkt es, als würden wir in den Sonnenuntergang laufen.

Der gesamte Weinberg ist von einem rostigen Maschendrahtzaun umgeben. Eine Allee aus Mandelbäumen zieht sich die Einfahrt hinauf, davor ist die Straße von einer Sperre unterbrochen. Dicke Betonquader liegen in der Mitte der Fahrbahn, Reifenspuren führen daran vorbei, das Relief schwerer Gefährts. Wir klettern über die Quader hinweg und folgen der Allee bis zum Eingangstor. Neben dem Gatter liegt ein Findling, auf dem in bunten Lettern steht: »We refuse to be enemies.«

Daher Nassar kaufte das Gelände am Anfang des letzten Jahrhunderts, um es zu bepflanzen und zu einem Ort des Friedens zu machen. Er baute die Höhlen aus, ein paar Hütten kamen hinzu, Reben und Obstbäume gediehen. Dahers Enkelkinder gründeten das »Tent of Nations«, eine interkulturelle Begegnungsstätte für junge Erwachsene, die sich gemeinsam für friedliche Konfliktlösungen und gewaltfreien Widerstand engagieren wollten.

Mit der Zeit wurde jedoch auch das Land um den Hügel herum bebaut. Nach dem Sechstagekrieg 1967 kamen israelische Siedler in die Gegend, die infolge der militärischen Besatzung des Westjordanlandes und in der Gewissheit einer göttlichen Verheißung das Gebiet für sich beanspruchten. Eine Zeit lang lebte man konfliktfrei nebeneinander her, doch seit 1991 liegen die Nassars im Rechtsstreit mit der israelischen Regierung, da sie behauptet, die Familie bewohne ihr Land illegal. Drei israelische Siedlungen befinden sich heute um den Weinberg herum.

Am höchsten Punkt des Hügels erreichen wir einen Steinbau, dessen gegossene Terrasse von einer Zeltplane überspannt wird. Zwei Jungs kommen auf uns zu. »Hey, seid ihr die Freunde von Tina? Nice, dann können wir deutsch mit euch reden!«

Laszlo und Aron sind im Rahmen eines Arbeitsprojekts ihrer Schule im Land. Berliner Randbezirk, elfte Klasse. Laszlo, der größere der beiden, führt uns zu einem Haufen Matratzen, die in einem Schuppen hinter einem alten Kombi gelagert werden. »Von den Nassars ist niemand da. Die meisten von ihnen wohnen in Bethlehem, weil sie dort Arbeit haben. Sie kommen meist tagsüber, um uns zu helfen. Aber greift euch erst mal jeder 'ne Matte. Ihr pennt in der Familiengrotte. Die anderen haben Mücken.«

Die Matratzen auf dem Kopf, wandern wir über das Gelände. Echsen huschen über die Wege, Grillen besingen die Hitze. Am Rand der Hügelkuppe bleibt Laszlo stehen. »Hier ist es!« Er steigt eine kurze Steintreppe hinab, die zu einer grünen Stahltür führt. Das Metall quietscht, als er die Tür öffnet. »Herzlich willkommen!« Er betätigt einen Lichtschalter, woraufhin die Grotte vor ihm erstrahlt.

Ehrlich gesagt dachte ich bei unserem Schlafplatz an eine dunkle, staubige Höhle aus unbehauenem Stein, die wir uns mit Fledermäusen und Käfern teilen müssten. An zugigen Wind und Feuer, das in der Nacht die Tiere fernhalten müsste. Diese Grotte ist purer Luxus. Zwei Glühbirnen hängen von der hell verputzten Decke und erleuchten jeden Winkel mit elektrischem Licht. Der Boden ist gegossen, ein kniehoher Sims umläuft den Raum, in der Mitte der Decke dient ein verkapptes Loch als Abzug und zur Frischluftzufuhr.

»Das ist eine der einfacheren Höhlen«, erklärt Laszlo. »Aber glaubt uns, es ist eine der angenehmsten.«

»Eine der einfacheren?«, wiederhole ich und werfe begeistert meine Matratze auf den Boden.

»Na ja, die anderen Höhlen haben Duschen und Waschbecken und so. Bloß weil wir unter der Erde sind, müssen wir ja nicht wie Neandertaler wohnen! Die Matratzen würde ich übrigens auf den Sims tun. Manchmal kommen nachts Schlangen oder Skorpione, weil es hier drinnen wärmer ist als draußen.«

Eine gute halbe Stunde später sitzen Sören und ich unter dem Zeltdach auf der Terrasse und trinken ein kaltes Glas Wasser. Die Rucksäcke liegen wohlverwahrt in der Höhle, die Hemden haben wir gewaschen und zum Trocknen in einen Baum gehängt. Ein lauer Abendwind weht durch die Zypressen um uns herum. Irgendwo balgen sich zwei Hunde.

Aron steht in der Tür zum Haupthaus und ruft uns zum Essen. Irgendein Eintopf. »Wir nehmen das, was die Nassars uns bringen. Was zurzeit fehlt: Salz. Könnte ein bisschen fade schmecken.«

Die beiden geben sich große Mühe, fürsorglich zu sein. Dabei sehen Laszlo mit seinem Goldkettchen und Aron mit seinem Versuch eines Schnurrbartes eher so aus, als würden sie in ihrer Freizeit Laternen austreten. Hier stehen sie jeden Morgen um sechs Uhr auf, um die Weinpflanzen zu wässern. »97 Eimer, den ganzen Tag, ich hab's gezählt«, stöhnt Aron, und Laszlo ergänzt: »Die besten Arbeiten sind nicht die, die dir am leichtesten fallen, sondern die, bei denen du den meisten Ertrag siehst.«

Ich brauche einen Moment, bis ich begreife, wie weise das ist. Dann setzt er hinzu: »Den Wein, den wir hier pflanzen, werden wir nie ernten.«

Wir leeren unsere Teller und verabschieden uns ins Bett. Die Nacht ist klar, der Himmel über uns funkelt. Nur kurz hole ich mein Handy heraus und rufe Anna an. Wir sprechen über unser Geheimnis, ich sage ihr, dass es mir gut geht und sie sich keine Sorgen zu machen braucht, sie versichert mir das Gleiche.

Als ich hinunter in unsere Höhle stapfe, überkommt mich ein wohliges Gefühl von Geborgenheit. Der Stein hat die Wärme des Tages gespeichert, die Erde über uns schluckt allen Schall. Keine Schlange, kein Skorpion weit und breit. Nur der Atem von Sören und das leise Rascheln meiner Matratze. Hier würde ich mich auch gebären lassen. Vorausgesetzt, eine anständige Hebamme wäre anwesend.

Während ich wegdämmere, spukt mir noch Laszlos Satz im Kopf herum: *Den Wein, den wir hier pflanzen, werden wir nie ernten.* Wahrscheinlich trifft die Aussage auf die meisten Organisationen zu, die sich für eine friedliche Lösung im Nahostkonflikt einsetzen. Könnte auch von Jesus stammen.

20. Mai 2016, Dahers Weinberg, Palästina

Unser Frühstück besteht aus Kaffee, saurem Joghurt und getrockneten Früchten. Daher junior, der Enkel des alten Daher, der am Morgen mit seinem klapprigen Saab die Auffahrt heraufkam, sitzt neben uns an einer langen Granittafel und erzählt.

»Vor 100 Jahren hat mein Großvater dieses Grundstück gekauft. Er hat es von den Osmanen erworben, wir haben noch Urkunden davon. Dann kamen die Briten, und auch von ihnen haben wir Urkunden. Wir haben auch Urkunden vom jordanischen Königreich, und selbst von den Israelis haben wir Urkunden.«

Sein Haar ist ergraut, seine Hände tragen die Zeichen körperlicher Arbeit. Unter seinem Baumwollhemd spannt sich die Figur eines Bauern. Sein Schnurrbart vibriert, während er spricht.

»Trotz der Papiere hat die israelische Regierung unseren Besitz infrage gestellt. Wir bekommen keine Baugenehmigungen. Nicht für Häuser, nicht für Zelte, auch nicht für Zäune. Seht euch um! Die israelischen Siedlungen kommen immer näher.

Die Israelis wollen das Land, um hier ihre Siedlungen zu bauen. Aber wir pflanzen Olivenbäume. Wo ein Olivenbaum ist, da ist Hoffnung.«

Nach dem Aufwachen haben Laszlo und Aron uns das Gelände gezeigt. Oliven- und Mandelbäume beschatten die Wiesen, Rosmarin und Salbei wuchern entlang der Wege. Im hinteren Teil des Geländes werden Tiere gehalten: Hühner, ein paar Tauben, ein Esel. Unweit davon steht ein Plumpsklo. Auf dem Regal neben der Tür ein Eimer mit getrockneten Olivenblättern. Zum Spülen, weil Wasser rar ist.

»Vor zwei Jahren kam das israelische Militär und riss einen Teil der Bäume heraus. Danach haben sie Fotos gemacht. Es gibt ein Gesetz aus osmanischer Zeit, nach dem man seinen Landbesitz an den Sultan verliert, wenn man ihn drei Jahre lang nicht bestellt. Darauf berufen sich die Israelis. Habt ihr die Straßensperre gesehen? ›Security reasons‹. Ich frage, Sicherheit wofür? Sie wollen die Menschen erschöpfen! Sie wollen, dass wir aufgeben.«

In einiger Entfernung sehe ich die eingezäunten israelischen Siedlungen. Laut Vereinten Nationen alle illegal. Ich frage Daher, ob er Kontakt zu den Siedlern habe. Er schüttelt den Kopf.

»Sie sind herzlich eingeladen, aber sie sollen keine Waffen mitbringen, wenn sie uns besuchen. Und sie sollen keine Mauern bauen. Dieses Land steht für Frieden. Kannst du dir vorstellen, wie alt diese Olivenbäume sind? Ich weiß es auch nicht.«

Während wir essen, erzählt Daher weiter. »Es ist gut, dass wir Leute haben, die uns helfen. Schüler, Studenten aus der ganzen Welt. Manchmal auch Israelis.«

»Israelis?«

»Keine Siedler... Wisst ihr, ich bin hier aufgewachsen. Ich wurde christlich erzogen, ich liebe alle Menschen. Das ist es, was Gott tut: Er liebt alle Menschen. Wir sollen keine Feinde sein.

Aber wenn sie ihre Siedlungen bauen, ist es schwer, Frieden zu finden.«

Ich frage ihn, ob er Angst habe.

»Angst wovor?«

»Der Zukunft.«

»Nein. Wir haben viele Probleme, aber Gott hilft uns.«

»Aber glauben nicht auch die Siedler, dass Gott ihnen hilft?«

Daher zuckt mit dem Schnurrbart. Er lehnt sich zurück. »Einmal kamen zwei Siedler an unser Tor. Ich fragte, ob ich ihnen helfen könne, aber sie sagten: ›Nein, das kannst du nicht, denn das ist unser Land!‹ Ich erwiderte, nein, es sei mein Land, ich könne Dokumente zeigen, die beweisen würden, dass es meins sei. Sie lachten nur. Sie sagten, sie hätten ein größeres Dokument, sie hätten ein Dokument von Gott.« Er schmunzelt.

»Was hast du geantwortet?«

»Ich habe ihnen gesagt, dass ich den gleichen Gott habe. Einen Gott für alle Menschen. Und dass dieser Gott Frieden will. Egal, welche Religion. Das ist der Glaube, der dieses Haus trägt. Wenn wir an Gott glauben, werden wir Frieden finden.«

Hier draußen, 17 Kilometer von Bethlehem, spüre ich zum ersten Mal auf dieser Reise so etwas wie einen christlichen Geist. Bei einer ärmlichen Familie in einem Weinberg, die sich rigoros weigert, ihre Widersacher als Feinde anzuerkennen.

20. Mai 2016, Bethlehem, Palästina

Für den Nachmittag hat Tina uns ein Gespräch mit Mitri Raheb organisiert. Nachdem ein Taxifahrer uns in der Nähe der Altstadt abgesetzt hat, streifen wir durch den Irrgarten der Suks. Mittelmeerblaue Fensterläden leuchten an elfenbeinfarbenen Häuserfassaden, purpurne Teppiche und Röcke hängen an den Außenwänden der Geschäfte. Die Gewürze der Kaufleute häufen sich zu Wüstenlandschaften. Kichererbsen, Minze, Paprika, Zwiebeln bilden ein sich ständig verschiebendes Mosaik aus Farben, während wir an den Geschäften vorbeilaufen. Darüber schwebt ein olfaktorischer Flickenteppich, der, je nachdem, in welche Richtung man seine Nase reckt, nach Kaffee, Weihrauch, Kardamom, Koriander, Curry, Fleisch oder Dreck duftet.

Hinter einer Wegegabelung im Zentrum der Suks finden wir das »Dar Annadwa«, ein internationales Begegnungszentrum, das auf Betreiben Mitri Rahebs gegründet wurde. Die Empfangsdame führt ein kurzes Telefongespräch, dann bittet sie uns in den ersten Stock.

Pfarrer Mitri Raheb ist ein angesehener Theologe. Er hat in Deutschland studiert und zur Geschichte des Christentums in Palästina promoviert. Sein Büro hinter einer Tür aus hellem Holz sieht aus, wie ein Büro eben aussieht: Unordentliche Papierstapel und Bücher begraben den Schreibtisch unter sich, dazwischen Blätter mit rasch gekritzelten Notizen. Mitri selbst trägt ein freundliches Lächeln im Gesicht, als er uns begrüßt. Seine Figur ist hager, über seinem weißen Hemd trägt er Theologen-Schwarz, kein Action-Schwarz, an der linken Hand glänzt ein Ehering.

»Und, wie gefällt euch Bethlehem?«, fragt er auf Deutsch und bietet uns gleich das Du an. »Habt ihr den Heiland schon gefunden?«

»Bisher noch nicht«, antworte ich. »Und du?«

Mitri legt einen Finger an den Mund. »Ja, ich glaube schon. Nicht persönlich, versteht sich, aber in vielen Momenten!«

»Was meinst du damit?«

»Na ja ... Das Leben Jesu zur Zeit des römischen Imperiums ist unserem heutigen Leben unter der israelischen Besatzung wahrscheinlich gar nicht so unähnlich gewesen. Die Volkszählung zu Jesu Geburt könnt ihr mit den Magnetkarten vergleichen, die wir Palästinenser brauchen, wenn wir nach Jerusalem oder Galiläa reisen wollen. Es sind Mittel der Kontrolle. Jesus war ein Wanderprediger, der das Königreich Gottes predigte. Das war eine zutiefst politische Aussage. Denn das Königreich Gottes sollte größer sein als das Römische Reich. Damit richtete er sich gegen die Allmacht des Imperiums.«

»Aber predigten so nicht viele Menschen damals?«, frage ich weiter.

»Das Besondere an Jesus war, dass er ein Königreich Gottes verkündete, das schon angebrochen war. Man brauchte auf nichts mehr zu warten. Er hatte verstanden, wie man sich gegen das römische Imperium zur Wehr setzen konnte: nämlich dadurch, dass er die Menschen befähigte, an sich zu glauben. Wenn Jesus sagt, dass Blinde sehen und Krüppel gehen, dann ist das auch metaphorisch gemeint. Er stützte die Menschen und öffnete ihnen die Augen. Er gab ihnen Verantwortung. Die Menschen mussten aktiviert werden, und Jesus aktivierte sie. So ist es auch heute. Jemand muss den Unterdrückten Selbstvertrauen geben. Nicht durch Waffen, sondern durch Hoffnung und Verantwortung. In diesem Handeln erkenne ich Jesus und seine Botschaft in meinem Umfeld wieder.« Er lächelt. »Das war jetzt vielleicht eine etwas längere Antwort.«

Es ist offensichtlich, dass Mitri häufiger über dieses Thema debattiert. 2012 wurde ihm der Deutsche Medienpreis verliehen, was nicht ohne Echo blieb, da ihm verschiedene jüdische und christliche Gruppen vorwarfen, er sei an einem konstruktiven Dialog zwischen Israel und Palästina nicht interessiert. Mitri streitet dies vehement ab.

»Also, wenn du von Jesus heute sprichst, beschreibst du ihn so, als wenn er Palästinenser wäre«, hake ich nach. »Aber er war doch ein Jude. Müsste er dann nicht heute auf der Seite der Israelis stehen?«

»Das bestreite ich gar nicht. Jesus war ein palästinensischer Jude. Du darfst die israelische Besatzung auch nicht mit einer jüdischen Besatzung gleichsetzen, das wäre ganz falsch. Für mich ist es keine Frage der Religion. Sondern der Machtverhältnisse. Natürlich sind die Juden in Israel und Palästina ein Teil dieses Landes, waren es schon immer, aber eben nicht als Besatzer. Jesus würde sich immer auf die Seite der Machtlosen stellen. Würden die Christen als Besatzungsmacht auftreten wie zu Zeiten der Kreuzritter, hätte er auch mit ihnen ein Problem. Das ist übrigens auch der Grund, warum sich das Christentum so rasant verbreiten konnte: weil das Volk so sehr unter dem Joch der römischen Besatzung litt.«

Mitri spricht einen bedeutsamen Punkt an: Das Christentum ist eine Religion, die vor allem jenen Hoffnung verspricht, die ansonsten nur noch wenig Hoffnung haben: »Die Letzten werden die Ersten sein.« Ironischerweise ist Jesus jedoch mit seinem »empowerment of the people«, wie Mitri es nennt, gescheitert. Er endete am Kreuz. Sein Volk befreite er nicht. Zwar wurde das Römische Reich seit Kaiser Konstantin mehr und mehr christianisiert, allerdings hatte das weder positive Auswirkungen auf das Judentum, noch endete dadurch die Besatzung der Provinz Syria Palaestina. Erst 600 Jahre nach dem Tod Jesu wurde das alte Joch zerbrochen – allerdings von den Vertretern einer neuen Religion, denn es waren die Nachfolger Mohammeds, die das Land eroberten. So wechselten die verschiedenen Besatzungsmächte im geografischen Gebiet Israels und Palästinas im Laufe der Jahrhunderte immer wieder durch, doch eine eigene, nationale Regierung kam nie zustande. Nach dem Zweiten Weltkrieg wurde der israelische Staat schließlich auf Teilen des britischen Mandatgebiets Palästina gegründet, und so gibt es heute in dem einen Teil des historischen Gebiets zwar einen eigenen nationalen und sogar jüdischen Staat – doch in dem anderen Teil ist genau dieser Staat selbst eine Besatzungsmacht. Die Geschichte dreht sich im Kreis, und Jesus dreht sich im Grabe.

Das erste Wunder

*Wenn ihr nicht Zeichen und Wunder seht,
so glaubt ihr nicht.*

Joh 4,48

21. Mai 2016, Bethlehem, Palästina

Das Haus ist leer, als wir erwachen. Gestern Abend saßen wir noch lange mit Tina und Steffen auf dem Balkon ihrer Wohnung, tranken Bier, aßen Schokolade und hörten den Muezzins der Altstadt zu, die in warmen Stimmen davon sangen, dass da jemand sei, der über uns wache. Heute liegt auf dem Tisch ein Zettel mit lieben Grüßen und einem Link, der zu einer Seite mit israelischen Busverbindungen nach Nazareth führt.

Die Grundidee für unsere Reise war es, die gesamte Route auf Jesu Spuren zu wandern. Doch schnell stellte sich heraus, dass das in unserem Zeitrahmen unrealistisch war. Daher entschieden wir uns, zumindest für die Strecke nach Nazareth einen Bus zu nehmen. Der kleine Jesus wäre wohl kaum selbst nach Nazareth gelaufen, warum also sollten wir wandern?

Im Laufe der Zeit wird sich allerdings noch herausstellen, dass unsere größten Gegner auf dieser Reise nicht Hitze oder Blasen an den Füßen sind, sondern der Sabbat – der wöchentliche Feiertag der Juden. Von Freitagnachmittag bis Samstagabend sind alle Geschäfte geschlossen, kein jüdischer Bus, der fährt. Streng ausgelegt, ist es nicht mal erlaubt, sich weiter als 1000 Meter vom eigenen Haus zu entfernen. Ich schaue auf mein Handy. Natürlich ist heute Sabbat. Und natürlich sind wir nicht darauf vorbereitet.

Fieberhaft durchforste ich das Internet nach Verbindungen nach Nazareth, doch ich finde keine, die uns früher als ein Uhr nachts ans Ziel brächte. Ich telefoniere mit diversen Hotels, doch sobald ich ihnen unsere Ankunftszeit mitteile, lachen die Gesprächspartner und sagen, dass da nichts zu machen sei. Zu dieser Zeit sei keine Rezeption mehr besetzt.

Sören blickt mir über die Schulter. »Ich bin ja nicht gut in Bibel und so«, sagt er. »Aber ist das nicht 'n bisschen wie die Geschichte von Maria und Josef? Ich bin Josef, und du bist der Esel!«

Ich werfe ihm einen Dattelkern an den Kopf, der in seinem Haar kleben bleibt.

Irgendwann fassen wir den Entschluss, einfach ins Blaue aufzubrechen. Im Notfall würden wir in der Wildnis schlafen. Auf unserem Weg zurück zum Checkpoint 300 laufen wir durch das Aida-Camp. Rost frisst an den Türen, die Gassen sind von Schlaglöchern übersät.

Es ist ein komisches Gefühl, nun wieder nach Israel aufzubrechen. Die Eindrücke der letzten Tage waren so einschlägig, dass es mir schwerfällt, dem Land unvoreingenommen gegenüberzutreten. Wir haben die strukturelle Gewalt gesehen, die die israelische Regierung ausübt, und gespürt, wie die Palästinenser darunter leiden. Mir ist bewusst, dass es nur eine Sicht auf die Dinge ist, denn Israel hat viele seiner Maßnahmen nicht ohne Grund getroffen. Seit die Mauer zwischen den beiden Ländern gebaut wird, hat sich die Zahl der palästinensischen Attentate in Israel zum Beispiel wirklich verringert. Ob und wie sehr das an der Mauer liegt, kann ich allerdings nicht sagen.

Den Checkpoint 300 begrüßen wir wie einen alten Bekannten. Das Vorzeigen unserer ID, der kritische Blick der Beamten, der Gepäckscan: pure Routine. Unheimlich, wie schnell man sich an alles gewöhnt.

21. Mai 2016, Nazareth, Israel

Die Stadt wirkt bei unserer Ankunft sanfter, offener als Bethlehem. Es ist bereits dunkel, doch die Straßen werden von elektrischem Licht erhellt. Keine Mauer, die uns umgibt, keine Checkpoints, keine Soldaten.

Über einige Umwege finden wir das »Sisters of Nazareth«-Hospiz, ein ehemaliges Kloster, das mein Vater mir empfohlen hat, weil er hier vor 35 Jahren einmal übernachtet hatte. »Ich schlafe in einem Hospiz, das ein Bett mit Dusche und Kochmöglichkeiten für 4,80 DM anbietet«, schrieb er in einem Brief an seine Mutter. Von Öffnungszeiten schrieb er nichts. Wir läuten die Glocke an der Pforte, doch niemand öffnet. Noch einmal, doch wieder keine Antwort. Wenn es nach mir ginge, würden wir sofort unsere Rucksäcke schultern und in die Hügel stapfen. Es ist Vollmond, und ich will Abenteuer. Aber Sören überzeugt mich, wenigstens noch ein weiteres Hotel zu suchen. Er sieht wesentlich müder aus als ich.

Wir verlieren uns immer tiefer in den verwinkelten Altstadtgassen. Ein Schild an einer Mauer weist auf das »Simsim«-Hostel hin, allerdings gibt es weder einen Richtungspfeil noch eine Tür, an die man klopfen könnte. Zwei Straßen weiter wieder ein Schild, diesmal mit einem Pfeil in eine schwach beleuchtete Gasse, deren Wände mit Bougainvilleen behängt sind. Am Ende, im Schatten einiger hoher Gemäuer, ein weiteres Schild, diesmal mit einer Eingangstür darunter.

Ich drücke eine abgenutzte Plastikklingel. Sören drückt noch einmal, fester, bis ein Surren und ein leises Läuten zu hören sind. Wir warten einen Moment, doch sonst passiert nichts. Missmutig verzieht Sören das Gesicht. Er klingelt noch einmal, diesmal sturm. Wir wollen schon gehen, da hören wir plötzlich langsame und schlurfende Schritte eine Treppe herunterkommen. Ein Schlüssel dreht sich im Schloss, und ein blasser Typ öffnet uns die Tür. Er hat verblüffende Ähnlichkeit mit Fred Weasley.

»Moin«, sage ich, weil es das Erste ist, was mir einfällt. »We äh... we search for a...«
»Mirko?«, fragt Sören.
Verwirrt drehe ich mich zu ihm um.
»Sören?«
Verwirrt drehe ich mich zurück.
»Mirko!«
Die beiden fallen sich in die Arme.
»Alter, was machst du denn hier, ich wusste gar nicht, dass du da bist!«
»Ja, Mann, ich auch nicht!«
»Wir haben doch neulich noch...«
Sören geht auf Abstand, betrachtet sein Gegenüber, dann fallen sie sich wieder in die Arme. »Ey, das ist ja viiiiiel zu krass!!!«
Ich stehe ungläubig daneben. »Ihr kennt euch also?«
»Das ist Mirko!«, erklärt Sören. »Aus Hamburg! Von der Veddel! Da warst du auch schon!«
»Ja!«, ruft Mirko. »Also, kann sein! Keine Ahnung, weiß ich nicht mehr! Aber kommt erst mal rein... Was macht ihr, wie lange bleibt ihr?«
Wir schleppen unser Gepäck die Treppe hinauf, an deren oberer Balustrade eine doppelflügelige Tür in einen Aufenthaltsraum führt.
»Schmeißt euer Zeug einfach in eins der Zimmer. Nur nicht hinten, das ist der girls dorm.« Mirko startet einen Computer an der Rezeption, um uns einzuchecken. »Gebt mal eure Reisepässe!«
Die Einrichtung des »Simsim« ist im Gegensatz zu den Umständen unserer Ankunft eher unspektakulär. Drei Schlafsäle mit Hochbetten, grauer Gusszementboden, helle Gardinen vor hohen Fenstern. Alles irgendwie orientalisch, irgendwie esoterisch, irgendwie gemütlich.

»Wisst ihr eigentlich, was ihr für ein Glück habt, dass ich euch gehört habe?«, fragt Mirko, während wir unsere Betten im Schlafsaal beziehen. »Normalerweise schalten wir die Klingel nachts aus. Ich hab's nur vergessen! Ich hab schon gedacht, welche Idioten jetzt noch klingeln ...«

Kurz darauf drängen wir in die Nacht hinaus, um unser unverhofftes Glück mit einem kalten Getränk zu begießen. Die Wege sind von einer schmalen Rinne durchzogen, durch die Regen und Schmutzwasser ablaufen können. Obst- und Gemüsereste liegen darin, Überbleibsel des Markttreibens.

An einem großen Platz unterhalb einer griechisch-orthodoxen Kirche bleiben wir stehen. Der Platz ist von Imbisslokalen umgeben, an seinem südlichen Ende steht ein unscheinbarer Brunnen, neben dem eine ausladende Platane eine Restaurantzeile überspannt. Wir kaufen uns drei Bier und setzen uns auf ein paar Treppenstufen. Während Sören und Mirko sich unterhalten, versuche ich innerlich, die Gegend um uns herum einzuordnen.

Die Kirche zu unserer Linken stammt aus dem 4. Jahrhundert. Sie ist auf einer Quelle erbaut, an der nach griechisch-orthodoxem Glauben Maria Wasser holte, als ihr der Erzengel Gabriel einen Sohn verkündete. Weiter oben in der Stadt gibt es eine andere Kirche nach römisch-katholischer Tradition; diese verortet die Vision Marias wiederum nicht an einem Brunnen, sondern bei ihr zu Hause, woraufhin man ein pompöses Gotteshaus oberhalb einer antiken Ruine errichtete, in der Marias Heim vermutet wurde. Der Brunnen am südlichen Ende unseres Platzes schließlich soll sich aus der Quelle unter der griechisch-orthodoxen Kirche speisen und der eigentliche Ort der Verkündigung gewesen sein. Leider ist Gabriel seit dem Vorfall nicht mehr aufzufinden, sodass man ihn fragen könnte.

Ich versuche, mir vorzustellen, wie viele Menschen bereits vor mir auf diesen Stufen gesessen haben. Der Stein ist sicher Hunderte Jahre alt. Hat Jesus hier auch mal Wein getrunken? Sich mit seinen Kumpels gekloppt? Mit seinen Eltern wegen Mädchen gestritten? Keine Ahnung.

Über die Jugend Jesu ist wenig bekannt. Man weiß, dass er mit Mitte zwanzig Galiläa verließ und in die Wüste zog, wo er sich Johannes dem Täufer anschloss. Von ihm lernte er und ließ sich taufen. Mit Ende zwanzig kehrte er samt eigener Lehre zurück, etwa zur selben Zeit, als Herodes Antipas, der damalige Herrscher von Galiläa, Johannes dem Täufer den Kopf abschlagen ließ.

Jesus kam nach Hause, doch er war dort nicht mehr willkommen. Zu seiner Familie hatte er kein leichtes Verhältnis, die Bürger Nazareths vertrieben ihn, da er, der Sohn eines Handwerkers, sich als Wundertäter und Überbringer einer göttlichen Botschaft aufspielte. Armer Junge.

Die Luft ist klar und rein. Sterne glitzern am Himmel, Falter tummeln sich im warmen Licht der Laternen. Aus den Lokalen dringt dumpf das Geklapper von Geschirr. Wie die Ränge eines Amphitheaters wächst die Stadt die Hügel hinauf. Zur Zeit Jesu lebten nicht mehr als 400 Menschen in Nazareth. Heute sind es über 75 000, die größte palästinensisch geprägte Stadt Israels. Die Bevölkerung besteht überwiegend aus Moslems. Christen machen nur noch etwa ein Drittel der Einwohner aus.

Unser Bier ist bereits lange geleert, als Sören sich zu mir wendet. »Nils, du findest das vielleicht jetzt alles gar nicht so krass...«

»Oh doch«, berichtige ich ihn, »ich finde das alles ganz schön kr...«

»Ja. Ich weiß«, unterbricht er mich. »Aber das wirklich Krasse ist, Mirko hier...« Er nickt in Richtung des breit grinsenden Fred Weasley. »Mirko ist dafür berühmt, dass er niemals sein Zimmer verlässt. Es gibt genau drei Orte, an denen ich Mirko bisher getroffen habe: in seinem Zimmer, im Zimmer seines

Mitbewohners und hier in Nazareth. Weißt du, wie krass das ist?«

»Das ist voll krass«, kommt Mirko mir zuvor.

»Ja, Mann! Kannst ja mal Jesus fragen, wie krass das ist.«

Von Zimmermännern und Dschinns

Ist das nicht der Sohn des Zimmermanns?
Mt 13,55

Nazareth erscheint als Geburtsort Jesu ungleich wahrscheinlicher als Bethlehem. Um auf den historischen Kern der neutestamentlichen Texte zu kommen, ist immer die Frage hilfreich, bei welchen Geschichten es sich aus urchristlicher Sicht gelohnt hätte, sie zu erfinden; beziehungsweise andersherum, welche Geschichten sich nicht aus dem Glauben oder den missionarischen Ambitionen des Urchristentums erklären lassen. Letzteren Abschnitten misst man potenziell hohen Wahrheitswert bei. Nazareth war vor der Erwähnung im Neuen Testament aus Sicht der Quellenlage praktisch nicht existent. Es findet seine erste historische Erwähnung erst im Zusammenhang mit Jesus. Genau genommen gab es keinen logischen Grund, Nazareth als Herkunftsort Jesu zu nennen. Mit Ausnahme, dass es der Wahrheit entspräche.

22. Mai 2016, Nazareth, Israel
Wir sitzen auf der Veranda eines hübschen Restaurants in der Nähe unseres Hostels. Rote Petunien wachsen in den Blumenkästen am Geländer, davor stehen Cafétischchen und Klappstühle. Auf unseren Tellern schwimmen Reste von Pfannkuchen in Lavendelsirup.

Abu Ashraf, der Namenspate des Lokals, ist ein großer und gutmütiger Mann. Ein leichter Buckel krümmt seinen Rücken,

Nase und Ohren geben ihm das Aussehen eines Elefanten. Um seinen Bauch spannt sich eine fleckige Schürze, im Gesicht trägt er ein bescheidenes Lächeln.

Das Innere seines Restaurants sieht aus wie die Höhle eines Dschinns. Glänzende Kupfertöpfe hängen von der Decke, Zinnkannen, Bronzepokale, Kronleuchter. An den Wänden lehnen mittelalterliche Saiteninstrumente, Kutschräder, Schreibmaschinen, lederne Weinschläuche. Hier und da ist ein rostiger Schlüsselbund zu entdecken, ein altmodisches Werkzeug oder eine aufziehbare Uhr.

»Der feuchte Traum eines jeden Antiquitätenhändlers«, fasst es Sören treffend zusammen.

Als ich zahlen möchte, kann ich Abu Ashraf nicht finden. Ich tappe durch das Halbdunkel seiner Gaststätte und entdecke ihn in einer schummrigen Werkstatt, die sich hinter dem Speiseraum anschließt. Er sitzt auf einem niedrigen Schemel vor einer Werkbank und schrubbt einen Kerzenleuchter. Als ich eintrete, blickt er auf.

»Komm näher.« Der Wirt winkt mich zu sich. »Schau, das ist ein Stück Geschichte!« Er rückt den Leuchter ins Licht. »Wenn du genau hinsiehst, kannst du die Zeit darin erkennen.« Er fährt mit der Hand über den eisernen Schaft, der von einer dunkelgrünen Patina überzogen ist. »All die Kerben und Erinnerungen. Der Leuchter stammt noch aus der ersten Zeit der Elektrizität... Und die hier«, er zeigt auf einen Haufen massiver Metallkugeln, »die haben sie im Meer gefunden! Echte Kanonenkugeln, keine Ahnung, wie alt... Hier, nimm die Lampe, fühl ihr Gewicht!«

Er reicht mir den Leuchter. Noch warm von seinen Fingern.

Abu Ashraf ist selbst so eine Antiquität. Die tiefen Falten in seinem Gesicht würdigen die Zeit. Das Leben ist schneller geworden als er, hat ihn wohl irgendwann überholt. Aber hier drin ticken die Uhren langsamer.

»Glaubst du an Gott?«, frage ich.

»Oh ja!« Er lächelt. »Gott liebt uns.« Dann überlegt er einen Moment. »Ich hatte mal Angst vor ihm. Ich hatte Angst, dass er mich für undankbar hielt... Ich habe jeden Tag gebetet, war drei Mal in Mekka. Ich wusste, Gott liebt mich, aber ich wusste nicht, wie ich ihm meine Liebe zeigen sollte.«

»Und jetzt betest du nicht mehr?«

»Oh doch... aber ohne Angst.« Er schrubbt weiter seinen Leuchter.

»Wie meinst du das?«

»Es ist wichtig, dankbar zu sein. Aber wie zeige ich Dankbarkeit? Nicht, indem ich dauernd Danke sage, oder?«

Ich schüttle den Kopf.

»Nein. Sondern indem ich die Dinge wertschätze. Indem ich all die Geschenke, die mir gegeben sind, erkenne und ehre. Jeder Mensch tut böse und gute Dinge, und Gott hat sie alle gesehen. Er liebt uns trotzdem. Darüber sollten wir glücklich sein.« Er stellt den Leuchter vor sich auf den Boden und wischt die Hände an seiner Schürze ab. »Ich glaube, das ist alles. Gott will, dass wir glücklich sind.«

Ich muss schmunzeln. Alles, was Abu Ashraf tut, tut er mit vollendeter Hingabe. Die Liebe, die er durch seinen Glauben erfährt, gibt er an seine Umwelt weiter. Bevor wir aufbrechen, gibt mir er noch einen letzten Rat. »Hab die Menschen lieb. Gott sei mit dir.«

»Was machen wir heute?«, fragt Sören, nachdem wir das Restaurant verlassen haben.

»Ein bisschen Tourismus«, sage ich. »Wir müssen Jesus suchen!«

Wir flanieren durch die Gassen der Altstadt. Die Markthändler haben ihre Stände aufgebaut, bieten Obst, Gemüse, Gewürze und Kleidung feil.

Am südlichen Ende stoßen wir auf die römisch-katholische Verkündigungsbasilika. Ein weitläufiger Laubengang umschließt das Gelände, an dessen Wänden Marienbildnisse aus aller Welt angebracht sind. Im Innern stützt dunkler, unverzierter Beton in mächtigen Säulen das Gebäude. Ein bisschen erinnert es an die Höhle von Batman. Die Sonne wirft verschwommene Farben durch die Glasmalereien der Fenster auf den Boden, im hinteren Teil führen ein paar Stufen in eine Senke. Bänke aus dunklem Holz stehen im Halbkreis um ein Metallgitter, hinter dem eine Ruine beleuchtet wird. Das Wohnhaus Marias. »Verbum caro hic factum est«, steht in eingravierten Worten darüber. Angelehnt an das Johannesevangelium: »Hier ward das Wort Fleisch.« Darüber wurde ein großes Loch in der Decke ausgespart. 68 Meter weiter oben flutet silbernes Licht die Kuppel des Kirchturms.

Über eine Wendeltreppe gelangen wir ins obere Stockwerk. Ein zweiter Kirchenraum, in dem gerade eine spanische Messe stattfindet. Riesige Orgelpfeifen flankieren das Kirchenschiff wie Engelsflügel. Dazwischen, in der Apsis, ein überdimensionales Jesus-Mosaik. »La alegría de María«, beten die Gläubigen und sprechen das Vaterunser. Der gemurmelte Rhythmus in allen Sprachen der gleiche.

Man findet nicht viel Gold in dieser Kirche. Der Beton erzeugt eine Atmosphäre von Demut, die hohen Decken lassen dem Glauben Platz. Einfaches, klares Handwerk für den Handwerker Jesus. Ich entdecke auch kaum Kreuze an den Wänden, kaum einen Jesus mit schmerzverzerrtem Gesicht. Häufig finde ich es verstörend, wie die Kirche das Leid Jesu zelebriert. Überall hängt das christliche Glaubenssymbol, ein Folterwerkzeug, am besten noch mit einem gemarterten, dürren Menschlein versehen. »Sieh es dir an«, verkünden die Kruzifixe. »Gottes Sohn ist für deine Sünden gestorben! Und jetzt benimm dich anständig, damit du dich seinem Opfer würdig erweist!«

Ich glaube nicht, dass Jesus für meine Sünden gestorben ist. Ich glaube, er starb für seine Überzeugungen. Darin liegt für mich die Kraft. Ich finde es falsch, wie das Leid Jesu so oft seine Botschaft überschattet. Gekreuzigt wurden viele Menschen, laut der Bibel wurden auch einige vom Tode erweckt. Doch erst in Jesu Botschaft entwickelte sich die Macht, die durch seine Auferstehung göttliche Legitimation erhielt und an die das Christentum noch heute glaubt. Davon abgesehen ist es etwas vollkommen anderes, wenn Gott sagt: »Es ist okay, wie du bist, dir sind deine Sünden vergeben, sofern du daran glaubst und dich christlich verhältst.« Oder wenn er sagt: »Dude, mir wurden gerade vier Nägel durch Hände und Füße gehämmert, jemand hat mir einen Speer in die Seite gerammt, und dann kam einer und hat mir Essig mit Galle zu trinken gegeben. Das tut megaweh und ist voll eklig. Und jetzt reiß dich zusammen, denn ich mach das alles nur für dich!«

Daher ist es angenehm, wie in dieser Basilika das Leben Jesu im Vordergrund steht. Mit einem Jesus, der seine Arme ausbreitet, und einer Maria, deren mütterliches Charisma Geborgenheit verspricht.

Gegenüber der Verkündigungskirche liegt das »Centre International Marie de Nazareth«. Ein französisches Multimediacenter, das sich zum Ziel gesetzt hat, den christlichen Glauben in der Welt zu verbreiten. Auf vier Stockwerken werden Geschichten der Bibel erzählt. Dabei werden alle Register gezogen: Puppen, Requisiten, Filme, Lichteffekte, heroische Musik. In der Schlussszene einer etwa einstündigen Show hängt ein tapferer Jesus mit Dornenkrone am Kreuz, während im Hintergrund eine rote Sonne versinkt und sich unter Geigen und Posaunen ein Grabkreuz am Rand der Bühne aufrichtet.

In der Dunkelheit tippt Sören mich an. »Hast du Gänsehaut?«

»Ja!«

»Ich auch! Ich glaub, ich hab Angst!«

Am Ausgang des Saals wartet ein netter Herr, der uns freundlich darauf hinweist, dass das gesamte Center natürlich kostenlos, jedoch nur durch die großzügige Spende der Besucher zu erhalten sei. In etwa 20 Euro seien üblich. Klar, denke ich, wie in unserer Punkkneipe in Leipzig: Das Bier ist gratis, aber dazu kommen drei Euro Solizuschlag für den Wirt.

Ich setze mich für eine Weile in die Cafeteria, wo eine asiatische Reisegruppe gerade ihr Mittagessen zu sich nimmt. Sören verabschiedet sich schon mal. »Wenn ich noch mehr von dieser zwanghaften Heiligkeit mitnehme, wachsen mir Flügel«, flüstert er mit saurer Miene. »Diese ganze Jesus-Happiness macht mich aggressiv!«

Es dauert nicht lange, bis sich stattdessen Luc zu mir setzt. Einer der Ordensbrüder, die das Center betreiben. »Spüren Sie es auch?«, fragt er.

»Was?«

»Diese Nähe, die wir erfahren, wenn wir dem Herrn so nahe sind.«

»Hm. Ehrlich gesagt: nein.«

»Jesus ist überall! Überall, wo sich zwei oder drei in seinem Namen versammeln. Aber für mich ist diese Stadt etwas ganz Besonderes. Sie ist heilig.«

»Was bedeutet heilig?«

»Alles, was unter dem Namen des Herrn steht. Auch du bist heilig!«

»Und was ist mit Bethlehem? Glauben Sie, Bethlehem ist heilig?«

»Natürlich!« Luc lächelt. »Bethlehem ist der Geburtsort des Heilands!«

»Und die Mauer? Die Flüchtlingslager? Haben Sie gesehen, wie die Menschen leben?«

»Oh, ich glaube, unser Herr Jesus musste auch leiden... Wie die Menschen in Bethlehem.«

»Ach bitte!« Ich werde plötzlich laut. Vereinzelte Gäste an den umliegenden Tischen drehen sich um. »Ist das Ihr Ernst? Meinen Sie, das alles geht Jesus nichts an?«

Luc lächelt noch immer.

Ich stehe auf und verlasse den Saal. Es ist diese fromme, heile Welt, die mich so wütend macht: »Alles ist gut im Namen des Herrn! Jesus hat auch gelitten, also hab dich nicht so, eigentlich ist doch alles super!« Aber das stimmt nicht. Es gibt Probleme. Man muss sie benennen, wie auch Jesus es damals getan hat. Das Christentum ist eine Hoffnungsreligion. Hoffnung bedeutet aber nicht, dass alles gut ist, sondern das Vertrauen darauf, dass alles gut wird. Dazu gehört auch, anzuerkennen, dass nicht immer alles gut ist. Und dass der Glaube allein die Situation nicht verändern kann. Er kann Kraft geben, aber er ist kein Allheilmittel. Wer sich nur darauf verlässt, dass Jesus die Dinge schon richten wird, der nimmt sich aus der Verantwortung.

Sören wartet im Schatten einer Mauer vor dem Center auf mich. »Sach mal«, begrüßt er mich mit irritiertem Blick. »Ich hab grad einen Dattelkern in meinen Haaren gefunden. Weißt du, wie der da reingekommen ist?«

»Keine Ahnung«, sage ich schulterzuckend. »Ein Wunder? Ein guter Baum wird gute Früchte tragen!«

Auf dem Rückweg zum »Simsim« kommen wir an einem Kran vorbei. Mitten auf der Straße hebt er riesige Säcke voll Schutt in einen Containerwagen. Ein Typ mit Sonnenhut und Arbeitshandschuhen ist in den Container geklettert und dirigiert von dort die Arbeiten. Seine Kollegen stehen auf dem Dach eines Hauses gegenüber.

»War Jesus nicht auch Bauarbeiter?«, fragt Sören. »Wollen wir mal gucken? Vielleicht ist er dabei!« Er tritt durch eine fehlende Tür in das entkernte Gebäude, mir bleibt nichts anderes übrig, als ihm zu folgen.

Auf dem Dach der Ruine warten drei arabisch aussehende Männer auf die nächste Ankunft des Kranhakens. Einer trägt eine Konsole um den Hals, mit der er den Kran bedient.

»Salam aleikum!«, rufe ich. »Kiif halkum?«

Die drei sehen herüber. Der Kranhaken hält an und schwingt fünf Meter über ihnen bedrohlich in der Luft. Ein kurzer Moment der Stille, dann: »Tamam, ilhamdulillah! – Alles gut, Gott sei Dank!« Und das Surren des Krans setzt wieder ein.

Wir setzen uns auf eine Mauer, die hinter dem Gebäude in einen felsigen Hang übergeht, und schauen den Männern bei der Arbeit zu. Kurz darauf machen sie eine Pause. Der Kran verstummt, die drei setzen sich in den Schatten einer Zypresse, die am Rande des Geländes wächst. Einer von ihnen kommt auf uns zu. Er grinst.

»Willkommen! Sucht ihr irgendetwas?«

»Na ja«, antworte ich. »Wir suchen Jesus...«

»Da vorne ist die Verkündigungs...«

»Ja, da waren wir schon«, unterbreche ich ihn. »Aber da war er nicht.«

Er lacht. »Ich bin Salim. Setzt euch zu uns!«

Salim mag etwa 50 Jahre alt sein. Sein Bart zeigt erste graue Stoppeln, wulstige Augenbrauen schauen unter seiner Kapuze hervor. Unter seinem Pullover erkennt man den Ansatz eines Bäuchleins.

»Woher kommt ihr?«, fragt Salim.

»Aus Deutschland.«

»Mein Sohn war in Deutschland!«

»Oh, was hat er dort gemacht?«

»Er hat meinen Bruder besucht. Alle sagen, dass Deutschland perfekt ist. Er wollte nachgucken, ob das stimmt.«

»Und? Was war sein Eindruck?«

»Es ist nicht so warm...« Salim lässt offen, ob er das positiv oder negativ meint. Er erzählt von seinem Sohn, 24 Jahre alt, auf der Suche nach einem Studienplatz. Vorher habe er auch auf der Baustelle gearbeitet. Er heiße Josef. Wie der Vater von Jesus.

»Und?« Ich horche auf. »Hat er in letzter Zeit irgendwelche Visionen gehabt? Irgendwas mit einer jungfräulichen Geburt?«

Salim lacht. »Wegen Jesus? Ich bin ein einfacher Mann. Ich gehe nicht oft in die Kirche. Ich arbeite. Wir fanden damals den Namen einfach schön.«

»Jesu Vater hat auch gearbeitet.«

»Es sind andere Zeiten heute.«

»Wie meinst du das?«

»Die Menschen sind schlecht. All der Krieg, all das Töten... Wenn Menschen anfangen, ihre Brüder zu töten, was, meinst du, bedeutet das?« Salim deutet auf einen seiner Kollegen. »Er ist mein Bruder. Er ist Moslem, aber er ist mein Bruder. Wir sind beide Menschen. Wenn ich ihn mit einem Messer töte, verhalte ich mich wie ein Tier! Sogar schlimmer als ein Tier, denn Tiere töten nur, um zu fressen.«

»Bist du gläubig?«

»Ja.«

»Was würdest du machen, wenn Jesus hier auf die Baustelle käme? Wenn er hier als Handwerker arbeiten würde und ihr in der Pause ein Bier trinken würdet? Was würdest du ihm sagen?«

Salim schaut mir direkt in die Augen. »Ich würde ihn fragen, was er hier macht... Weißt du, wenn ich zu Bett gehe, kann ich nicht schlafen. Zu viele Probleme. Ich arbeite hart, um genug Geld zum Überleben zu haben. Früher gab es kein Geld! Da hattest du ein Huhn, das hast du jemandem gegeben. Und er hat dir etwas anderes dafür gegeben. Fertig. Wenn du heute Wasser willst, musst du Geld bezahlen. Wenn du Land willst, musst du Geld bezahlen. Wenn du jemandem Hallo sagst, musst du Geld bezahlen! Geld ist das Problem! Ich sage meinem Sohn: Führe ein einfaches Leben. Du brauchst kein Geld. Nimm dir nur, was du brauchst: Essen, trinken, das ist genug.«

»Meinst du, Jesus könnte heute noch etwas verändern?«

Salim überlegt. »Vielleicht könnte er 10 oder 20 Prozent der Leute erreichen ... Er müsste dafür sorgen, dass wir wieder eine Familie werden.« Er reicht mir die Hand. »Du bist mein Bruder. Wir sind eine Familie. Ich werde dich nicht töten.«

»Ähm ... danke«, sage ich und schüttle seine Hand.

Salim greift nach seiner Konsole und lenkt den Kranhaken über uns hinab. Ich geselle mich zu seinen Kollegen und schaue zu, wie sie die Schlaufen der Schuttsäcke einhängen, packe mit an – und weil ich sehr weit weg von zu Hause bin, weil die deutsche Ordnung hier nicht gilt und weil meine Mutter mich nicht dabei sehen kann, steige ich auf den Schuttsack.

»Willst du mit?« Salim lacht.

Ich hebe den Daumen. Kurz darauf schwebe ich auf zwei Tonnen Schutt über Nazareth hinweg. In James-Bond-Manier, nur viel, viel langsamer.

Gegen Abend, nachdem Mirko seine Schicht beendet hat, wandern wir gemeinsam in Richtung der umliegenden Hügel. Der Mount Precipice ist der Legende nach jener Berg, von dem Jesus hinuntergestürzt werden sollte, nachdem ein wütender Mob ihn aus Nazareth gejagt hatte. Heute liegt der Hügel hinter den Ausläufern eines Industriegebiets. Hunde bellen von einem Schrottplatz herüber, es riecht nach Benzin. Am Südhang des Geländes wuchert Unkraut über eine großflächige Tribünenanlage. Am Fuß der Ränge steht eine Bühne, auf der Papst Benedikt einst eine Messe hielt. Zwei Kinder turnen über den Beton, ihr Vater sitzt in einem der unteren Ränge und applaudiert.

Weiter oben zieht sich ein Pinienwald bis zur Kuppe des Hügels. Parkbänke stehen zwischen den Bäumen, der Boden ist von Nadeln und Müll übersät. Die Straße endet in einem Kreisel, in dem ein bunt blinkender Süßigkeitenwagen auf Kundschaft wartet. Zwei Männer sitzen davor und spielen Schach.

In ihrem Rücken führt ein schmaler Weg zur Hügelkuppe, hinter der sich die atemberaubende Weite Galiläas ausbreitet. Grüne und gelbe Felder erstrecken sich bis zum Horizont, die Lichter der Autos bilden goldene und rote Perlenketten. Im Zentrum der Ebene ragt ein Berg in den Himmel.

»Sieht aus wie 'n Pickel«, meint Sören.

»Oder wie 'ne Brust«, ergänzt Mirko.

»Das ist der Tabor«, sage ich. »Da wollen wir übermorgen hin.«

»Wir wollen auf eine Brust klettern?«, fragt Sören. Offensichtlich gefällt ihm der Gedanke.

»Oder 'nen Pickel«, ergänzt Mirko.

Mit der Dämmerung wird es voll auf der Kuppe. Junge Pärchen, Familien. Ein Vater schiebt seinen Sohn im Rollstuhl auf das Plateau und setzt sich mit ihm über den Rand der Ebene. Die Zeit vergeht, die Sonne verschwindet. Die beiden sagen kein Wort.

In diesem Moment bin ich überaus froh, dass wir uns für diese Reise entschieden haben. Es sind diese Eindrücke, die uns in Europa nicht erreichen. Wir kennen die Bilder der Waffen, der Gewalt, manchmal sehen wir ein weinendes Kind, eine weinende Familie oder einen Politiker bei einer Stellungnahme. Aber wir sehen nicht, dass es auch Menschen gibt, die glücklich sind. Dass es gute Menschen gibt, die ein Leben außerhalb der Gewalt führen. Dass ein Vater mit seinem Sohn auf einem Hügel sitzt und sie gemeinsam dem Sonnenuntergang zusehen.

Die Zähne des Lahvac

*Wie ein Vogel, der aus seinem Nest flüchtet,
so ist ein Mann, der aus seiner Heimat flieht.*

Spr 27,8

23. Mai 2016, Nazareth, Israel
Ich stehe über einer großformatigen Karte Nordisraels und versuche, die hebräischen Schriftzeichen darauf zu entziffern. Sören sitzt mir mit Kopfhörern gegenüber und sichtet Fotos. Morgen soll unsere Wanderung beginnen.

»Du musst die Schrift rückwärts lesen«, erklärt Mirko und beugt sich über meine Schulter. »Soll ich dir helfen?«

Ich nicke dankbar. Mein Hebraicum im Rahmen des Studiums habe ich zwar bestanden, doch nicht, weil ich besonders gut Hebräisch konnte, sondern weil ich verdammt viele Bibelverse auswendig gelernt hatte.

»Hm. Nee, kann's doch nicht lesen...«, sagt Mirko irgendwann. »Ich kann aber auch gar kein Hebräisch...«

Wir befinden uns auf der Veranda von Abu Ashraf. Nicht weit von uns entfernt sitzt ein windiger Typ mit Zigarette und Espresso und starrt ins Leere. Er trägt eine dieser John-Lennon-Sonnenbrillen auf der Nase, dazu ein buntes Batikshirt und Pluderhosen. Seine Haare hat er sich zu einem Zopf gebunden, seine Zähne sind die schlechtesten der Welt. Er sieht aus, als hätte er die Nacht durchgefeiert.

Nachdem ich für einen kurzen Moment auf der Toilette verschwunden bin, hat er sich zu uns gesetzt. »Nils, das ist Lahvac«, stellt Mirko ihn mir auf Deutsch und in übertrieben überschwänglichem Ton vor. »Ich glaube, er ist ein wenig verrückt! Vielleicht willst du dich mit ihm unterhalten?«

»Hey, Lahvac!«, sage ich freundlich auf Englisch und reiche ihm die Hand.

Lahvac strahlt. »Heeeeey, chaco bello! Sababa! Wie geht's dir?« Er steht auf und nimmt mich in den Arm. Ich bin mir sehr sicher, dass er die Hälfte der Worte, die er gerade gesagt hat, erfunden hat. »Setz dich zu uns! Wir lernen uns gerade kennen.«

Ich hole mir einen Stuhl von einem der anderen Tische, da Lahvac sich auf meinen gesetzt hat, und presse mich in die Runde.

»Also?«, fragt Lahvac. »Was macht ihr? Warum seid ihr hier?«

»Wir planen eine Wanderung auf den Spuren Jesu«, erkläre ich.

»Aaaah, okay, sehr schön! Und wie kann ich euch dabei helfen?«

Er schaut uns verschwörerisch an. Sein Zahnfleisch ist so zerfressen, wie es nur durch langjährigen und gewissenhaften Drogenkonsum möglich ist. Er hat diesen zwielichtigen Charme eines Hütchenspielers.

»Na ja, wie könntest du uns denn helfen?«, weiche ich aus.

Lahvac zwinkert mir zu. »Ich kenne Leute... Wo wandert ihr lang?«

Als ich unseren Weg vom See Genezareth in den Norden erwähne, jault Lahvac vor Begeisterung auf. Wirklich, er jault wie ein Wolf.

»Shabab, dann könnt ihr mich besuchen! Ich habe da ein Sommerhaus in der Nähe! In Tziv'On! Bei Safed! Ein Kibbuz im alten Stil: Wir leben zusammen, essen zusammen, arbeiten zusammen und feiern zusammen! Ihr werdet es lieben!«

So, wie Lahvac schwärmt, bin ich mir sicher, dass es kein Ort ist, den wir besuchen sollten, wenn wir unsere Reise ernsthaft fortsetzen wollen. In meinem Kopf werden wir entweder Teil einer wilden Orgie, verlieren unsere Nieren an einen Organhändler oder sterben einen schillernden Drogentod. Möglicherweise alles zusammen.

»Safed liegt viel zu weit im Norden«, versuche ich, mich rauszureden. »Wir sind zu Fuß, unsre Route geht durch das Jordantal...«

»Dann nehmt ein Taxi!«, ruft Lahvac.

»Das Konzept unserer Wanderung ist es zu laufen...«

»Dann nehmt einen Bus!«

»Immer noch nicht zu Fuß...«

»Wisst ihr was? Ich hol euch ab! Hier ist meine Nummer.« Lahvac reißt einen Zettel aus meinem Block und schreibt ein paar Zahlen darauf. Dann senkt er die Stimme. »Wenn ihr irgendwelche Probleme habt, ruft mich an. Ich kann euch helfen! Außer bei der Polizei. Wenn ihr Probleme mit der Polizei habt, bin ich raus... Erwähnt nicht meinen Namen.«

Da fällt mir plötzlich etwas ein, wobei er uns vielleicht doch helfen könnte. »Lahvac«, frage ich, »kennst du eine Prostituierte in Tiberias?«

Unter den wenigen Frauengestalten, die in der Bibel eine Rolle spielen, hat eine von ihnen eine besondere Bedeutung: Maria Magdalena. Im Laufe der Kirchengeschichte galt sie bereits als Jesu Ehefrau, als seine Jüngerin, seine heimliche Geliebte. Die nüchterne Vermutung der Wissenschaft ist, dass sie eine wohlhabende Witwe war, die Jesus folgte und später eine wichtige Rolle innerhalb der urchristlichen Gemeinde spielte. In der alten Kirche wurde sie jedoch häufig als Sünderin identifiziert – was gleichbedeutend war mit einer Hure.

Magdala, die Herkunftsstadt Marias, ist heute nur noch eine Ruine. Die nächste größere Stadt am See Genezareth ist Tiberias. Wenn es dort heute noch eine Prostituierte gibt, möchte ich sie treffen.

Lahvac grinst fröhlich. »Chaco bello, eine gute Frage! Ich persönlich kenne keine Prostituierte in Tiberias, aber... Habt ihr schon eine Unterkunft?«

Ich schüttle den Kopf.

»Dann schlaft im ›Hostel Nahom‹! Sagt, Old Lahvac habe euch geschickt. Nahom ist ein Freund. Er schuldet mir noch einen Gefallen...« Lahvac überlegt einen Moment. »Nein... ich glaube, *ich* schulde ihm noch einen Gefallen... Egal. Nahom wird euch weiterhelfen können!«

Nachdem wir unseren Kaffee getrunken haben, schlendern wir über den Basar, um ein paar letzte Einkäufe zu erledigen. Man hört das Rauschen der Kaffee- und Kardamommühlen, dazu die schrägen Melodien der Spielzeuge in den Auslagen der Kinderläden. Vor einer Moschee treffen sich einige Muslime. Ein Stück die Straße hinunter hat ein Händler seinen Gebetsteppich ausgebreitet und betet still in Richtung Mekka. Dreimal senkt er das Haupt vor seinem Gott. Einmal im Stehen, einmal im Sitzen, einmal mit der Stirn auf dem Boden. Fasziniert beobachte ich ihn dabei.

»Salam aleikum«, sage ich, nachdem er den Gebetsteppich wieder zusammengerollt und in einer Ecke hinter seinem Tresen verstaut hat.

»Wa aleikum al-salam«, erwidert er. »Was kann ich für dich tun?«

»Darf ich dir eine Frage stellen?«

»Ahlan – willkommen.«

»Wie fühlst du dich als Muslim in Nazareth, das für die Christen so wichtig ist? Hat das irgendeine Bedeutung für dich?«

Der Händler lächelt. Er lehnt sich in seinem weißen Gewand an einen der Verkaufstische und fragt: »Mein Freund, woher kommst du?«

»Aus Deutschland.«

»Dann erzähl den Leuten in Deutschland, dass wir kein Problem mit anderen Religionen haben! Wir sind keine bösen Menschen. Der Koran handelt von Liebe; ein Muslim will keinen Krieg. Komm her!« Er zieht einen kleinen grünen Koran mit goldenen Lettern aus seinem Gewand und blättert darin herum. »Hör zu: ›Oh Maria, siehe, Gott verkündet dir ein Wort: Sein Name ist der Messias Jesus, der Sohn der Maria, angesehen im Diesseits und im Jenseits und einer der Nahen Gottes.‹ Sure 3,45. Es ist der Erzengel Gabriel, der da spricht. Die gleichen Worte wie in der Bibel! Wir alle haben denselben Gott. Wenn du Frieden in dir trägst, bist du überall zu Hause.«

»Das ist mal eine schöne Botschaft!«, kommentiert Sören.

Der Händler gibt uns die Hand. »Gott sei mit euch. Ich bete für euch, dass ihr lebt und sterbt, wie ihr es glaubt.«

Allmählich entwickelt sich die Reise so, wie ich sie mir vorgestellt habe.

Am Nachmittag haben wir einen Termin mit Jonathan Cook, einem englischen Journalisten, der in Nazareth wohnt und Stadttouren für Touristen anbietet. Nachdem wir ihm erzählt hatten, weshalb wir im Land sind, lud er uns auf ein Gespräch ein.

Als wir unseren vereinbarten Treffpunkt an der Al-Bishara Street erreichen, herrscht dort großer Trubel. Menschen jeglichen Alters huschen über die Kreuzung, zwei Männer spielen Gitarre, davor tanzen Kinder. Auf einem hölzernen Tischchen steht ein Beamer, der die Umrisse Israels und Palästinas auf eine weiß gestrichene Mauer wirft, wo drei Frauen die Silhouette mit dicken Pinseln nachzeichnen. Neben ihnen hantieren einige Jungs und Mädchen mit Farbtöpfen und verzieren mit ihren Fingern einen arabischen Text.

Im Zentrum der Menge koordiniert eine dunkelhaarige Frau in langem grünen Kleid und mit einem schwarzen Kopftuch in zackigem Ton die Malerarbeiten. Auf meine Frage, was hier vor sich gehe, wirbelt sie herum. »Wir holen uns unsere Geschichte zurück! Sie haben unser Denkmal übermalt, aber wir holen es uns wieder!«

»Wer hat was für ein Denkmal übermalt?«, fragt Sören.

Es dauert eine Weile, bis wir einen Überblick gewonnen haben: An der Wand, die gerade bemalt wird, muss bis vor Kurzem eine palästinensische Zeichnung geprangt haben, die von Unbekannten mit weißer Farbe überstrichen wurde. Die Zeichnung erinnerte an die »Nakba«, was übersetzt »Katastrophe« bedeutet. Es meint die Vertreibung Hunderttausender Palästinenser und die Zerstörung Hunderter palästinensischer Dörfer durch israelische Milizen im Zuge des ersten arabisch-israelischen Krieges.

Indira – mittlerweile haben wir uns vorgestellt und von unserer Reise erzählt – lässt keinen Zweifel daran, wen sie für das Übermalen der Zeichnung verantwortlich macht. »Wenn Israel unsere Denkmäler attackiert, dann wird damit versucht, unsere Geschichte auszulöschen. Warum bezeichnen sie uns als Araber? Warum nicht als das, was wir sind: Palästinenser? Weil sie unsere palästinensische Identität zerstören wollen. Sie wollen uns die Wurzeln nehmen! Denn ohne Wurzeln kann nichts wachsen. Die Nakba ist auch ein Teil der Geschichte Israels! Wie will Israel mit uns verhandeln, wenn es diese Geschichte verheimlicht? Wir müssen unsere Identitäten kennen, wenn wir miteinander kommunizieren.«

Sören und ich können nur zuhören und nicken.

Im gleichen Moment kommt ein hagerer, blasser Mann hinzu, der sich uns vorstellt. »Hallo, ich bin Jonathan, wir waren verabredet! Ich höre, ihr seid schon im Thema? Lasst euch nicht stören!« Er gibt uns die Hand. Indira drückt er kurz und herzlich an sich.

Ich versuche, auf unser vorheriges Gespräch zurückzukommen. »Und was ist mit dem palästinensischen Teil der Geschichte?«, frage ich. »Mit den Kriegen? Den Intifada? Was ist mit der laufenden Intifada?«

Indira sieht mich entgeistert an. »Was denn für eine laufende Intifada?«

»Die Messerattacken! In Jerusalem, an den Checkpoints... Die Messer-Intifada!«, erkläre ich, leicht verunsichert.

Indira schüttelt vehement den Kopf. »Das ist keine Intifada. Schön wär's! Eine Intifada denkt progressiv, sie hat eine Vision. Diese Einzeltäter haben das nicht. Ihnen ist egal, was passiert. So funktioniert kein Widerstand!«

Ich verstehe nicht recht. Hat Indira sich gerade eine dritte Intifada gewünscht?

Sie bemerkt meinen Blick. »Du hast keine Ahnung, was eine Intifada bedeutet, oder?«

Offensichtlich habe ich wirklich keine Ahnung.

»Intifada ist arabisch für ›abschütteln‹ oder ›aufstreben‹. Sieh es als eine Unabhängigkeitsbewegung. Natürlich gab es Gewalt. Die Hamas, die al-Aqsa-Brigaden, der Bürgerkrieg. Aber es steckte viel mehr darin! Vor allem während der Ersten Intifada haben sich viele ökonomische Strukturen gebildet. Die Schulen waren geschlossen, also haben wir angefangen, öffentlichen Unterricht zu organisieren. Israelische Produkte wurden boykottiert, also mussten wir selbst produzieren. Es war der Gedanke, dass wir durch Zusammenhalt etwas verändern können! Heute gibt es nur noch einzelne Reaktionen aus Frust und Verzweiflung.«

»Also waren die Intifada etwas Gutes?« Für mich bedeutete Intifada bisher nur einen Ausbruch von Gewalt.

»Natürlich nicht nur«, widerspricht Indira. »Es ist viel Unrecht geschehen, auf beiden Seiten... Aber für uns war es eine positive Periode, ja. Man darf nicht vergessen, dass vor allem die Erste Intifada überwiegend gewaltfrei verlief. Die Menschen haben angefangen, ihr Leben in die eigene Hand zu nehmen. Es hat uns zu einer Gemeinschaft gemacht. Leider ging viel von dieser Macht wieder verloren. Die Zweite Intifada begann bereits mit Gewalt, das ist nie gut. Heute gibt es keine Vision mehr, keine Anführer.«

»Das ist ein Grundproblem im Konflikt«, meldet sich nun Jonathan erklärend zu Wort. »Israel hat immer Angst vor einer nächsten Intifada oder einem nächsten arabisch-israelischen Krieg. Und die Palästinenser haben immer Angst vor der Nakba. Für uns als Außenstehende ist die Nakba ein historisches Datum. Aber für die Palästinenser ist sie ein ständiger Prozess, der zum Beispiel durch den israelischen Siedlungsbau immer noch vorangetrieben wird. Dazu kommt, dass die Idee des israelischen Staats auf dem Nationalismus und Antisemitismus des 19. Jahrhunderts beruht: Das Grundkonzept der Nation basiert auf Abgrenzung, nicht auf Solidarität. Das ist, nebenbei bemerkt, kein genuin jüdischer Gedanke, sondern ein europäischer... Und das hat alles auch sehr viel mit Jesus zu tun.«

»Was?« Ich blicke Jonathan fragend an.

»Es gibt doch die Geschichte, dass Maria unter der römischen Besatzung von einem Soldaten vergewaltigt wurde und Josef sich ihrer annahm, um sie zu beschützen. Wenn das stimmt, hatte Jesus schon in seiner Jugend unheimlich viel Leid zu ertragen! Die meisten Menschen zerbrechen an so etwas, aber einige schaffen es, diese Erfahrungen zu transzendieren und daraus so etwas wie Weisheit zu entwickeln. Weisheit entsteht, wenn man tief in sich gehen muss, um Kraft zu finden. Ich bin nicht religiös, aber ich verehre diesen Jesus, wenn es ihn so gegeben hat.«

»Und was hat das mit der heutigen Situation zu tun?«

»Das Problem bei Besatzungen ist immer das Machtgefälle zwischen Besetzten und Besatzern. Je länger eine Besatzung dauert, desto stärker missbrauchen die Besatzer ihre Macht. Und desto mehr macht sich Frustration unter den Besetzten breit. Das hat Jesus seinerzeit erlebt und erleben wir jetzt wieder.«

»Glaubst du denn, es ist möglich, dass sich eine Figur wie Jesus heute entwickeln könnte?«

Jonathans Miene wird bitter. »Es muss ein Bedarf nach einer solchen Figur existieren, sonst wird sie niemanden hinter sich vereinen. Ich glaube, das ist heute nicht gegeben. Niemand geht mehr vor ein Rathaus und demonstriert. Man schreibt jetzt einen Kommentar. Für einen Kommentar setze ich mich nicht mit der Sache auseinander. Es gibt keine Solidarität... Schau dir die Touristen in Nazareth an: Sie wissen nicht mal, dass sie sich in einem palästinensischen Umfeld bewegen. Sie sagen ›Shalom‹ und sprechen hebräisch mit einer arabisch sprechenden Gesellschaft. Sie wissen nicht, wo sie sind, weil es sie nicht interessiert. Sie kommen als Fremde und gehen als Fremde. Und das Ironische ist: Für Jesus war niemand fremd.«

Als ich an diesem Abend im Bett liege, denke ich noch immer über Jonathans Worte nach. *Dazu kommt, dass die Idee des israelischen Staats auf dem Nationalismus und Antisemitismus des 19. Jahrhunderts beruht.* Vielleicht hat er damit einen Kern getroffen.

Im Zuge des vorletzten Jahrhunderts keimte in Europa immer mehr die Idee des Nationalismus auf. Grenzen wurden gefestigt, Völker definiert. Ein territoriales Gemeinschaftsgefühl entstand, von dem allerdings eine große Gruppe ausgeschlossen war: die Juden. Der neue Gedanke der Nation paarte sich mit dem Antisemitismus und führte dazu, dass aus der Religion des Judentums das Volk der Juden wurde. Diese Ansicht fand sich keineswegs nur bei den Antisemiten – unweigerlich wurde sie auch von vielen Juden übernommen. Nun waren die Juden zwar ein Volk, aber ein Volk ohne Land, das in Europa unter immer größeren Druck geriet. Aus diesem Problem heraus entwickelte sich der Zionismus: die Suche nach einer Heim- und Schutzstätte für das jüdische Volk.

Ursprünglich standen viele Orte zur Gründung des Staats zur Debatte. Uganda, Argentinien und auch die Region Palästina waren im Gespräch. Natürlich lag es nahe, die neue Heimat dort entstehen zu lassen, wo der Ursprung des jüdischen Glaubens lag und von wo die Juden knapp 1900 Jahre zuvor nach dem jüdisch-römischen Krieg vertrieben worden waren.

Die ersten Kibbuzim entstanden, es herrschte Aufbruchsstimmung. Die Siedler der Wende des 19. zum 20. Jahrhundert fühlten sich als Pioniere. Sie wollten den perfekten Staat schaffen, nach sozialistischen Grundprinzipien. Zunächst belebte die neue Kultur die Wirtschaft des Osmanischen Reiches, doch mit immer mehr ankommenden Juden, die eher an ihrem europäischen Erbe festhielten, als sich in die lokale Gesellschaft zu integrieren, wuchs der Unmut der einheimischen Bevölkerung.

Der nächste Umbruch kam mit dem Ersten Weltkrieg und der damit verbundenen Grenzziehung der Siegermächte. Im Sykes-Picot-Abkommen teilten Frankreich und England den Nahen Osten unter sich auf. Schon damals beschäftigte man sich mit der Idee eines jüdischen Staates in Palästina, gleichzeitig wurde jedoch mit den arabischen Mächten über einen arabischen Staat im gleichen Gebiet verhandelt. Die lokale Bevölkerung wurde kaum in die Planungen mit einbezogen. »Sei niemals schlauer als die Einheimischen«, sagt mein Vater immer – und in diesem Fall wurde komplett über die Köpfe der Palästinenser hinweg entschieden. So wurde ein neuer Konflikt geboren. Ein neuer Krieg und ein neuer Staat, der heute einer der größten Krisenherde der Welt ist.

Immerhin: Der Konflikt spielt sich nicht mehr in Europa ab, andere haben sich um die Probleme zu kümmern. Outsourcing würde das der Wirtschaftsingenieur nennen.

Verklärungsbedarf

*Und nach sechs Tagen nahm Jesus mit sich Petrus,
Jakobus und Johannes und führte sie auf einen hohen Berg,
nur sie allein.*

Mk 9,2

24. Mai 2016, bei Zippori, Israel

Kleine Steinchen knirschen unter unseren Füßen. Auf den Wiesen blühen Disteln, Kühe schauen teilnahmslos herüber. Sören pfeift ein Liedchen. Endlich sind wir unterwegs.

Als wir heute Morgen unsere Wanderung antraten, regnete es in Strömen. Wir schlüpften in unsere Regenkleidung und waren innerhalb von Minuten komplett nass geschwitzt. Hätten wir gewusst, dass dies der letzte Regen für den Rest der Reise sein sollte, hätten wir ihn vielleicht etwas mehr wertgeschätzt.

Wir liefen durch die glänzenden Straßen der Altstadt, die Rucksäcke lagen eng am Körper, und schon jetzt verfluchte ich jedes Gramm zu viel. Ich hätte mir Jesus hier gut vorstellen können. Vielleicht hätte er irgendwo auf dem Bau gearbeitet, sich gelegentlich mit Abu Ashraf unterhalten, und irgendwann hätte er dann gesagt: »Alles klar, es wird mir zu eng, ich hau ab in die Welt.«

Nachdem wir den Hügelkamm im Norden der Stadt überwunden hatten, spazierten wir an der Abbruchkante eines Abhangs entlang. Unter uns verlief eine Schnellstraße, auf der anderen Seite wildes Land. Der Hang war nur durch einen niedrigen Zaun gesichert. Ich wollte gerade mein Bein über den Draht schwingen, um die wenigen Meter bis zur Schnellstraße abzukürzen, da hörte ich Sören schreien: »Nils! Mach keinen Mist!!!«

Er stand ein Stück abwärts des Weges vor einem kleinen gelben Schild. Darauf war ein rotes Dreieck, und in englischer, hebräischer und arabischer Schrift stand geschrieben: »Danger Mines!«

Es war das einzige Schild auf gut zwei Kilometer Zaunlänge. Entweder waren die Menschen hier sehr brav, oder sie wussten allerorts um die Gefahr der Minen. Ich beschloss jedenfalls für mich, von nun an kein einziges Mal mehr unerlaubt über einen Zaun zu klettern. Das Schild hätte ich gerne mitgenommen. Doch mein noch schlagendes Herz sollte als Erinnerung genügen.

Wenig später kommen wir durch struppigeres Gebiet. Wir wandern auf den Überresten eines antiken Aquädukts, die Socken bis zu den Knien gezogen, damit die Disteln, die über den Wegrand wuchern, uns nicht die Waden blutig scheuern. Unter dem Nadeldach eines Fichtenhains gönnen wir uns eine Pause. Wir essen Pita, ein paar Datteln, und Sören verschwindet für einen Moment im Wald. Als er zurückkommt, strahlt er.

»Wer braucht schon Keramikschüsseln?«, ruft er freudig. »Einem Sören genügt der Geruch von Natur und ein Fleck Erde unter dem Hintern! Ich liebe es einfach, mich in die Büsche zu hocken. Und im Gegensatz zu Indien brauchst du hier nicht mal Angst zu haben, dass dir eine Kobra in den Hintern beißt!«

Einzig der Müll stört unser Idyll. Reste verbrannter Autoreifen ziehen sich entlang des Waldsaums, ausgeschlachtete Autos verrotten zwischen den Kiefern, Windeln, Waschbecken, ganze Badeinrichtungen liegen im Wald verstreut. Wie ein Erdrutsch verteilt sich der Abfall über den Hang.

Plötzlich klingelt irgendwo ein Handy. Wir sind vollkommen allein, weit und breit ist kein Mensch zu sehen, doch irgendwo auf der anderen Seite des Hangs, verborgen unter den Bergen von Unrat und Abfall, scheint heute ein wichtiger Anruf unbeantwortet zu bleiben. Ein trauriges Bild des Kampfes zwischen Mensch und Natur.

Auf der westlichen Seite des Tabors, dessen Kuppe wir vor Einbruch der Nacht erreichen wollen, gelangen wir in das Dorf Deburiya. Steile Straßen, ein paar bellende Hunde. Dahinter führen die letzten Kilometer kompromisslos nach oben. Aufziehender Nebel bettet das Land unter eine sanfte Decke, die Hügelkette um Nazareth wirkt wie ein Riff ohne Meer. Mit jeder Kehre wird die Aussicht eindrucksvoller.

»Warte mal, Nils!«, ruft Sören irgendwann hinter mir. Sein Atem rasselt. »Sag mal, war Jesus eigentlich wahnsinnig? Was zur Hölle hat er da oben gemacht? Jeder, der diesen Berg freiwillig besteigt, lebt im arroganten Überfluss seiner Kräfte und gehört bestraft!«

»Es ist gar nicht sicher, dass Jesus auf dem Berg war«, sage ich leichtsinnig.

»Was!?« Sören bleibt abrupt stehen. Er schaut mich an, als wäre nun ich wahnsinnig.

»War nur 'n Scherz – doch, es ist sicher!«, schiebe ich schnell nach.

Die wenigsten Berge, die in den Evangelien vorkommen, werden mit Namen genannt. Der Tabor ist immerhin in der engeren Auswahl der Berge, von denen die Wissenschaft ausgeht, dass Jesus sie bestiegen haben könnte.

Sören schaut mich noch immer skeptisch an.

»Die Jünger sollen da oben beobachtet haben, wie Jesus sich mit Moses und Elia unterhielt!«, füge ich erklärend an. »Es heißt, seine Kleider hätten gestrahlt, und eine Stimme aus dem Himmel hätte gesagt: ›Dies ist mein geliebter Sohn. Auf ihn sollt ihr hören.‹«

Sören wirkt nicht überzeugt. »Und du meinst jetzt, wenn wir da hochsteigen, treffen wir auch Moses und Elia, oder was? Für so eine Erscheinung musst du doch kein Heiland sein! Da langen schwache Beine und ein flacher Atem...«

Die Wahrheit, die ich ihm nicht erzählt habe, ist, dass diese Episode wahrscheinlich ausgeschmückt wurde, um Jesu herausragende Rolle im Judentum zu verankern: Moses und Elia, die beiden größten Propheten des Judentums, werden Jesus untergeordnet. »Auf ihn sollt ihr hören«, ruft eine göttliche Stimme von oben. Ich stelle mir die Szene wie bei *Star Wars* vor: als Obi-Wan und Yoda gemeinsam mit dem jungen Darth Vader die Wookies beim Feiern beobachten.

Davon ungeachtet, steckt sicher ein Körnchen Wahrheit in der Geschichte. So oft, wie Landerhebungen eine besondere Bedeutung in den Evangelien haben, ist es nicht unwahrscheinlich, dass Jesus tatsächlich die Einsamkeit der Berge nutzte, um zu meditieren oder seinem Glauben näherzukommen. Und genauso lässt sich vermuten, dass die Jünger bereits zu seinen Lebzeiten mehr in ihm sahen als bloß einen Kerl auf einem Berg.

Mit Beginn der Dämmerung erreichen wir die Kuppe des Tabors. Zwei Kirchen und ein Kloster erinnern an die Verklärung Jesu. Hinter einem weiträumigen Parkplatz geht die Straße in einen Waldpfad über. Nicht weit dahinter finden wir eine ebene Fläche unter der ausladenden Krone einer Eiche. Wir kicken ein paar Kiesel zur Seite und machen uns daran, das Zelt zu errichten. Schließlich kehren wir zum Kloster zurück.

Ein lauer Wind treibt den Duft von Nadelholz den Hang herauf und weht uns angenehm unter die Achseln. Wir sitzen auf einer Felsmauer mit Blick Richtung Tal, in der Ferne die Umrisse von Nazareth. Mit der anbrechenden Nacht versinkt die Ebene im Dunkeln. Gelbliche Lichter verraten bis dahin unsichtbare Höfe, jedes Auto wird zu einem roten oder weißen Punkt in der Landschaft. Die ersten Kilometer unserer Wanderung liegen hinter uns. Kein Hupen, kein Lärm, wir sind glücklich.

Als ich mich auf diese Reise vorbereitete, dachte ich, ich würde mich mit Jesus und seiner Geschichte als etwas Vergangenem beschäftigen. Ich hätte nicht gedacht, wie gegenwärtig das alles ist, wie politisch. Nach unseren Erfahrungen in Bethlehem und Nazareth ist eine naive, leichte Sicht auf die Region nicht mehr möglich. Wir haben so viel Ungerechtigkeiten gesehen, und es ist zu ahnen, dass diesen Ungerechtigkeiten andere Ungerechtigkeiten vorausgingen, die wiederum aus anderen Ungerechtigkeiten hervorgingen, deren Wurzeln wir nicht kennen. Wir dürfen nicht versuchen, sofort alles zu verstehen. Wir müssen sehen, erleben, verarbeiten. Und deshalb wird diese Reise ein ständiger Prozess sein. Vielleicht ist das bereits eine unserer größten Erkenntnisse.

Die Taufe am Jordan

*Und es begab sich zu der Zeit,
dass Jesus aus Nazareth in Galiläa kam
und ließ sich taufen von Johannes im Jordan.*

Mk 1,9

26. Mai 2016, Jardenit, Israel

Jemand schreit etwas. Durch die Zelthaut höre ich das Platschen von Wasser. Gejohle. Ich öffne die Augen, ein Schweißfilm liegt auf meiner Haut. Sören ist nicht da. Ich schäle mich aus dem Zelt hinaus ins Freie und schaue mich um. Palmen lehnen sich über den Jordan, die Sonne blitzt durch das Eukalyptusdach über mir. Die Luft ist viel kühler als im Zelt. Ich drehe und strecke mich in alle Richtungen und stelle erleichtert fest, dass mein Körper noch funktioniert.

Nachdem wir gestern vom Tabor aufgebrochen waren, quälten wir uns in der prallen Sonne durch die endlose galiläische Ebene auf die Felswände des Jordangrabens zu. Als wir nach zwölf staubigen Stunden endlich unten im Tal angelangten, fühlten sich unsere Füße an, als würde ein Vorschlaghammer sie bei jedem Schritt zerquetschen. Hinter uns lag eine ewige karge Steppe, Schweiß und Kakteen. Um uns sprossen Dattel- und Bananenplantagen zwischen Melonenfeldern und Pfirsichhainen. Wo die 21 Kilo schweren Rucksäcke auf unseren Hüften auflagen, spürten wir nässende Wunden. Mit 27 fühlte ich mich wie ein alter Mann.

Neben unserem Zelt haben vier orthodoxe Juden einen Grill aufgebaut. Auf einem Baumstumpf daneben liegen vier Maschinengewehre. Die Orthodoxen grüßen freundlich, als ich zu ihnen hinüberschaue. Ein Stück flussabwärts schwingt sich eine Gruppe Israelis unter lautem Lachen an einem Seil in den Fluss. Während ich aufs Wasser starre, treibt Sören an mir vorbei. Sein Haar schwebt wie ein Heiligenschein um seinen Kopf. Seine Zehen schauen friedlich aus den Wellen. Ich ziehe mir eine Badehose über, und gemeinsam dümpeln wir mit der Strömung.

Überall an den Ufern sitzen Jugendliche in Shorts oder Bikini, hocken vor Einweggrillen und Leichtbauzelten, die Lautsprecherboxen ihrer Handys aufgedreht. Ein Mädchen, das sich auf einem aus dem Wasser ragenden Baumstamm sonnt, grüßt uns auf Hebräisch.

»Shalom!«, ruft sie und spricht auf Englisch weiter. »Hey, du da! Du siehst aus wie Jesus!«

»Ist das ein Kompliment?«, ruft Sören zurück.

Sie nickt. »Ich finde, Jesus sah gut aus!«

»Was macht ihr hier?« Sören klammert sich an ihren Baumstamm und legt sich in die Strömung.

»Urlaub! Wir haben drei Tage frei von der Armee.«

»Warum habt ihr alle eure Waffen dabei? Ist das nicht gefährlich, wegen Sand und so?«

»Iwo!«, winkt das Mädchen ab. »Wir müssen uns schützen!«

»Wovor denn schützen?« Sören schaut sich stirnrunzelnd um. »Ist es hier gefährlich?«

»Na klar! Überall Deutsche! Ich hab euch doch gehört: ›Bratwurst, Bratwurst, Bratwurst!‹ Nee, im Ernst: Es kann immer was passieren. Das hat uns die Geschichte gelehrt.«

»Ach komm, hier?«

»Du verstehst das nicht.«

»Natürlich nicht! Ich bin Jesus, ich liebe alle Menschen.«

»Ey, ich liebe auch alle Menschen!«

»Und wovor hast du dann Angst?«

»Vor den Arabern.«

»Wieso?«

»Na, weil es so ist!« Das Mädchen scheint verärgert. »Ich kann dir sagen, hier haben alle arabische Freunde, aber wir fühlen uns bedroht! Wenn es einen Anschlag gibt, verteilen die Süßigkeiten auf den Straßen!«

»Eure Freunde verteilen Süßigkeiten?«

»Nein! Aber die Araber in der Westbank. Und in Israel!«

»Hm ...« Sören schweigt eine Weile. Die Strömung schwemmt ihm kleine Wellen ins Gesicht. »Klar, das ist scheiße, das verstehe ich. Aber – ich will nicht fies klingen – was, meinst du, halten die Palästinenser davon, wenn ihr hier die ganze Zeit mit euren Gewehren rumlauft? Meinst du nicht, die fühlen sich auch bedroht?«

»Sollen sie ja auch!«, wehrt sich das Mädchen. »Wir sind verantwortungsvoll! Wir lernen schon mit 15 in der Schule, wie man eine Waffe einzusetzen hat. Wir würden sie nie missbrauchen!« Sie funkelt Sören selbstbewusst an.

Im gleichen Moment treibt ein Schlauchboot an uns vorbei. Darin einige Jungs mit Cocktailgläsern und Bier; auf einem Handtuch im Heck ein Maschinengewehr. Und ich frage mich über all die Ängste und Konflikte hinweg: Wie soll ein Land Frieden finden, in dem man schon mit 15 Jahren lernen muss, wie man eine Waffe zu gebrauchen hat?

Nach dem Frühstück spazieren Sören und ich zur Taufstelle Jardenit. 1981 wurde sie von der israelischen Tourismusbehörde eröffnet, um eine Alternative zu einer johanneischen Taufstelle in Palästina zu schaffen, die durch die schwierige Lage im Westjordanland nicht leicht zugänglich war. Über die Jahre hat sich Jardenit zum Pilgermagneten entwickelt.

Am Flussufer sind Treppenstufen und hüfthohe Geländer in den Boden eingelassen, freundliche Priester bieten ihre Dienste an. Die Taufe geschieht natürlich unentgeltlich, allerdings braucht man ein weißes Taufgewand, das entweder im angrenzenden Shop für 25 Dollar zu kaufen oder für fünf Dollar zu leihen ist. Neben den Taufhemden werden abgefülltes Jordanwasser und Erde aus dem Heiligen Land angeboten. Oder Frühstücksbrettchen mit der Aufschrift: »God is my pilot. I am only the co-pilot.«

Ich werde schon wieder zornig. Genau solche Sätze sind es, die den Glauben in Verruf bringen. Egal, welcher Religion ich angehöre, ich darf niemals die Entscheidung über mein Handeln aus der Hand geben. Gott kann gerne mein Kopilot sein, aber die Verantwortung für mein Handeln trage ich.

Ich greife mir eine der Jordanwasser-Phiolen aus dem Regal und gehe damit an die Kasse. Auf meine Frage nach der korrekten Anwendung schaut mich die Verkäuferin irritiert an.

»Na ja, soll ich mich damit einreiben?«, präzisiere ich. »Oder soll ich es trinken? Wie entfaltet sich die Wirkung am besten? Was ist eigentlich die Wirkung?« So etwas muss ich wissen, schließlich kostet das Fläschchen zu 300 Milliliter stolze zehn Dollar.

Die Verkäuferin mustert mich skeptisch. »Also, mir ist ziemlich egal, was Sie damit machen, aber Sie sollten es nicht trinken. Das ist ungefiltertes Jordanwasser, das sollten Sie wirklich auf keinen Fall trinken!«

Enttäuscht stelle ich das Fläschchen zurück ins Regal.

Unten am Fluss findet gerade die Taufe zweier amerikanischer Pärchen statt. Ihre weißen Gewänder saugen sich mit Wasser voll und verraten schon bald wesentlich mehr körperliche Details der Täuflinge, als ihnen wahrscheinlich lieb ist. Der Priester vollzieht sein Werk mit geschwollener Brust und mächtiger Stimme. Den vieren stehen Tränen in den Augen.

»Das ist so heilig!«, flüstert eine der Frauen, als sie mit verzückter Miene aus dem Wasser steigt. Ihre Freundin nimmt sie in den Arm.

Nachdem die Zeremonie beendet ist, stapfe ich hinunter zum Taufbecken. Der Priester trocknet sich gerade die Haare ab. »Sorry, ich kann dich so nicht taufen!«, sagt er, unter dem Handtuch vergraben. »Du brauchst erst ein Hemd!«

»Oh, ich habe nur eine Frage!«, entgegne ich. »Ist das hier tatsächlich die Stelle, an der Jesus von Nazareth getauft wurde?«

Der Priester lächelt. »Ich denke, das werden wir nicht erfahren, bis er es uns erzählt. Johannes berichtet uns in seinem Evangelium, dass die Taufstelle unten bei Jericho war. Aber du weißt, dort ist die Westbank, dort ist es gefährlich.«

»Aber ist es dann nicht Betrug, hier zu taufen?«

»Wieso? Es ist doch das gleiche Wasser. Außerdem: Der Glaube heiligt die Dinge. Wir stehen nur in seinem Dienst. An dieser Stelle werden jährlich über eine halbe Million Menschen getauft. Damit entsteht unweigerlich ein heiliger Ort. Wichtig ist, was wir mit den Orten verbinden!«

Ich weiß trotzdem nicht, ob Jesus sich hier hätte taufen lassen. Der Segen wirkt hier eher wie eine Dienstleistung. Ein Glaubenserlebnis für den geneigten Pilger.

Putins Bruder

Freut euch mit den Fröhlichen…
Röm 12,15

26. Mai 2016, See Genezareth, Israel

Sören liegt schwer atmend auf einer Felsbank. Eine Aussichtsplattform oberhalb des Sees, über dem Wasser ein diesiger Schleier.

»Alter…«, röchelt er. »Meine Zähne zittern! Meine Knie zittern… Alles zittert!« Sein Kopf ist rot, Schweißtropfen stehen ihm auf der Stirn. Dabei haben wir erst eine kurze Etappe hinter uns.

Ich öffne einen Beutel Rehydrationsmittel und löse es in einer halben Flasche Wasser auf. »Hier, trink das!«, sage ich und reiche Sören die Flasche. Eigentlich ist es zur Einnahme bei Durchfall empfohlen. Es soll direkt ins Blut gehen und den Körper mit Zucker und wichtigen Salzen versorgen. »Alter Sportlertrick.«

Der hinter uns liegende Anstieg war brutal. Der Weg führte fast senkrecht nach oben, die Hüftgurte scheuerten über die Wunden. Irgendwann konnte Sören einfach nicht mehr. Er ließ sich schräg gegen einen Felsen fallen und hörte auf, sich zu bewegen. Sein Atem klang wie der quietschende Blasebalg einer Luftmatratze. Glücklicherweise entdeckte ich ein paar Meter über uns diese Aussichtsplattform.

Am Hang unter uns erstrecken sich Bananenplantagen. Riesige Netze sind darübergespannt, gegen Vogelfraß und Verdunstung. Im Norden säumt ein dürrer Nadelwald unseren Weg,

»Swiss Forest« genannt. Vielleicht gibt es dort etwas Schatten. Sören vergräbt seinen Kopf in den Händen. Ich habe Hochachtung davor, wie er sich bisher geschlagen hat.

In seinem echten Leben ist Sören kein großer Sportler. Er ist weder faul noch behäbig, aber er ist einfach nicht der Typ, der sagt: »Leute, heute habe ich frei, ich glaube, ich laufe einen Marathon!« Er ist eher der Typ, der sagt: »Leute, heute habe ich frei!« Und dann schläft er weiter. Seine bisherigen Outdoorerfahrungen beschränken sich auf eine Nacht zelten im Garten seiner Eltern zu seinem achten Geburtstag.

Seine Arbeit findet vor allem vor dem Bildschirm statt. Viele Leute unterschätzen, wie viel Zeit beim Fotografieren und Filmen im Bearbeitungsraum vergeht. Vor einem halben Jahr löste Sören seine Firma auf. Er war es leid, ständig zwischen den Kunden und seinem eigenen Anspruch vermitteln zu müssen. Der Kunde wollte für gewöhnlich alles, und das schnell und billig. Von guter Qualität war meist nichts davon. Qualität braucht Ruhe und Zeit. Die Kunst bestand nicht darin, alles möglichst bunt, krass und schräg erscheinen zu lassen, sondern darin, das Auge auf das Wesentliche zu konzentrieren. Dinge wegzulassen. Aber Dinge wegzulassen war etwas, was der Kunde hasste.

»Was soll ich denn machen, wenn da jemand im Camp-David-Shirt vor mir sitzt und mir etwas über Design erzählen will?«, habe ich Sören im Ohr. »Ein Camp-David-Shirt sagt aus: ›Ich habe weder Ahnung von Geschichte noch von Stil, aber ich trage Camp David, das ist wenigstens teuer, da weiß ich, was ich habe!‹ Wenn du dich in diesem Job als Künstler siehst, dann hast du verloren! Ich kann nur jeden Tag aufs Neue versuchen, das Schlimmste zu verhindern. Aber das macht doch auf Dauer nicht froh!«

Als ich Sören von meiner Reise erzählte, beschloss er, mich zu begleiten. Von seinem letzten Geld kaufte er sich einen neuen Rechner und etwas tragbares Kamera-Equipment. Er wollte keine Geschichten mehr über Umsatzsteuerung und Marktwerte erzählen. Er wollte die Lust an seiner Arbeit wiederentdecken.

»Ist alles okay?«, frage ich ihn jetzt.

»Boah, Nils, halt's Maul! Ich hab grad echt andere Sorgen.«

Es dämmert bereits, als Tiberias am Ufer des Sees in Sicht kommt. Wir purzeln einen Geröllhang hinunter, unsere Oberschenkel sind übersäuert, alle paar Meter müssen wir anhalten, bis das Zittern in unseren Beinen nachlässt. Schließlich flacht der Pfad ab, und wir wandern zwischen Pferde- und Eselweiden hindurch.

Die Stadt wirkt äußerst heruntergekommen. Im Gegensatz zu anderen Orten, die in ihrer Tristesse durchaus Charme entwickeln, fehlt Tiberias jegliches Charisma. Von Weitem können wir schon die Hotelburgen sehen, die Lichter der Flanier- und Vergnügungsmeilen, die Schinkenstraße Nordgaliläas. In einer Kurve, jetzt schon Häuser um uns herum, passieren wir einen Spielplatz. Unter einer Bank, auf der für gewöhnlich Eltern sitzen, um ihre Kinder zu beobachten, liegen zwei tote Katzenbabys.

Herodes Antipas gründete die Stadt 17 n. Chr., um Sepphoris als Regierungssitz Galiläas abzulösen. Hier gab es warme Quellen, ein angenehmes Klima und immer genügend Trinkwasser. Nach dem 135 n. Chr. zerschlagenen Bar-Kochba-Aufstand wurde Tiberias zum Zentrum des jüdischen Glaubens. Der Sanhedrin, das oberste jüdische Gericht, verlegte seinen Sitz hierher, einige der wichtigsten jüdischen Schriften, die Mischna und der Talmud, wurden hier vollendet. Im Jahr 637 eroberten die Nachfahren Mohammeds die Stadt. Kurz nach der Jahrtausendwende kamen die Kreuzritter, anschließend die Ayyubiden und Mamluken. Dazu steuerten Erdbeben und Fluten ein Letztes zur Verwüstung bei. Ab dem 13. Jahrhundert stand Tiberias quasi leer. Erst mit Beginn der Neuzeit wurde es wieder besiedelt, erneut überwiegend jüdisch, unter dem Wohlwollen der osmanischen Regierung. Die jüdischen Einwanderungswellen Ende des 19. Jahrhunderts brachten der Umgebung einen reichen Bevölkerungszuwachs, sodass heute rund 40 000 Menschen in Tiberias leben.

Sören und ich erreichen die HaGalil Street nahe des Seeufers, wo zwischen Boutiquen und Kiosks einige letzte antike Steine an die glorreichen Zeiten der Stadt erinnern. Die Straßenlaternen springen an und verteilen spärliches Licht auf dem Asphalt. »Hostel Ga l« steht auf einem kaputten Neonschild, das zwei Meter über uns an einer Hausfassade hängt. Durch ein Loch in der Verkleidung können wir die Leuchtröhren sehen. Darunter wirbt ein 24-Stunden-Shop mit Handyverträgen, eine gefliese Treppe führt hoch zum Hostel. Hinter einem mit Zeitschriften und Zigarettenresten übersäten Furnierholztresen sitzt ein barbrüstiger Rezeptionist. Er raucht Filterlose, auf dem Desktop seines Computers ist ein Google-Tab geöffnet: Suchbegriff »Mila Kunis«.

»Radek«, stellt er sich uns vor und schüttelt uns kräftig die Hand. Seine Brust ist schwach behaart, früher muss sie mal trainiert gewesen sein. Mit seinem Militärschnitt und der hellen Jeans sieht er aus wie Putins Bruder. Ich stelle mir vor, wie die beiden gemeinsam jagen gehen. Zusammen auf einem Pferd sitzend, mit lockeren Zügeln und freien Oberkörpern, in lässiger Haltung durch einen Fluss watend.

»Ihr habt Glück, ihr seid die einzigen Gäste!«, verkündet Radek. »Normalerweise ist die Bude hier voll! Wartet, ich zeig euch das beste Zimmer.«

Er führt uns in eine schwach beleuchtete Kammer. Vier Betten, einfache Bezüge, dazu je eine Fleecedecke, die mich auf Anhieb davon überzeugt, die Nacht in meinem Schlafsack zu verbringen. Das einzige Fenster im Raum ist mit dunkler Folie abgeklebt. Darüber tropft eine Klimaanlage. Auf dem Bett darunter hat sich eine mittelgroße Pfütze gebildet.

Im Bad finden wir noch die Spuren der letzten Gäste. Die Brille ist gelb besprenkelt, auf dem Duschrand liegt die Asche einer hastig gerauchten Kippe. Radek flucht und grapscht sich einen Eimer. »Verdammte Putzfrauen!«, zischt er. Wobei ich mir nicht sicher bin, ob es hier überhaupt so etwas wie eine Reinigungskraft gibt.

Sören und ich sind mehr als zufrieden. Nach drei Wandertagen ohne Dusche ist alles in diesem Hotel sauberer als wir. Zudem haben wir im einzigen vorhandenen Nachtschrank einen lebenslangen Vorrat an Plastikgabeln gefunden.

Nachdem Radek den Raum verlassen hat, dusche ich länger, als es sich für dieses wasserarme Land gehört. Ich rechtfertige es mit all dem Schweiß, den ich ihm bereits zurückgegeben habe.

Mit Anbruch der Nacht treibt uns der Hunger noch einmal raus auf die Straßen. Wir essen eine mäßige Falafel mit labbrigen Pommes und entscheiden uns, noch einen Abendspaziergang zu machen. So angenehm, wenn einmal nichts schmerzt. Ein leichter Wind weht, wir tragen Flipflops, und wenn ich die Arme ausbreite, fühlt es sich an, als ob ich flöge.

Wir flanieren entlang der Uferpromenade, bis uns plötzlich ein Pony den Weg versperrt. Völlig unvermittelt steht es da, gesattelt und gezäumt, und pisst genüsslich vor uns auf den Boden.

Drei Jungs springen zurück, um nicht vom Spritzwasser getroffen zu werden. »Shuuuu!«, ruft einer von ihnen und klatscht dem Pony hart auf den Hintern. Das Tier zuckt nicht einmal.

Ein anderer spuckt auf den Boden. »Ey! Wollt ihr reiten, oder was? Wenn nicht, dann verpisst euch!«

Ohne zu antworten, steigen wir über die Pfütze hinweg.

Kurz darauf dringt ruppige Elektromusik an unser Ohr. Irgendwo am anderen Ende der Hafenmole scheint eine Bar zu sein. Mädchen tanzen unter einer künstlichen Palme und whoohen zu uns herüber. Jemand zündet ein bengalisches Feuer und schwenkt es durch die Luft. Ich meine, die Beats von *Smack My Bitch Up* zu erkennen.

Sören kneift mir in die Schulter. »Nils! Guck mal! Das sieht aus wie Abifahrt!« Er reckt eine Faust in die Höhe, schüttelt seine Mähne und whoot zurück. Dann entschuldigt er sich. »Sorry, ich musste dich kneifen! Ich dachte, wenn es dir wehtut, bin ich wirklich wach!«

Binnen kürzester Zeit sind wir auf der anderen Seite der Mole. Bevor wir wissen, wie uns geschieht, hat uns jemand zwei Bier in die Hand gedrückt und ruft: »Yeah! Whooooohooo! Fuck the French!« Wobei er uns im Unklaren darüber lässt, ob wir Geschlechtsverkehr mit Französinnen suchen sollen oder ob er einfach keine Franzosen mag.

Während wir uns einen Weg durch die Menge bahnen, werden weitere bengalische Feuer gezündet. Serviettenstapel werden vom Wind erfasst und regnen über der tanzenden Menge ab. Drei Mädchen hocken auf der Theke und lassen sich von einem Barmann mit Wodka füttern.

Uns geht das Herz über.

Nach drei Bier bin ich bereits vollends betrunken. Sören zerrt an meiner Hose, um mich daran zu hindern, auch auf den Tresen zu klettern und nach einem Tequila zu betteln. Jemand schlägt mir auf den Hintern und dann vor, dass wir knutschen sollen. Ich hätte einen tollen Bart, und als Deutscher könne ich aktiv etwas für die jüdisch-deutsche Völkerverständigung tun. Kurz darauf hängt Sören wieder an meiner Hose, weil ich versuche, auf dem Hafengeländer eine Runde um den Club zu balancieren.

»Weißt du, Jesus war auch ein Fresser und Weinsäufer!«, erkläre ich ihm auf dem Heimweg.

»Aha«, entgegnet Sören sachlich.

»Jaaah, der hat mit seinen Kumpels nur gesoffen und gefressen! Klar, würde ich auch machen, wenn ich Wasser zu Wein machen könnte!« Ich muss mich an Sören festhalten. »Ey, hömma, gut, dass Jesus nicht heute gelebt hat! Heute ist doch alles krasser, der hätte bestimmt Würfelzucker in Crack verwandelt oder so. Oder Aspirin in MDMA! Oh Mann, der Junge würde voll auf die schiefe Bahn geraten... Stell dir mal vor, da kommt der Heiland auf die Erde, und dann sitzt der einfach die ganze Zeit aufm Sofa und raucht Bong! Das wäre doch schrecklich!«

»Du redest wirr.« Sören kneift mir wieder in die Schulter. »Wach auf.«

Lina Magdalena

*Und siehe, eine Frau war in der Stadt,
die war eine Sünderin.*

Lk 7,37

27. Mai 2016, Tiberias, Israel
Am folgenden Morgen fühlen wir uns topfit. Wenn man am Vorabend schon nach drei Bier sturzbetrunken und um zwölf Uhr todmüde ist, hat das auch Vorteile.

Gegen Mittag verlasse ich das Hotel, um nach dem von Lahvac erwähnten »Hostel Nahom« zu suchen. Ich wähle die Nummer, die er mir gegeben hat, doch habe keinen Erfolg.

Nachdem ich mein Anliegen bei der Tourismuszentrale vorgebracht habe, wendet sich der Mann hinterm Tresen an seinen Kollegen. »Levi!«, ruft er in ein Büro. »Kennst du einen Puff? Hier sucht einer einen! Ja! Zu ›Recherchezwecken‹!«

Ich fühle mich wie damals mit 15, als ich versuchte, einen *Playboy* zu kaufen, mit der Begründung, ich brauchte ihn für den Biologieunterricht.

An mich gewandt, fügt der Mann hinterm Tresen hinzu: »Entschuldigen Sie, ich bin neu hier. Und in festen Händen.«

Unterdessen trottet uns Levi lethargisch entgegen. »Sie suchen also einen Puff? Das haben Sie doch gar nicht nötig!«

»Doch«, sage ich. »Es ist für meine Reise. Auf den Spuren Jesu nach…«

»Aha. Auf den Spuren Jesu… Na, dann fahren Sie mal in die Hafenstädte. Nach Haifa oder Tel Aviv. Wo es Seemänner gibt, da gibt es auch Prostituierte.«

»Entschuldigung«, schaltet sich nun ein Mann hinter mir ein. »Ich möchte mich ja nicht aufdrängen, aber vielleicht schauen Sie mal in der Billardbar hinter der alten Moschee vorbei? Ich kann mir vorstellen, dass Sie dort fündig werden.«

»Oder hinten im Industriegebiet«, ergänzt ein anderer Mann im rückwärtigen Teil des Raumes.

»Okay, danke. Sonst noch jemand Vorschläge?«

»Hm. Nein«, antwortet Levi. »Aber seien Sie vorsichtig. Die Frauen von Tiberias sind sehr stolz.«

»Und stark«, ergänzt der Herr hinter mir. »Russisches Blut!«

Bevor ich die Touristeninformation verlasse, hält mich der Angestellte noch einmal zurück: »Ach, und falls Sie fündig werden – könnten Sie uns Bescheid geben?« Er grinst verlegen. »Nur falls die Frage noch mal aufkommt!«

Nach einiger Recherche finde ich im Internet die Adresse des »Hostel Nahom«. Eine steile, mit Schutt übersäte Treppe führt hinauf zu einem Klingelschild, doch da, wo die Klingel sein sollte, prangt nur ein faustgroßes Loch in der Wand. Durch die matten Scheiben der Haustür kann ich ins Innere des Gebäudes blicken. Ein kaputter Sekretär, gebrochene Fliesen, Staub. Ich klopfe, doch nichts rührt sich.

Erst als es Abend wird, ruft Nahom mich zurück. »Hallo?«, sagt er mit russischem Akzent. Die Stimme klingt nach Zigarette.

»Nahom?«, frage ich. »Ich habe deine Nummer von Lahvac. Er meinte, du könntest mir helfen!«

Kurzes Schweigen. »Ich kenne keinen Lahvac.«

»Er hat mir diese Nummer gegeben! Er sagte, er schuldet dir noch einen Gefallen. Lange Haare, schlechte Zähne...«

»Meinst du den Verrückten?«

Ich zögere einen Moment. »Jaaaah, ich glaube, den meine ich.«

»Was willst du?«

»Ich suche ein Laufhaus in Tiberias. Beziehungsweise eine Prostituierte.«

Ein paar russische Sätze im Hintergrund.

»Und du bist ein Freund vom Verrückten, ja?«, fragt er mich dann.

»Ja.«

»Sababa. Dann such nach dem ›Long Legs‹!« Er nennt mir eine Adresse und legt ohne ein weiteres Wort auf.

Das »Long Legs« liegt im nördlichen Randgebiet der Stadt, auf halber Höhe den Hügel hinauf. Lkw-Anhänger stehen verwaist auf einem rissigen Parkplatz, die Straße ist leer, das Licht fällt in schummrigen Kegeln auf den Asphalt. Zwei Hunde streunen um einen Müllcontainer. Es gibt kein Schild, das auf das »Long Legs« hinweist. Keine Werbung, keine Leuchtreklame oder Ähnliches. Nur ein paar blickdichte Scheiben und das Plastikbein einer Schaufensterpuppe, das in einer löchrigen Strumpfhose über einer weißen Tür baumelt.

Zwei Frauen stehen an einer Bushaltestelle, die weder Namen noch Fahrplan hat. »10 minutes, 100 Schekel!«, fordern sie uns auf. Als ich versuche, ein Gespräch zu beginnen, winken sie ab. »No english, man.«

Das Innere des »Long Legs« ist weiß gefliest. Ein Kühlschrank mit Softdrinks und Champagner steht neben dem Eingang, rechts ein schwarzer Tresen, hinter dem auf einem Flachbildschirm ein nackter Mann mit gespreizten Beinen auf einem Tisch liegt, während ein anderer Mann sich über ihn beugt. Am Tresen lehnt ein älterer Herr und unterhält sich mit einer Dame. Sie hat breitere Schultern als ich.

»Entschuldigung?«, sage ich.

Die beiden unterbrechen ihr Gespräch, die Dame dreht sich zu uns um.

»Wir suchen eine Prostituierte!«

Der Mann hinter der Theke grinst. »Dann seid ihr hier richtig. Das ist Lina.«

»Shalom«, haucht Lina und gibt jedem von uns ein Küsschen auf die Wange. Sie riecht nach süßem Puder.

»Wollt ihr zu zweit?«, fragt der Mann hinterm Tresen.

»Ähm, also, ja!«, druckse ich herum. »Aber wir wollen… Wir wollen ein Interview führen.«

»Ein Interview?«

»Mit einer Prostituierten.«

»Aha.« Der Mann runzelt die Stirn. »Lina?« Er unterhält sich kurz mit ihr auf Hebräisch, dann wendet er sich wieder zu uns. »Sie sagt, sie macht, was ihr wollt. Aber zwei Leute kosten extra. 15 Minuten 200 Schekel! Und ihr braucht einen Übersetzer.«

Ich blicke zu Sören. Hinter ihm kommt ein älterer Herr mit grauem Kurzhaarschnitt herein. Er trägt eine dicke Brille, sein linkes Auge schielt etwas.

»Asaf!«, begrüßt ihn der Wirt. »Sag mal, kannst du Englisch?«

Bevor Asaf antwortet, geht er zu Lina und gibt ihr ein Küsschen. »Worum geht's?«

»Die beiden sind Journalisten. Sie wollen ein Interview führen.«

»Mit Lina? Okay.«

Durch einen dunklen, schlauchigen Gang gelangen wir zu den Kabinen. Die einzelnen Kabuffs sind durch grau gestrichene Pressspanplatten voneinander getrennt, im hinteren Teil des Flurs steht ein Waschbecken, als einziges Mittel der Hygiene.

Unsere Kabine ist nicht viel breiter als anderthalb Meter. Zwei Drahtstühle mit Kunstlederbezug darin, ein schwarzer Mülleimer voller Taschentücher. Rechts in der Wand prangt ein faustgroßes Loch, das durch ein weißes T-Shirt abgedichtet ist. Keine

Ahnung, ob das Loch aus Versehen oder mit Absicht dort entstanden ist.

Lina wischt mit einem Stück Küchenrolle einmal über die Sitzflächen der beiden Stühle und bedeutet mir, mich zu setzen. Kaltes Neonlicht erhellt die Szenerie, von irgendwoher hören wir ein Stöhnen. Sören und Asaf quetschen sich dazu.

»Kein Film!«, wird Sören angewiesen. »Wenn Linas Familie sie so sieht, werden sie sie umbringen. Ihr könnt am Ende ein Foto machen.«

Der Raum ist wirklich außerordentlich eng. Die Luft schmeckt verbraucht; mit jeder Bewegung habe ich das Gefühl, etwas Ekliges zu berühren.

»Also, was wollt ihr wissen?«, fragt Asaf ungeduldig.

Ich räuspere mich. In meinem Kopf hatte ich dieses Gespräch in einem hellen Café geführt. Eine hübsche Frau saß vor mir, mit gutem Englisch, die durch irgendeinen unglücklichen Umstand in die Prostitution gerutscht war. Die Realität dagegen ist dreckig und wird von einem ungestümen Keuchen untermalt.

»Bist du religiös?«, frage ich Lina leicht nervös.

»Muslima«, antwortet sie.

»Praktizierst du?«

»Ich habe gebetet und den Koran gelesen.«

»Du betest nicht mehr?«

»Nein.«

»Warum nicht?«

Lina streicht sich die Haare aus dem Gesicht. »Als ich noch in meinem Dorf lebte, habe ich gebetet. Dann bin ich weggelaufen. Hier ist es keine gute Welt. Ich will nicht, dass Gott mich so sicht.«

Das Keuchen nebenan wird leiser.

»Hast du deinen Glauben verloren?«, frage ich.

Lina zögert. »Ich glaube im Herzen.«

»Und seit wann bist du in dieser Welt?«

Man sieht ihr an, wie sie rechnet. »Zehn Jahre ungefähr. Ich bin jetzt 27.«

Mein Alter, denke ich. »Warum bist du weggelaufen?«

»Ich habe mich verliebt. Aber meine Familie wollte ihn nicht. Wir sind weggelaufen, wir haben geheiratet. Aber dann hat er mich verlassen, und ich war allein.«

Das Keuchen ist mittlerweile einem Rumpeln gewichen, das aus einer weiter entfernten Kabine kommt. Die ganze Zeit über beschäftigt mich schon die Frage, ob Lina wohl auch als Frau geboren wurde. Sie ist groß und breit gebaut, ihre Stimme klingt ganz und gar nicht weiblich. Außerdem befinden wir uns offensichtlich in einem Etablissement für Homosexuelle. Das Rumpeln geht bald in ein rhythmisches Stoßen über. Eigentlich kann es mir auch egal sein.

»Wie geht es dir in diesem Umfeld?«

Lina überlegt einen Moment. Dann entscheidet sie sich, meine Frage zu umkurven. »Ich habe drei Kinder. Zwei Mädchen, einen Jungen. In einem normalen Job verdiene ich vielleicht 250 Schekel im Monat. Hier mache ich manchmal 500, manchmal 1000 Schekel am Tag. Meine Mutter hat sich scheiden lassen. Manchmal schicke ich ihr was.«

Das Stoßen wird schneller, jemand haut zweimal gegen eine Wand, dann wird es still.

»Ich habe irgendwann mal zu Gott gebetet«, fährt Lina fort. »Ich sagte, ich brauche Geld. Am nächsten Tag habe ich 2000 Schekel verdient.«

Freier im Wert von 2000 Schekel. Bei einem Kurs von zehn Minuten für 100 Schekel. Mir wird flau im Magen. »Gibt es etwas, was dir Hoffnung macht?«

Diesmal kommt Linas Antwort ganz schnell: »Geld! Geld ist das Einzige, was zählt.«

Ich hätte mir eine andere Antwort gewünscht. Natürlich kann Geld Sicherheit geben, viel Geld vielleicht auch Hoffnung. Dennoch ist mir der Gedanke zu materiell. Ich hake nach: »Was spornt dich an? Was macht dein Leben lebenswert?«

Lina denkt lange nach. Die Neonleuchte über uns brummt monoton. »Meine Mutter und meine Kinder«, sagt sie schließlich. »Für sie bin ich da.«

»Und ist jemand für dich da?«

Lina schweigt.

»Im Christentum haben wir gelernt, dass Gott uns alle Sünden vergibt. Was sagt dir dein Gott?«

»Unser Gott kann auch vergeben! Es hängt von der Geschichte ab...«

»Und vergibt er dir?«

Lina blickt zur Wand, dann wieder zu mir. »Ja«, antwortet sie leise. »Weil ich nicht für mich hier bin.«

»Gibt es etwas, was du dir von deinem Gott wünschst? Nicht für deine Familie, für dich?«

»Dass ich hier rauskomme... Freunde haben gesagt, ich soll ins Ausland gehen und dort arbeiten. Aber ich möchte nicht weg.«

»Sie hat Angst«, ergänzt Asaf. »Sie traut sich nicht, ihre Strukturen zu verlassen.«

»In zehn Jahren werde ich eh nicht mehr hier sein«, fährt Lina fort. »Die Schönheit verschwindet, aber das Herz bleibt stark.«

»Wird Gott dir helfen?«, frage ich.

»Inschallah«, betet Lina. »Er wird helfen. Er kümmert sich um alles. Er macht, was er will.«

Zur Nacht sitzen Sören und ich auf dem Balkon unseres Hotels. Das Licht einer Werbereklame blinkt unruhig im Augenwinkel; die Korbstühle, auf denen wir sitzen, sind von Vogelmist übersät. Vom Tresen hören wir Radek, der auf einem Holzbrett riesige Mengen Knoblauch hackt. Wir trinken ein letztes Bier.

Ich denke über unser Gespräch mit Lina nach. Auffallend, wie sehr sie ihre Familie betonte und dass sie für sie da sein wolle. Dann das Schweigen darüber, wer für sie da sei. Sie selbst schien sich egal, die Prostitution schien ihr das Selbstwertgefühl genommen zu haben. Ich denke an all die Geschichten über Jesus. Wenn er sich tatsächlich der Sünderinnen annahm und ihnen mit göttlicher Wahrhaftigkeit ihre Sünden vergab, dann konnten sie daraus vielleicht ihr Selbstwertgefühl zurückgewinnen. Sie mussten nur daran glauben.

Der individuelle Glaube hat diese riesige Macht. Er kann Hoffnung geben und die Menschen zum Handeln aktivieren. Natürlich kann er auch missbraucht werden, denn er kommt aus unserem Innersten und hat darauf großen Einfluss. Aber sein positives Potenzial ist nicht zu unterschätzen. Weil er eine Kraft birgt, die es im Gegensatz zu jeder »Waffe« möglich macht, das Leben zu bejahen.

Morgen wollen wir nach Magdala, wo die wahre Maria Magdalena vor 2000 Jahren gelebt haben soll.

Jesus Christus Superstar

*Und wenn ihr betet, sollt ihr nicht sein wie die Heuchler,
die gern in den Synagogen und an den Straßenecken
stehen und beten, um sich vor Leuten zu zeigen.*

Mt 6,5

28. Mai 2016, Tiberias, Israel

Unser freier Tag hat Wunder bewirkt. Unsere Wunden sind verschorft, die Beine nicht mehr schwer, selbst der Rucksack sitzt angenehmer als sonst. Bevor wir unsere Wanderung fortsetzen, flanieren wir hinunter zum See.

Jesus soll hier übers Wasser spaziert sein, selbst Petrus machte ein paar unsichere Schritte, bevor er in den Fluten versank. »Du Kleingläubiger, warum hast du gezweifelt?«, rief Jesus, nachdem er seinem pitschnassen Jünger aus dem Wasser geholfen hatte. Ich stelle mir vor, wie er sich dabei krümmte vor Lachen.

Auch ich probiere mich darin, auf dem Wasser zu laufen. Auf zig verschiedene Arten versuche ich, es zu überlisten, zu erschrecken, zu bedrohen, feinfühlig darüber hinwegzutänzeln oder elegant darüberzugleiten, doch bis auf einen aufgeschlagenen Ellenbogen und zwei kaputte Knie kommt nichts dabei herum. Irgendwann gebe ich auf. Offenbar reicht mein Glaube nicht aus. Stattdessen suche ich einen Wasserskiverleih an der Hafenmole. Jesus hatte seine göttliche Vollmacht, doch ich habe Plastik und dynamischen Auftrieb.

Wenig später führt uns der Trail hinaus aus der Stadt. Der Himmel ist strahlend blau, ein paar schnelle Wolken ziehen über uns hinweg. Wir wandern vorbei an Orangenhainen und Feldern voll Kichererbsen. Links das flache Land Galiläas, rechts das Türkis des Sees.

Ich schaue zurück auf Tiberias. Laut Bibel soll Jesus nie dort gewesen sein. Genauso wenig in einer anderen Großstadt Galiläas. Man muss dahinter ein Programm vermuten, entweder von Jesus oder von den Verfassern der Evangelien. Vielleicht musste Jesus in den Großstädten Verfolgung befürchten, vielleicht fühlte er sich auf dem Land einfach wohler. Am wahrscheinlichsten ist, dass er auf den Dörfern schlicht mehr Gehör für seine Botschaften fand, denn sein politisches und religiöses Programm war auf eine ärmliche, dörfliche Bevölkerung fernab vom Tempel in Jerusalem zugeschnitten. Seine Gleichnisse handelten von Weinbergen und wachsenden Saaten, Reichtum wurde meist verdammt.

Ob Jesus heute nach Tiberias käme, kann ich nicht sagen. Aber wenn, dann sollte er der Bar an der Hafenmole unbedingt einen Besuch abstatten.

Unser Weg schlängelt sich den Arbel hinauf, das markanteste Felsmassiv am See Genezareth. Der See und auch der Jordan liegen in einem tiefen Talkessel. Der Grabenbruch zweier tektonischer Platten. Bereits seit Jahrtausenden entfernt sich dort die Afrikanische Platte von der Arabischen Platte, durchschnittlich vier Millimeter im Jahr. Unzählbar, wie viele Erdbeben das Gebiet schon verwüstet haben. Insofern kann der Verfasser des Matthäusevangeliums durchaus auf ein historisches Ereignis anspielen, wenn er zu Jesu Tod schreibt: »Und die Erde erbebte, und die Felsen zerrissen.«

Dem Arbel gegenüber liegt der Nitai. Die Felswände auf beiden Seiten fallen schroff ab, während sie auf den einander abgewandten Seiten sanft ansteigen. Einst stand hier ein einzelner Berg, doch ein Erdbeben 759 v. Chr. riss ihn entzwei. Man möchte sich den Krach, der dabei entstand, kaum vorstellen.

Zu Mittag haben wir die Kuppe des Arbel erreicht. Ich liege mit meinem Notizbuch im Arm unter einem Johannisbrotbaum, Sören läuft vor mir konzentriert auf und ab, während er sich ein Aufnahmegerät an die Hacken hält. »Schrittatmo!«, bedeutet er mir mit lautlosen Lippen. Ich lehne mich an den Baumstamm und spiele mit meinen Zehen. Johannes der Täufer soll sich seinerzeit in der Wüste von den Samen des Johannisbrotbaums ernährt und damit Pate für dessen Namen gestanden haben. Hinter den Ästen erblicke ich die doppelten Kuppen der Hörner von Hattin. Dort, wo Saladin einst die Armee der Kreuzritter besiegte.

Neben dem Grabenbruch lag das historische Palästina auch immer auf der Grenze zwischen drei Großreichen. Im Norden lebten die Hethiter, später die Osmanen; im Süden regierten die Ägypter; im Osten, auf dem Gebiet des heutigen Syrien und Irak, lag Mesopotamien, wo sich Assyrer und Babylonier mit der Herrschaft abwechselten. Diese drei Regionen kämpften seit jeher um die Vorherrschaft im Nahen Osten. Das geografische Gebiet des heutigen Israel und Palästina diente meist schlicht als Puffer: Zu schwach und arm, um sich selbst zu verteidigen, war es stets auf die Gunst der größeren Mächte angewiesen. In der gesamten uns bekannten Geschichte gab es nur zwei Episoden, in denen das Gebiet autonom regiert wurde: zu den Anfängen des jüdischen Königtums vor etwa 3000 Jahren und rund 1000 Jahre später, von 165 bis 63 v. Chr. unter der Herrschaft der Hasmonäer. Außerhalb dieser Zeiträume wechselten die externen Machthaber schneller als ich meine Socken. Das Verrückte ist, dass das Gebiet wirtschaftlich nie von großer Bedeutung war. Es gibt kaum Bodenschätze, Wasser gilt seit Beginn der Geschichtsschreibung als mangelnde Ressource. Der einzige Vorteil des Gebiets, und gleichzeitig der größte Nachteil für die Bevölkerung, ist seine geopolitische Lage: Als Landbrücke zwischen Afrika, Asien und Europa ist es ein wichtiger militärischer Stützpunkt.

In dieser geschichtlichen Entwicklung liegt in meinen Augen auch ein Schlüssel zur religiösen Bedeutung der Gegend. Immerhin machten die drei großen monotheistischen Weltreligionen den Glauben zum größten Exportschlager der Region. Das Entscheidende ist: Die Religion bot durch verschiedene Epochen der Besatzung hindurch eine Alternative zum jeweiligen Herrschaftssystem. Zwischen all den Wirren und Wechseln der politischen Machthaber barg sie etwas, was verlässlicher, vertrauter und persönlicher war als die Willkür des jeweiligen Herrschers. Wie Mitri schon sagte: Der Glaube kann größer sein als die imperiale Macht. In Ermangelung einer nationalen Kultur gibt er heute den Menschen Identität.

29. Mai 2016, Migdal, Israel

Wir haben unser Zelt am See aufgeschlagen. Einst muss der Campingplatz direkt am Ufer gelegen haben, doch mittlerweile trennen ihn über 50 Meter flacher Sandstrand vom Wasser. Ein paar Jungs, die wir von Weitem für Angler gehalten haben, schleppen behauene Basaltsteine aus den Fluten und heben sie auf einen Trecker. Wahrscheinlich die Teile einer antiken Ruine, verfallen und in den See gespült.

Unweit von unserem Zeltplatz liegt das ehemalige Magdala. Einst die Heimstatt besagter Maria, heute eine der größten Ausgrabungsstätten des Landes. Die Grundfesten der Stadt sind erhalten: Man erkennt Häusergrundrisse, Straßen, mitunter die Hinterlassenschaften einer großen Schlacht. Auch die Reste einer Synagoge beherbergt das Gelände. Natürlich schmückt man sich damit, dass Jesus ebenfalls hier gepredigt haben könnte. Ein Laufhaus finden wir dagegen nicht.

Gegen Nachmittag brechen wir unser Zelt ab. Die Route führt uns weiter Richtung Tabgha, einem idyllischen Örtchen am

Nordufer des Sees. Hier nimmt man den Ort der Brotvermehrung an, bei der Jesus einst mit fünf Broten und zwei Fischen den Hunger von 5000 Männern gestillt haben soll. »Hundertprozentig Vollkornbrot«, konstatiert Sören. »Von allem anderen wirst du nicht satt.«

Drei der rund zehn Häuser in Tabgha sind Kirchen. Eins ein Kloster, ein weiteres ein Pilgerhaus unter deutscher Leitung. In mir keimt die Hoffnung, dass wir im Garten des Pilgerhauses übernachten könnten, wenn wir dort unsere Geschichte erzählten. Falls nicht, liegt oberhalb von Tabgha der »Berg der Seligpreisungen«. Ein einsamer Hügel mit einer Kapelle genau an der Stelle, wohin die Legende die Bergpredigt Jesu verortet. Im Notfall würden wir unser Zelt dort in der Wildnis aufschlagen.

Das Licht verfärbt sich bereits golden, als wir unsere Wanderung fortsetzen. Echsen huschen durch den Sand, eine Herde Kühe steht am Hang. Die Landschaft ist außerordentlich fruchtbar. Bananen- und Avocadobäume säumen den Weg, Mangoplantagen spenden Schatten, die Früchte reif genug, um sie direkt vom Baum zu naschen.

Die Einfahrt des Pilgerhauses wird von einem Gittertor begrenzt, die grünen Beete ringsum sorgsam geschnitten. Wir bitten um Einlass. Zwei deutsche Pilger auf der Suche nach Jesus und einer Unterkunft. Ersteres langfristiger, Letzteres akut.

»Ahlan, willkommen. Natürlich haben wir noch freie Zimmer! 650 Schekel!«

Ich schlucke. Das wären rund 150 Euro. Wenn ich so viel Geld für unsere Übernachtungen eingeplant hätte, wäre mein halber Rucksack voller Banknoten. Ich versuche, über unsere Reise beim Wächter zu punkten. »Es würde uns schon genügen, wenn wir unser Zelt in Ihrem Garten aufschlagen könnten!«

»Entschuldigen Sie«, entgegnet der Wächter. »Aber das ist gegen die Vorschriften.« Er verabschiedet sich freundlich und verschwindet in seinem Wachhäuschen.

»Was hast du erwartet?«, fragt mich Sören grinsend. »Das ist ein deutsches Haus. Als ob da irgendetwas gegen die Vorschriften passiert!«

Wortlos schultere ich meinen Rucksack. Sören hat seinen gar nicht erst abgenommen. Die Dämmerung bricht herein, doch der Berg der Seligpreisungen ist immerhin in Sichtweite. Dort oben sollen die berühmtesten Worte Jesu gefallen sein. Die Letzten werden die Ersten sein, liebe deine Feinde und so weiter. Zusammengefasst in Matthäus 7,12: »Alles nun, was ihr wollt, dass euch die Leute tun sollen, das tut ihr ihnen auch!« Oder, adaptiert von der Deutschen Bahn: »Bitte hinterlassen Sie die Räumlichkeiten so, wie Sie sie vorfinden möchten.« Jesus ist überall.

Natürlich weiß niemand, wo Jesus die Bergpredigt gehalten hat, ob er sie überhaupt gehalten hat oder es nur eine Sammlung verschiedener Jesus-Aussprüche ist. Allerdings gehen viele Wissenschaftler davon aus, dass die meisten Aussagen der Bergpredigt in der Tat auf den historischen Jesus zurückgehen. So bekommt man ein sehr präzises Bild von seinem religiösen und politischen Programm: Er war ein ländlich und bäuerlich geprägter Jude, der seine eigene Religion erneuern wollte – weg vom Tempel in Jerusalem und den strengen kultischen Regeln, die für die arme und arbeitende Bevölkerung nur schwer zu verwirklichen waren, hin zu einem moralischen Judentum, das aus dem Herzen heraus funktionierte.

Die Nacht bricht herein, und wir müssen unsere Schritte verlangsamen, um nicht umzuknicken. Der Dunst von Ackerland steigt uns in die Nasen, ich beginne zu frösteln. Der Geruch von Dämmerung. Bald erreichen wir eine Art Gehöft. Ein paar einfache Häuser, in deren Zentrum schweres landwirtschaftliches Gerät auf einer Betonfläche steht. Hinter einem Holzschuppen nimmt ein einsamer Bauer sein Abendessen ein. Grüßt freundlich, als wir vorübergehen.

Etwa 100 Schritte den Hügel hinauf treffen wir plötzlich auf einen Zaun. Denn das, was auf unserer Karte wie eine niedliche Kapelle wirkte, ist in Wirklichkeit ein riesiger Hotelkomplex. Weiß gekieste Wege, ich höre Sprinkleranlagen in schnellem Takt. Auch hier ein Wächter, der uns freundlich abweist.

»Aber ihr seid doch eine Pilgerstätte«, beschwere ich mich. »Müsst ihr nicht Pilgern eine Herberge gestatten?«

Der Torwächter steht in Hemd und Anzughose auf der anderen Seite des Zaunes. »Ihr versteht das falsch, Jungs. Das hier ist keine Kirche. Das ist ein Hotel!«

»Ein christliches Hotel!«

»Richtig.«

»Und warum verhaltet ihr euch dann nicht christlich gegenüber Fremden?«

»Wir verhalten uns christlich gegenüber Fremden, wenn sie bezahlen.«

Mir fällt keine Erwiderung ein. In was für eine romantische Welt hatte ich mich auch geflüchtet, dass ich dachte, wir könnten uns eine kostenlose Unterkunft erschleichen? Sören entschuldigt sich für uns und wünscht eine gute Nacht.

Als wir zur landwirtschaftlichen Siedlung zurückkehren, sitzt der Bauer noch immer an seinem Plastiktischchen hinter der Hütte und zieht blubbernd an einer Shisha. Die Kohle lässt sein Gesicht leuchten. Ich frage ihn nach einem Dach überm Kopf.

»No english«, antwortet er.

Ich deute eine Schlafgeste an und zeige auf eine gefliese Veranda, die vor einem verlassenen Haus liegt.

Der Bauer zieht die Schultern hoch und nickt. »Chacals.«

»Afwan.« Ich deute eine Verbeugung an.

»La! Chacals!«

»What?«

»Ich glaube, er meint Schakale«, flüstert Sören.

Der Bauer zieht die Mundwinkel hoch und bellt.

»Schakale?«, wiederhole ich.

Er nickt grinsend.

Mit dieser Warnung beginnt unsere erste Nacht im Freien. Das Zelt bleibt im Rucksack, da es keine Stelle gibt, an der wir unsere Heringe befestigen könnten. Mithilfe eines Seiles und meiner Taschenlampe bastle ich uns eine Deckenlampe, um wenigstens ein Minimum an Geborgenheit zu schaffen. Erstaunlich, wie viel Gemütlichkeit ein paar Mikrometer Zelthaut vermitteln können.

Irgendwann, ich weiß nicht, ob eine halbe oder drei Stunden später, wache ich auf. Ein Jaulen ist in der Ferne zu hören. Vielstimmig. Na super. Ich schaue zu Sören, er blickt mir direkt in die Augen. Das Licht oben an der Hütte ist aus. Der Bauer ist verschwunden. Wahrscheinlich bereits von den Schakalen gerissen. Ich lege einen Finger auf die Lippen. Sören blickt mich irritiert an.

»Junge, da unten könnte ein alter Mann mit Heuschnupfen stehen, und er würde uns noch riechen.«

»Wie lange bist du schon wach?«, frage ich.

»Grad aufgewacht.«

»Was machen wir?«

»Weiterschlafen. Wir sind hier in bewohntem Gebiet.«

Kurz darauf ebbt das Jaulen ab, und ich döse wieder ein. Fressen gibt es genug in den Plantagen, ausreichend Wasser sowieso. Ohne Not würden sich die Tiere niemals an einen Menschen wagen.

Doch dann kehrt das Jaulen zurück. Diesmal viel näher. In der Dunkelheit kann ich wetzende Schritte vernehmen. Sören sitzt aufrecht in seinem Schlafsack und späht in die Nacht.

»Siehst du was?«, frage ich.

Er schüttelt den Kopf. Ich taste nach meinem Taschenmesser. Tippelnde Pfoten auf dem Weg vor uns. Mit einem Satz richte ich mich auf und schalte das Licht meines Handys ein.

Und dann sehen wir sie: sechs, sieben, sicher acht Schakale, die um unser Lager streunen. Ihre Augen leuchten verwegen im Schein der Lampe. Sie tänzeln auf und ab, wohl nach Mut suchend, einen Angriff zu wagen. Sören ist aufgesprungen und hat die Taschenlampe aus ihrer Verankerung gerissen. In meinem Kopf sehe ich schon die Überschriften: »Junge Deutsche von Schakalen gerissen! Tod auf den Spuren Jesu!« Darunter zwei Kinderbilder von mir und Sören und ein blutiges Schakalsmaul, die Zähne gefletscht.

Die Realität sieht jedoch anders aus. Sobald der erste Schreck von uns abfällt, lässt alle Furcht nach. Die Schakale sind viel kleiner und niedlicher, als ich sie mir vorgestellt habe, nicht viel größer als Füchse. Ihr Fell ist braun mit weißen Tupfern, die Schnauze spitz wie bei einem Rehkitz. »Ohhhhhh«, sagt Sören und geht einen Schritt auf die Tiere zu. Sofort weichen sie zurück.

Um ganz sicherzugehen, breche ich einen Ast aus einem Holunderbusch und werfe ihn in das Rudel. Blitzartig stieben die Tiere davon. Ich bleibe noch wach, bis ihre Rufe in der Ferne verhallen, dann sinke ich zurück. Schakale werden wir in den kommenden Wochen noch öfter hören. Aber es wird nichts sein, was uns beunruhigt.

30. Mai 2016, Tabgha, Israel

Die folgenden Tage sind ein heilloses Wirrwarr aus Kirchen, Gläubigen und alten Steinen. Allem, was Jesus je in seinem Leben gemacht hat, ist hier eine religiöse Stätte gewidmet. Vor der Kirche der Seligpreisungen versperren Reisebusse die Straße. Messen werden gesungen, Fotos geknipst, eine Nonne ruft zu Ruhe auf. In einem auf einer Stele präsentierten Buch steht in goldenen Lettern geschrieben: »Wen da dürstet, der komme zu mir und trinke! Wer an mich glaubt, wie die Schrift sagt, aus dessen Leib werden Ströme lebendigen Wassers fließen.« Daneben ein Springbrunnen mit einem Schild: »Water not for drink!«

Am Fuß des Berges besichtigen wir die Brotvermehrungskirche. Ein einfacher, heller Bau, in dem ein offener Fels unter dem Altar an die Vermehrung erinnert. In letzter Sekunde kann ich Sören davon abbringen, die Reste seiner Frühstückspita über den Stein zu bröseln und zu rufen: »Ein Wunder, ein Wunder!«

Vor zwei Jahren war die Kirche das Ziel eines Anschlags. Unbekannte zündeten das Gebäude an und sprühten in hebräischer Schrift Schmähungen gegen Götzen und Heiden an die Wände. Es gab große interreligiöse Proteste und Solidaritätsbekundungen, auch von jüdischer Seite. Die Täter vermutete man in einem extremistischen jüdischen Umfeld. Heute erinnert ein schwarz verkohlter Torflügel an die Tat.

Folgt man dem Fußweg entlang des Sees Richtung Osten, gelangt man in das ehemalige Kapernaum, das Zentrum Jesu Wirkens, nachdem er Nazareth verlassen hatte. Früher war es eine der größten Städte am See Genezareth. Direkt an der Via Maris, der römischen Handelsstraße von Ägypten nach Damaskus, gelegen, versprach es den etwa 15000 Einwohnern regen Handel. Das heutige Gelände teilen sich die katholische und die griechisch-orthodoxe Kirche. Pfauen sitzen in den Bäumen und streifen durch die von Ranken behangenen Laubengänge im griechisch-orthodoxen Bereich, eine schattige Allee führt hinunter zum See. Die katholische Seite ist fast komplett durch Ausgrabungen erschlossen. Die obligatorische Kirche sieht aus, als wäre ein Ufo gelandet. In ihrem Innern bildet eine umzäunte Glaskuppel den Mittelpunkt, durch die man auf das »Haus des Petrus« hinuntersieht. Durch archäologische Ausgrabungen konnte man nachweisen, dass diese Ruine schon in der zweiten Hälfte des 1. Jahrhunderts anders als die umstehenden Gebäude behandelt wurde. Der Boden und die Wände waren versiegelt worden, man fand religiöse Inschriften auf dem Putz. Häusliche Materialien wie Keramik waren nur wenige zu finden, dafür eine beträchtliche Anzahl an Öllampen und, in einer tieferen Schicht, Angelhaken. So entstand die Legende, es könne sich tatsächlich um das Haus des Jüngers Jesu und später um eine der ersten Kirchen des Landes gehandelt haben.

Ich stehe vor der Kuppel und sehe auf das Haus hinunter. Hat Jesus da unten gesessen? Haben die ersten Christen dort zu ihm gebetet? Einige, die ihn vielleicht noch gekannt hatten? Ich finde keinen inneren Zugang. Ich stehe in einem klimatisierten, verglasten Kirchenbau und schaue auf eine Ruine. Wie schon in Bethlehem fällt es mir schwer, etwas zu empfinden. All diese kirchlichen Heiligtümer preisen die Vergangenheit. Glorifizieren die Orte, an denen Jesus sich einen Fisch gebraten, eine Predigt gehalten, vielleicht mal an einen Baum gepinkelt hat. Es gibt für alles eine Kirche. Reisebusse kommen und spucken Pilger in die Landschaft, es gibt eine Messe, sicher auch einen Segen, die Andacht wird mit dem Selfiestick gefilmt, das heilige Wasser gibt es am Ausgang in Fläschchen zu kaufen. Und dann geht es zurück ins Hotel, wo eine warme Mahlzeit und eine Klimaanlage warten. Ich bin umgeben von Touristen, Altären und toten Steinen, die so entschlossen von der Vergangenheit erzählen, dass sie in der Gegenwart gar nicht mehr ankommen.

Ich glaube, Jesus war seine Verehrung schon zu Lebzeiten unangenehm. Ab und an flüchtete er auf den See, um den gläubigen Massen zu entkommen, manchmal verschwand er in die Berge. Heute eilen sie in sein Grab, sein Geburtshaus, zu allem, was irgendwie mit ihm zusammenhängt. Ich stelle mir vor, wie ich irgendwo auf unserem Weg einen versteinerten Fußabdruck Jesu finde. Vielleicht einen abgebrochenen Zehennagel an einem vergrabenen Stein. Sofort würden die Kirchen aufschreien: »Hier liegt der Stein, an dem Jesus sich gestoßen hat!« Sie würden eine neue Kathedrale bauen, Horden von Menschen kämen, den Stein zu küssen, vielleicht selbst mal dagegenzutreten. Der Zehennagel würde in Gold gefasst und als Reliquie in den Vatikan getragen werden, in einer wundersamen Prozession, und alle Kleriker würden von nun an ihre Zehennägel kurz geschnitten halten.

Heute wäre Jesus befremdet ob allem, was hier passiert. Wahrscheinlich hätte er bald einen Nervenzusammenbruch.

Unweit von uns hat eine afrikanische Reisegruppe einen Kreis gebildet. Die Gemeinde singt in an- und abschwellendem Ton, dann fassen sie sich an den Händen und werden lauter und schneller. Auf dem Höhepunkt des Stückes reden sie plötzlich in Zungen. Wirre Laute dringen aus ihren Kehlen, chaotische, unzusammenhängende Töne. Mit einem Mal fallen sie reihenweise in Ohnmacht. Die Umgefallenen werden abgelegt, dann wird fleißig weitergesungen. Schließlich erwachen die Menschen am Boden, schütteln sich, stehen auf und steigen erneut in die Melodie mit ein. Wir beobachten eine weißhaarige Dame, die geschlagene drei Male ihre Sinne verliert.

Sören schüttelt den Kopf. »Nils, ich kann mir das nicht länger antun! Die sind doch alle wahnsinnig hier. Das ist keine religiöse Erfahrung, das sind alte Leute, die in der Mittagshitze hyperventilieren! Wie lange müssen wir hier noch sein?«

Ich verziehe das Gesicht. »Also, ich dachte, wir könnten morgen weiter nach Bethsaida wandern.«

»Bethsaida? – Warte! Ist das etwa eine religiöse Ausgrabungsstätte, wo Jesus mal irgendein Wunder vollbracht hat? Noch eine Kirche? Vielleicht mit einem kleinen Shop?«

»Na ja ... Also, eigentlich hast du recht.«

Sören springt auf. Er läuft auf und ab, während er sich immer wieder durch die Haare fährt. »Nils. Ich sage dir das jetzt in ruhigem Ton: Wenn ich noch eine einzige Kirche besichtigen muss, dann hau ich wen! Nicht dich, nicht mich, einfach irgendwen!

Vielleicht trete ich auch einen. Das weiß ich noch nicht... Und übrigens: Danke, Jesus! Ganz vielen Dank für diese Scheißsteine an diesem Scheißort, wo du einen Scheißteil von deinem Scheißleben verbracht hast! Alter! Du bist Gottes Sohn! Wieso hier? Wieso diese Kirchen? Hättest du nicht in einem Freizeitpark erscheinen können? Wo ist der Spaß? – Und nein, Nils! Ich fotografiere diesen alten Stein jetzt nicht! Das ist ein alter Stein! Ich will kein Foto von einem alten Stein machen! Nie mehr! Und jetzt lass mich in Ruhe, oder sag, dass wir gehen und dass ich nie wieder in meinem Leben eine Kirche besichtigen muss!«

Ich gebe zu, ich habe hier nur einen kleinen Teil von Sörens Rede niedergeschrieben. Ursprünglich war sie länger. Als ich die Route für unsere Reise berechnete, hatte ich fünf Tage für Kapernaum kalkuliert. Ich dachte, es werde hier vielleicht ein hübsches Örtchen geben, mit einem Hostel oder Ähnlichem, etwas, wo wir uns von den Strapazen der Reise erholen könnten. Ich hatte nicht damit gerechnet, dass der Landstrich so dünn besiedelt sein würde. Nachts schlafen wir meist nur leidlich, tagsüber nimmt uns die Sonne jede Chance auf Regeneration. Ich merke, wie das Aggressionspotenzial steigt. Heute Morgen, als es zum Frühstück erneut nur Pita, Humus und Datteln gab, hatte Sören bereits seinen ersten Wutanfall.

»Wie kannst du den Scheiß nur den ganzen Tag fressen?«, fragte er. »Manchmal wirkst du auf mich wie eine Maschine, die sehr, sehr schlecht einen Menschen imitiert.«

Seine Aggressivität überraschte mich. »Hä? Wir essen das doch schon die ganze Zeit! Ich dachte, du mochtest...«

»Ja, ich *mochte* das. Aber ein echter Mensch kann nicht zwei Wochen lang nur Pita, Humus und Datteln essen! Ich könnte gerade in eine Zwiebel beißen, so sehr vermisse ich anderes Essen!«

»Gut«, sagte ich mit schlechtem Gewissen. »Morgen kaufen wir noch eine Zwiebel, okay?«

Sören floh fluchend in den See.

Für mich klang der Vergleich mit einer Maschine zunächst wie ein Kompliment, denn eine Maschine funktioniert, sie ist verlässlich und stark. Dann dachte ich darüber nach, dass es vielleicht manchmal nicht genügt, nur zu funktionieren. Unsere Route beherrschte mich. Ich wollte unbedingt alle Ziele in möglichst kurzer Zeit abhaken. Der alte Leistungsgedanke: Dinge mussten keinen Spaß machen. Sie mussten schnell gehen und einen Nutzen haben. Sören war da das komplette Gegenteil. Pläne waren nichts für ihn. Er war dann am stärksten, wenn er improvisieren musste. Der Moment war sein Freund, er gab ihm alle Zeit, die er brauchte. Mir ging das gehörig auf die Nerven. Doch jetzt fragte ich mich, ob ich vielleicht etwas von ihm lernen konnte.

Für den nächsten Abend lade ich ihn ins Pilgerhaus »Tabgha« ein. Es soll dort ein hübsches Restaurant geben, das mehr zu bieten hat als nur Datteln und Pita.

Der große Abuna

*Und vergib uns unsere Schuld,
wie auch wir vergeben unsern Schuldigern.*

Mt 6,12

31. Mai 2016, Pilgerhaus »Tabgha«, Israel

Das Tor rollt geräuschlos zur Seite. Papageien sitzen in den Kronen der Palmen, Farne und Agaven sprießen aus den Beeten. Rot geziegelte Dächer. Basaltgebäude. Hinter einer herrschaftlichen Terrasse ein Café. Die Geräusche klappernden Bestecks.

Als Sören die Karte aufschlägt, beginnen seine Augen zu leuchten. »Schokopudding!«, flüstert er. »Und Burger! Apfelstrudel!!!«

Wir bestellen jeder ein Glas Rotwein samt Cheeseburger und einigen uns darauf, den Nachtisch später zu wählen. Vom Nebentisch sprechen uns zwei Herren an.

»Hallo«, sagt der eine auf Deutsch. »Seid ihr die beiden Typen, die neulich gefragt haben, ob sie bei uns im Garten übernachten können?«

»Wie kommt ihr darauf?«, frage ich.

»Na ja … eure Kleidung ist nicht die sauberste, eure Haare sind nicht gewaschen – ihr seht aus wie Zelter!«

»Wisst ihr, wir mussten im Freien auf einer Veranda schlafen«, erwidere ich pikiert. »Wir wurden fast von einer Horde Schakale gefressen!«

Die beiden brechen in Gelächter aus. »Ihr habt Glück, dass es keine Wölfe waren! Die kommen erst im Golan.« Sie schieben ihre Stühle zu uns herüber. »Ich bin Sharbel, das ist Nasser. Wir arbeiten an der Rezeption. Wir waren auch mal für ein paar Jahre in Deutschland. Nasser in Berlin, ich in Paderborn.«

»Ach je...«, sage ich mitleidig. Sharbel grinst.

»Kurz bevor sie die Brotvermehrungskirche angezündet haben, sind wir zurückgekommen«, erzählt Nasser. »War nicht einfach. Hier ist alles immer so heilig... In Deutschland war das nicht so, das mochte ich am meisten. Aber in Israel, in Palästina ist alles immer Geschichte, immer ein Kampf.«

»Was meinst du damit?«

»Ach, alle möglichen Gruppen beziehen sich auf irgendeinen Zeitpunkt in der Geschichte und leiten daraus ihren Machtanspruch ab. Die einen sagen, das ist unser Land, wir haben hier vor 3000 Jahren gelebt, die anderen sagen, es ist ihr Land, sie hätten hier vor 500 Jahren gelebt, die nächsten nennen ein anderes Datum, und niemand sagt, das ist unser aller Land, wir leben hier gemeinsam und jetzt. In Deutschland ist das pragmatischer.«

»Seid ihr Juden oder Palästinenser?«

»Genau das ist das Problem!«, antwortet Sharbel. »Es sollte egal sein! Ich könnte dir sagen, dass ich ein palästinensischer Maronit bin, aber ich habe einen israelischen Pass, also bin ich Israeli, fertig. All dieses Gehabe um irgendein vermeintliches Erbe bringt doch nur Probleme.«

»Die Leute dürfen sich nicht zu ernst nehmen«, ergänzt Nasser. »Ich bin nicht stolz darauf, Palästinenser, Maronit oder Israeli zu sein. Sondern auf uns. Es geht nicht darum, *was* du bist, sondern *wer* du bist.«

Ich erzähle den beiden von unseren Problemen mit dem örtlichen Religionstourismus. Sie nicken verständnisvoll.

»Die Touristen haben keine Zeit«, erklärt Nasser. »Sie besuchen die Kirchen, nicht das Land. Wie wollen sie denn wissen, wie das Leben am See Genezareth ist, wenn sie nie mit jemandem gesprochen haben, der hier wirklich lebt? Das ist, als ob ich nach Deutschland fahre, ein Foto vom Brandenburger Tor mache und dann sage, ich hätte verstanden, wie Frau Merkel tickt!«

»Hast du gerade Jesus mit Merkel verglichen?«, fragt Sharbel.

»Der Vergleich hinkt, ich weiß«, räumt Nasser ein.

Wir erzählen den beiden von unseren Wanderplänen.

»Warum wollt ihr nach Bethsaida?«, erkundigt sich Sharbel.

»Im Jordantal gibt es keine guten Wanderwege. Ich würde von Safed aus entlang der libanesischen Grenze in den Norden gehen. Es ist schön dort, gerade ist Kirschernte.«

»War Jesus nicht auch in Safed?«, wirft Nasser ein.

»Quatsch!«, entgegnet Sharbel.

»Doch! Er ist vom See nach Sidon im Libanon gewandert. Da liegt Safed genau auf dem Weg!«

»Ach, hör auf!«, widerspricht ihm Sharbel. »Wenn er in Safed gewesen wäre, dann hätten sie ihm da eine Kirche gebaut! Ist da eine Kirche? Nein!«

»Hey, Nils«, platzt Sören plötzlich dazwischen. »Wir haben doch die Einladung von diesem Lahvac nach Tziv'On! War das nicht in der Nähe von Safed?«

»Sören, ich hab dir gesagt, dass wir auf dieser Wanderung mit unseren Nieren haushalten müssen...«

Kurz darauf kommen unsere Burger. Sharbel und Nasser verabschieden sich, bald sind wir die letzten Gäste des Cafés.

Als wir uns ein zweites Glas Rotwein bestellen, betritt ein älterer Mann die Szene, bleibt eine Weile an der Brüstung der Terrasse stehen und schaut auf den See. Dann dreht er sich um und begrüßt uns.

»Hallo«, sagt er mit weicher Stimme. Er setzt sich auf einen der Stühle und schlägt seine Beine übereinander. Dünner werdende Haut auf den Handrücken. Seine Augen strahlen eine vergnügliche Milde aus. »Noch nicht zu Bett?« Er dreht sich zu den Kellnern und bestellt ein weiteres Glas Rotwein.

Die Grillen zirpen im englischen Rasen, der Mond flimmert auf der Oberfläche des Sees.

»Oh, wir schlafen nicht hier, das können wir uns nicht leisten«, entgegne ich.

»Sie sind die Herren mit dem Zelt?«

»Jupp.«

Er grinst. »Ich hörte von den Schakalen. Eine schaurige Geschichte.«

Abuna Ludger ist der geistliche Leiter des Pilgerhauses. Seine Worte haben einen urigen westfälischen Akzent, seine Stimme eine angenehme Ruhe. Um seine Mundwinkel liegt ein schelmisches Lächeln. Vielleicht schaut er immer so.

»Was macht ihr hier?«

Wir erzählen von unserer Reise, von Bethlehem und Nazareth und unseren Vorbehalten in den letzten Tagen. »Ich hab das Gefühl, jeder noch so banale Ort wird mit einer Legende verbunden, um dort eine Kirche zu bauen und den Tourismus anzukurbeln«, sage ich. »Vor allem hier am See! Und die Kirche gaukelt Glückseligkeit vor, in einer Region, die von Konflikten nur so geschüttelt wird.«

Ludger schmunzelt. Eine Eidechse huscht über die Veranda. In der Dunkelheit hört man Fledermäuse flattern.

»Ich sehe diese Orte als Ikonen«, entgegnet er schließlich. »Sie erinnern daran, dass der Himmel die Erde berührt hat. Und dass es auch heute noch passiert. Wenn es in einer so verrückten und komplizierten Umgebung wie hier passiert, finde ich es umso schöner. Die Ikonen erinnern daran, dass das Chaos nicht das letzte Wort hat.«

»Aber wie erinnern sie denn? Die Leute machen Fotos und kaufen sich ein Souvenir.«

»Wir leben in einer Zeit des Massentourismus. Eine Möglichkeit, an der Brotvermehrung teilzuhaben, ist zu fragen: Sind wir alle satt geworden? Aber man kann auch bleiben und sich tiefer mit der Umgebung auseinandersetzen. Der Glaube kann einem alle Fragen beantworten. Es liegt an dir, die richtigen Fragen zu stellen.«

»Und was sind die richtigen Fragen?«

»Oh, es gibt viele. Für jeden Menschen unterschiedliche. Die Leute hier sind Überlebenskünstler. Die Landschaft ist hart, das Klima ist hart, die politischen Verhältnisse waren nie einfach. Die Menschen fragen nach einem Gott, der eine Schutzmacht ist. Einem, der sie hält, der sie stärkt und beschützt. Die Touristen fragen eher nach einem Gott, der sie besser schlafen lässt. Das ist sehr westlich.«

»Woran glauben Sie?«

Ludger überlegt einen Moment. »Ach, ich denke, die Botschaft Jesu hat sich über die Jahrtausende nicht groß verändert. Es geht darum, sich einem lebendigen Gott anzuvertrauen und mit ihm für das Leben zu kämpfen.«

»Was meinen Sie mit einem lebendigen Gott?«

»Ein Gott, von dem ich nicht alles weiß. Der auch dort wirkt, wo ich nicht damit rechne. Der immer für eine Überraschung gut ist. Es geht darum, Ja zum Leben zu sagen und es als gottgewollt anzunehmen. Egal, was passiert.«

Ich versuche, den Gedanken nachzuvollziehen: Wenn ich annehme, dass Gott immer das Gute will und gleichzeitig alles gottgewollt ist, dann ist alles, was geschieht, gut. Eine einfache Gleichung. Es geht nur um die innere Einstellung. Wenn man es schafft, daran zu glauben, liegt darin ein großer Trost. Vor allem in einer Gegend, in der es viele Schicksalsschläge zu verarbeiten gibt.

Ich spreche Ludger auf den Brand in der Brotvermehrungskirche an. »Wie haben Sie das erlebt?«

»Ich war schon schockiert. Es ist bedenklich, wenn eine wachsende nationalreligiöse Gruppe ein göttliches Recht einfordert und sich nicht um das staatliche Recht schert ... Aber wir haben auch viel Solidarität erlebt. Muslime, Drusen, Juden kamen, um Anteil zu nehmen.« Ludger lächelt. »Es ist erstaunlich, wie gut die verschiedenen Bevölkerungsgruppen auf einer alltäglichen Ebene miteinander können. Offiziell und grundsätzlich geht immer erst mal gar nichts. Aber es gibt eben auch den jüdischen Vater, der seinen Sohn bei einem Busattentat verliert und der daraufhin eine Gruppe von jüdischen und palästinensischen Eltern gründet, die sagt: ›So kann es nicht weitergehen, wir brauchen friedliche Lösungen.‹ Und ebenso gibt es den muslimischen Friseur, dessen Sohn einen Tag vor seiner Hochzeit ein jüdisches Kind vorm Ertrinken rettet und selbst dabei stirbt. Und der Vater sagt: ›Natürlich ist es schrecklich, was mit meinem Sohn passiert ist. Aber es wäre noch schrecklicher, wenn er nicht so gehandelt hätte.‹«

»Aber warum weitet sich so etwas nicht auf einen größeren Kreis aus? Sie haben gesagt, die Menschen wünschen sich einen starken, beschützenden Gott. Was ist mit der Nächstenliebe? Der Feindesliebe?«

»Das ist hier ein schwieriges Thema. Feindesliebe setzt voraus, vergeben zu können. Doch das wird im hiesigen Umfeld häufig als Schwäche ausgelegt.«

»Von den jeweiligen Religionen?«

Ludger schüttelt den Kopf. »Auch die Thora und der Koran kennen Vergebung. Wir Christen haben trotz unserer Nächstenliebe schon mehrere Kreuzzüge gestartet. Es ist eher ein kulturelles Problem. Der Glaube entwickelt sich in seiner Umwelt. Man orientiert sich am Verhalten seiner Umgebung. Und wenn ich dort keine guten Vorbilder finde, wird es schwierig.«

Ein Kellner kommt und füllt unsere Weingläser nach. Wir trinken und schweigen. Die Situation ist zerfahren: Jede Religion, jede Kultur hat ihr Päckchen zu tragen; jeder hat mal irgendwem Leid zugefügt, und dieses Leid wurde mit anderem Leid vergolten. Das Problem dabei ist: Schmerz kann man nicht aufwiegen, Leid lässt sich nicht mit Leid vergelten. Mit was lässt sich ein verlorener Sohn vergleichen? Wie viele Meter Mauer rechtfertigt er? Wie viele Anschläge ergeben ein zerstörtes Dorf? Wer setzt die Maßstäbe?

Ich denke an die Griechenlandkrise. »Ludger«, sage ich, »Sie haben von der Vergebung gesprochen, die in allen Religionen vorkommt. Was, wenn man eine Generalamnestie ausspräche? Eine Art ›Schuldschnitt‹. Wie der Schuldenschnitt für Griechenland.«

Ludger lacht glucksend. Ein polterndes Holzfass, das durch seine Kehle rollt. »Das ist eine schöne Idee. Aber um seine Schuld vergeben zu bekommen, muss man seine Sünden kennen. Man muss verstehen, dass man nicht nur Opfer ist. Und man muss den Schmerz der anderen erkennen. Es wird bei den Juden im Land noch immer nicht selbstverständlich eingesehen, dass Israel Hunderttausende Menschen während der Nakba vertrieben hat. Und genauso wenig erkennen die Araber die Gewalt und das Unrecht an, das sie Israel mit Terror und Krieg angetan haben. Erst wenn ein Verständnis füreinander geweckt wird, kann man über Vergebung sprechen.«

»Glauben Sie, dass der Konflikt irgendwann endet?«

Ludger nimmt einen letzten Schluck Wein. »Ich vermute, dass der Konflikt schon längst gelöst wäre, wenn niemand mehr davon profitieren würde.«

Damit verabschiedet er sich in die Nacht.

Das Wasser des Sees ist tiefschwarz. Kein Geräusch außer unseren Schritten auf dem Pfad. In der Stille kann man sich kaum vorstellen, wie viel Aufhebens um all die Götter um uns herum gemacht wird. Wie viele Machtkämpfe auf dem Rücken der Religionen ausgetragen werden. Wir passieren die Ausgrabungen von Kapernaum. Hier hat Jesus vielleicht einmal gelebt. Heute scheint er ausgezogen zu sein.

Wir kommen so nicht weiter, denke ich. Das alles gehört der Vergangenheit an. Wir müssen Jesus im Heute finden.
»Sören?«, frage ich in die Dunkelheit.
»Hm?«
»Was hältst du davon, wenn wir morgen Lahvac besuchen?«

Das zweite Wunder

Singet und spielet ihm,
redet von allen seinen Wundern!
1 Chr 16,9

1. Juni 2016, Kapernaum, Israel

»Mr Lahvac? Hier ist Nils. Aus Nazareth. Erinnerst du dich?«
»Ahhhh ... Holla, Germany, sababa! Chaco bello, wie geht's? Hast du eine Prostituierte gefunden?«

Die ursprüngliche Route durch das Jordantal haben wir verworfen. Die Evangelien geben ohnehin keinen Aufschluss darüber, welchen Weg Jesus genommen hat. Die einzigen Anhaltspunkte für die kommende Etappe bilden der See Genezareth und Caesarea Philippi am Fuß des Hermons. Entsprechend Sharbels Rat wollen wir nun entlang der libanesischen Grenze wandern. Da uns der Umweg über Safed und Tziv'On zwei Tage kosten würde, haben wir uns entschieden, von Kapernaum bis zu Lahvac zu trampen.

Autos rauschen an uns vorbei, die Straße flimmert in der Hitze. Neun Uhr morgens, und schon jetzt brennt mir die Sonne ein Loch in den Schädel. Ich strecke meinen Zeigefinger gen Asphalt, doch niemand, der darauf reagiert. Nach einer Viertelstunde habe ich keine Lust mehr. »Sören, übernimm du mal!«, rufe ich und flüchte in das Wartehäuschen einer Bushaltestelle.

Noch bevor Sören eine anständige Haltung am Straßenrand eingenommen hat, hält ein Auto.

Das Gesicht unseres Fahrers ist von dichten rötlichen Locken bedeckt. Oberhalb seines Bartes haben sie sich in einer Sonnenbrille verfangen. Mit der linken Hand gestikuliert er, die andere lenkt, schaltet und raucht. »Ich komme aus Ginosar«, sagt er entspannt. »Hier um die Ecke, ein guter Ort. Freunde von mir haben da mal ein Boot aus der Zeit Jesu gefunden. Falls jemand euch das empfiehlt: nicht hingehen, superlangweilig!« Gerade sei er auf dem Weg zur Uni in Kirjat Schmona, er grinst für ein Foto, dann schmeißt er uns kurz vor Safed raus.

Wir sind gerade dabei, unsere Rucksackgurte festzuziehen, da hupt schon das nächste Auto neben uns. Ein blonder Typ mit Kippa streckt den Kopf aus dem Fenster. »Jungs, euch steht ›Tourist‹ auf die Stirn geschrieben! Steigt ein!« Wir springen auf die Rückbank.

»Aus Deutschland, hm?«, fragt Barak, nachdem wir uns vorgestellt haben. Er hat Sommersprossen im Gesicht und trägt ein Muskelshirt, unter dem sich ein massiger Körper abzeichnet. »Ey, ihr habt keine Ahnung, was da auf euch zukommt. Das ist Wahnsinn!« Er spielt auf die Flüchtlingswelle an und das Machtwort von Frau Merkel, die Grenzen zu öffnen.

»Ach, ich glaube, wir kriegen das hin«, sage ich überzeugt. »Viele Leute packen mit an. Was wäre die Alternative? Alle verrecken lassen?«

Barak verzieht das Gesicht. An seinen Schultern zucken Muskelpakete unter einer ansetzenden Fettschicht. »Ihr holt euch den Teufel ins Land! Die werden nicht aufgeben, bis ihr ihre Kultur annehmt. Das sind Terroristen!«

»Falsch«, widerspricht Sören sachlich. »Die meisten von ihnen sind vor den Terroristen geflohen.«

»Deutschland ist Luxus«, füge ich an. »Da können ruhig ein paar andere Menschen dran teilhaben.«

Tatsächlich habe ich in Israel häufiger darüber nachgedacht, wie glücklich wir als Deutsche sein können: im Herzen Europas, fernab von jedem Krieg, keine Naturkatastrophen, genügend Wasser, eine lebendige Wirtschaft. Als Kind habe ich immer gehofft, Millionär zu werden, damit ich mir um nichts Sorgen machen müsste. Verglichen mit den meisten Menschen auf der Welt *bin* ich Millionär.

Barak lächelt väterlich. »Ihr zwei seid gute Typen. Aber ihr werdet euch noch umschauen«

Auch wenn ich mit keiner von Baraks Äußerungen übereinstimme, ist er mir sympathisch. Er hat diese fröhliche Ausstrahlung, die abfärbt. Während wir uns unterhalten, sagt er immer wieder »What the heck?!« oder »Get outta here!«, und allein, dass er so etwas sagen kann, ohne peinlich zu wirken, spricht für seinen Charakter.

»Mögt ihr Israel?«, fragt er.

Wir nicken.

»Heck yeah, natürlich! Es ist ein fantastisches Land. Erzählt das den Leuten in Deutschland. Fühlt ihr euch sicher?«

Abermaliges Nicken.

»Klar! Wir haben nicht umsonst die beste Armee der Welt. Es ist Schwachsinn, was die Medien immer behaupten. Israel ist sicher.«

»Aber hast du nicht eben gesagt, die Araber sind alle Terroristen?«, fragt Sören. »Und sind hier nicht unheimlich viele Araber?«

»Es sind ja nicht alle Terroristen. Man muss sie nur erziehen. Israel hat einen guten Weg gefunden, mit ihnen umzugehen. Schaut euch um, wie viele Araber hier in Frieden leben!«

»Und was ist mit denen in Palästina?«

»Du meinst die autonomen Gebiete?«, entgegnet Barak. »So etwas wie Palästina gibt es nicht, das weißt du hoffentlich... Aber um deine Frage zu beantworten: Wir haben das im Griff. Wir erziehen sie. Wenn sie meinen, dass sie uns angreifen müssen, dann schlagen wir zurück. Sie wissen das. Sie sind selber schuld.«

Ich kräusle die Lippen. »Aber meinst du nicht, dass das die falsche ›Erziehung‹ ist?«

»Du weißt nicht, wovon du redest!« Barak lacht. »Ich bin heilfroh, dass wir zum Beispiel die Mauer haben! Seitdem fahren die Terroristen nicht mehr mit ihren Selbstmordbussen in unsere Häuser. Ich habe vier Kinder! Jedes Mal, wenn wir in Tel Aviv den Raketenalarm hören, bekomme ich Gänsehaut. Wir lassen alles stehen und liegen und rennen. Nach Paris und Belgien wird genau das auf euch zukommen.«

Ich denke an die Ofenrohre, von denen Steffen erzählt hat. Der Raketenalarm signalisiert nicht, ob es ein Rohr oder eine Rakete ist, die da auf die Stadt zufliegt. Der Schrecken bleibt der gleiche.

»Zum Busbahnhof müsst ihr nur die Straße hinunter«, erklärt Barak, als er uns in Safed absetzt. »Wenn ihr Hilfe braucht, ruft mich an!« Er gibt uns eine Visitenkarte und klopft uns auf die Schultern. Knapp 90 Minuten haben wir für 50 Kilometer gebraucht. Zwei Tagesmärsche.

Safed ist eine verschlafene, hügelige Insel. Weißer Kalkstein auf Kopfsteinpflaster, türkis gestrichene Fensterläden. Die Häuser klein und flach wie aufeinandergestapelte Gemüsekisten.

Im Osmanischen Reich galt es als »jüdische« Stadt. Besonders, nachdem die Juden infolge der Reconquista von den Christen aus Spanien vertrieben worden waren. Doch Erdbeben und Pest dezimierten die Einwohnerzahl, sodass ab dem 18. Jahrhundert immer mehr Araber in die Stadt zogen, um sie zu bevölkern. Das Zusammenleben funktionierte versöhnlich, bis im Laufe des 20. Jahrhunderts Unruhen aufflackerten. Als die Briten am Ende ihrer Mandatszeit aus der Stadt abrückten, kam es zwischen jüdischem und palästinensischem Lager zu einem heftigen Kampf, der dazu führte, dass der größte Teil der arabischen Bevölkerung unter Mörserfeuer fliehen musste.

In den folgenden Jahrzehnten machte sich Safed einen Ruf als Künstlerkolonie. Um die Stadt nach dem ersten arabisch-israelischen Krieg zügig wieder populär zu machen, versprach die israelische Regierung jedem Künstler, der mehr als die Hälfte des Jahres in Safed verbringen würde, eine Wohnung samt Atelier, vornehmlich in dem nun leer stehenden arabischen Viertel. Wenn man nichts darüber weiß, übersieht man die schlanken Minarette leicht, die sich dort noch immer stolz in den Himmel recken.

Wir hocken an einem verschnörkelten Metalltischchen vor einem mit bunten Wimpeln geschmückten Restaurant und essen eine jemenitische Pizza. Fett tropft mir in den Bart. Sören sortiert sein Gepäck. Ich kann einen Teil seiner Pobacken sehen, während er mit den Händen und seinem Gesicht in seinem Rucksack versinkt.

Plötzlich steht er auf, dreht sich um und sagt in sehr ruhigem Ton: »Nils. Es ist etwas Schreckliches passiert.«

Ich blicke ihn verwundert an. Was soll passiert sein? Und wieso sagt er das so gelassen? »Was ist denn los?«

»Meine Kameratasche ist weg!«

»Wie, deine Kameratasche ist weg? Die Kamera steht doch hier!« Ich deute auf den Tisch.

»Ja!« Sören krächzt jetzt. »Die Kamera! Aber nicht die Tasche! Weißt du, was da alles drin war? Die Akkus, die SD-Karten, die Linsen, die Kabel, alles! Unser gesamtes Material! Meine Arbeit ist getan, ich kann nach Hause fahren!«

»Okay«, versuche ich, sachlich zu bleiben. »Und was, wenn wir hier in einen Laden gehen und einfach alles neu kaufen?«

Sören lacht hysterisch. »Das Material, Nils! Das Material! Alles weg! Seit Tiberias habe ich nichts gesichert!«

»Beruhige dich!«, rufe ich »Es ist doch nicht so, dass wir gleich daran sterben werden...«

»Dooooooch!!!« Sören sieht aus, als würde er mir gleich an die Gurgel springen.

Gemeinsam gehen wir unsere Stationen durch.

»In dem Wagen von dem Dude mit der Sonnenbrille habe ich die Kamera aus der Tasche geholt«, überlegt er laut. »Dann kam Barak.«

»Barak ist noch in der Stadt, den finden wir«, sage ich überzeugt. »Was ist mit dem ersten Typ? Was wissen wir über den?«

»Er hat in Kirjat Schmona studiert. Und er kam aus Ginosar. Da, wo dieses Jesusboot liegt.«

»Okay. Ruf du Barak an. Ich versuch, noch was über den Studenten rauszufinden.«

Während Sören wählt, durchkämme ich meinen Kopf nach weiteren Infos zu unserem ersten Fahrer. Lange rötliche Locken. Automarke, Kennzeichen, keine Ahnung. Immerhin haben wir ein Foto von ihm. Ich suche im Internet nach Infos zu Ginosar. 470 Einwohner und ein Jesusboot. Den finden wir, denke ich. An meiner alten Schule waren weniger Leute.

Im gleichen Moment ruft Sören: »Pack dein Zeug, wir fahren los! Barak bringt uns nach Ginosar!«

Und so sitzen wir kurze Zeit später wieder in Baraks Wagen. Bald sehen wir den See, den Arbel. All das, von dem wir gedacht hatten, wir hätten es bereits hinter uns gelassen. Schließlich die Einfahrt zum Kibbuz.

Barak zwinkert in den Rückspiegel. »Viel Erfolg, Jungs! Auf bald!« Er dreht den Wagen und braust davon.

Wir blicken auf ein gelbes Gittertor, das die Einfahrt zum Dorf markiert. Dahinter ein unbesetztes Kontrollhäuschen. Palmen, Gärten, Reihenhäuser. Bis auf das monotone Stottern eines Rasensprengers kein Anzeichen von Leben.

Die erste Hochstimmung verfliegt. Es sind so viel mehr Häuser als gedacht! Sollen wir wirklich an jeder Tür klingeln und nach unserem Fahrer fragen?

Im Schatten des Kontrollhäuschens steht eine ausgeblichene Plastikbank. Während Sören seinen Laptop herausholt, um das Foto von der Kamera auf seinen Rechner und dann auf unsere

Handys zu ziehen, wandere ich entlang der Hauptstraße, um mir einen Eindruck zu verschaffen. Spießiges Vorortidyll. Geschnittene Hecken, saubere Bordsteine. Ein Kreisel, daneben ein Wasserturm. In seinem Schatten werkeln zwei Männer an einer öffentlichen Sanitäranlage. Sonnenbrillen, Anglerhüte, Knieschoner. Der eine hockt vor einer Wasserwaage, der andere redet, mit einem Gummihammer in der Hand, auf ihn ein.

»Slicha?«, versuche ich zaghaft, sie zu unterbrechen. Der Mann am Boden schaut auf, der andere dreht sich nicht mal um. »Ähm... Das klingt jetzt vielleicht blöd, aber wir sind heute Morgen von Kapernaum nach Safed getrampt, und einer unserer Fahrer kam aus Ginosar. Er hatte lange rötliche Locken und trug eine Sonnenbrille. Kennt ihr jemanden, auf den das passt? Wir haben auch ein Foto von ihm.«

»Was wollt ihr von ihm?«, fragt der kniende Typ skeptisch.

»Er hat etwas, was uns gehört, eine Kameratasche...«

»Du klingst wie ein Killer. Ich weiß nicht, ob wir dir helfen können.« Er lacht. Ich komme mir außerordentlich blöd vor.

Da dreht sich der Kerl mit dem Gummihammer um, nimmt Hut und Brille ab und sagt: »Ach übrigens, der Typ, den ihr sucht: Das bin ich.« Er grinst breit. »Erkennst du mich nicht?«

Die Locken. Der Bart. »Aaaaaaalter!«, rufe ich und springe auf ihn zu. »Wie bist du denn so schnell nach Hause gekommen?«

»Ach!« Er feixt. »Kurz nachdem ihr weg wart, habe ich die Tasche im Fußraum entdeckt. Ich hab schon überlegt, wie ich euch finden kann. Also bin ich erst mal nach Hause, weil ich mir die Bilder anschauen wollte. Ich dachte, vielleicht erkenne ich irgendwen oder irgendwas, wo ich die Tasche abgeben kann! Ehrlich gesagt wart ihr ein guter Grund, um die Uni zu schwänzen...«

Ich drücke ihn fest an mich. »Digger, du bist der Wahnsinn! Ey, Sören ist da hinten, ich hole ihn schnell!«

»Mach dir keinen Stress. Ich hol die Tasche und komm zu euch zum Tor.« Er steigt auf den durchgesessenen Sattel seines Hollandrads und rollt gemütlich los.

Man kann sich kaum vorstellen, wie glücklich Sören ist, als er ihn in die Arme schließt. Es sieht aus, als wollte er ihn gar nicht mehr loslassen. Wie eine Trophäe hebt er die Kameratasche aus dem Fahrradkorb, hält sie hoch, küsst sie und jubelt: »Thank you, Lord, thank you! This is a göttliche Erfüllung! Was für eine Geschichte! Was für ein Happy End! Wieso hab ich keine Bilder davon?!«

Als wir am Abend unseren alten Zeltplatz erreichen, erstrahlt er in hellem Licht. Eine Militärkompanie hat eine Zeltstadt aufgebaut. Kerle und Mädchen in Uniformen laufen umher, sitzen vor Zelten in Tarnmustern, junge Leute, die lachen und Maschinengewehre spazieren tragen. Ein paar Mädchen hocken in Trauben auf den steinernen Campingtischen und giggeln. Etwas abseits spielen ein paar Leute Lieder auf Cajon und Gitarre.

Ich zücke meinen Kulturbeutel und trotte zu einem der Waschhäuschen, wo sich zwei halbstarke Jungs mit Handtüchern duellieren. Als ich zurückkomme, ist Sören von einer Gruppe Mädchen umringt. Sie reden alle gleichzeitig auf ihn ein und kichern laut, sobald er antwortet.

»Du hast so schönes Haar!«

»Wie pflegst du es?«

»Ich hätte auch gerne so schönes Haar wie du!«

Sören schaut wie ein Teletubby auf Crack. Die Mädchen sind, wie es in Israel fast normal ist, ausgenommen schön.

»Ist das dein Freund?«, fragen sie, nachdem ich mich dazugesellt habe.

»Das ist Nils«, sagt Sören, während er mir lässig einen Arm auf die Schulter legt. »Ein guter Typ!«

»Teilt ihr euch ein Zelt?«

»Klar!«

Die Mädchen grinsen verzückt. »Seid ihr schwul?«

»Was?« Sören zieht seinen Arm von meiner Schulter.

Blicke, als hätten wir sie nicht richtig verstanden. Eine deutet nacheinander mit dem Finger auf mich und Sören und wiederholt: »Schwul??«

»Sorry, leider nicht...«, gesteht Sören.

Zunächst zeigen sich die Mädchen enttäuscht, doch dann finden sie schnell Gefallen an anderen Fragen: »Wie ist es in Deutschland? Wart ihr bei der Armee? Wie sind die Männer bei euch? Was mögen sie?«

Irgendwann wird Sören von einem männlichen Soldaten in ein Gespräch verwickelt und verschwindet in der Dunkelheit. Als er zurückkommt, stellt er sich nah an mein Ohr und flüstert: »Nils, wir müssen gehen.«

»Was? Warum?«, frage ich laut.

»Das war superweird gerade! Hast du den Kerl gesehen, mit dem ich weg bin? Der hat mich in den Schatten von so einem Baum geführt und meinte dann: ›Ihr müsst jetzt gehen!‹ Und ich so: ›Wieso? Ist doch supernett hier!‹ Und er nur: ›Ihr müsst jetzt gehen. Wir haben Gewehre.‹« Sören schaut sich unsicher um. »Ich glaube, wir sollten wirklich abhauen!«

»Hä? Quatsch! Will der uns abknallen, oder was?«

»Wir sollten gehen«, wiederholt Sören.

Auf einmal erscheint auch der Soldat wieder. Er trägt sein Gewehr an der Hüfte, die Hand auf dem Lauf. Er spricht mit einem der Mädchen.

Schließlich erklärt sie: »Er meint, das sei unser Territorium und ihr solltet abhauen... Ich weiß auch nicht, was er hat.«

Der Typ funkelt uns böse an. Hinter ihm erscheinen weitere Soldaten.

»Hey, ähm, wir gehen...«, sage ich freundlich, während ich mich mit Sören langsam rückwärtsbewege. »Ist doch nicht so wichtig! Sagt ihm, dass er uns nicht erschießen soll...« Mit bangen Blicken verziehen wir uns in Richtung Zelt.

2. Juni 2016, Kapernaum, Israel

»Meinst du, der hätte echt auf uns geschossen?«, sinniert Sören, während wir am nächsten Morgen unser Lager abbauen.

»Ich glaube, du hast ihm einfach zu viel mit ›seinen‹ Mädchen geredet«, antworte ich.

Als wir das Zelt zusammengepackt und in die Tasche gestopft haben, gesellt sich ein junger Typ zu uns. »Ihr sprecht Deutsch?«, fragt er und gibt uns freudig die Hand.

Der Kerl ist hager, trägt die Haare militärisch kurz, dazu Flipflops, Shorts, Maschinengewehr. Ron ist in Frankfurt aufgewachsen. Doch als er vor ein paar Jahren Probleme in der Schule bekam, entschied er sich auszuwandern, um in Israel sein Abitur zu machen. Danach wurde er, wie jeder jüdische Israeli, für drei Jahre in die IDF, die Israeli Defense Forces, eingezogen.

»Wie lange musst du noch?«, frage ich mit einem Nicken in Richtung seiner Waffe.

»Ein Jahr und sechs Monate.« Er grinst schüchtern. Wirft einen kurzen Blick auf seine Uhr. »Und genau eine Woche... Tut gut, mal wieder Deutsch zu reden.«

»Wie ist es in der Armee?«

»Ach, eigentlich ist es wirklich okay. Trainings sind scheiße. Einsätze sind zum Kotzen. Ich war dabei, als ein Kamerad einen erschießen musste. Der ist mit dem Messer auf ihn los. Das war echt kein Spaß...«

»Klingt übel...«

»Was soll man sagen? Er hat einen erschossen! Wenn du das nicht erlebt hast, weißt du nicht, wie schrecklich es ist. Da gibt's keine Worte für. Niemand macht das gern.«

»Auch wenn es in den Medien manchmal so rüberkommt«, vollende ich seinen Gedanken.

»Ach!« Ron spuckt auf den Boden. »Niemand, der noch richtig im Kopf ist, nimmt jemand anderem einfach so das Leben. Das macht man nur, wenn man keine Wahl hat, glaub mir!«

»Entschuldige«, sage ich. Es ist so leicht, Dinge von außen zu beurteilen.

»Sag mal, ist das Ding nicht irre schwer?«, frage ich irgendwann, um die Stille zu beenden.

Prüfend hebt Ron seine Waffe vor die Brust. »Man gewöhnt sich dran. Als ich meine Eltern in Deutschland besucht habe, durfte ich das Gewehr nicht mitnehmen. Ich hab mich total nackt gefühlt. Ich stand in der U-Bahn, und es hat sich angefühlt, als ob ich keine Boxershorts anhätte. Man sagt, in der Armee findest du Freunde fürs Leben. Dein bester Freund ist dein Gewehr.«

»Musstest du es schon einsetzen?«

Er schüttelt den Kopf. »War ein paarmal kurz davor. Weißt du, wir machen unsere Einsätze, um Leben zu schützen, auch das der Palästinenser. Und trotzdem werden wir immer als Feinde gesehen. Egal, wo wir hinkommen, sie betrachten uns finster, spucken uns an, werfen mit Steinen. Selbst wenn wir gar nichts Böses wollen. Da geht es schnell, dass dein Gewehr dein bester Freund wird.« Ron schnauft. »Und irgendwann kommt dann einer mit 'nem Messer…«

Es bleibt bei einem unangenehmen Schweigen.

»Sag mal.« Ich zögere. »Du meintest ja, man tötet nur, wenn man keine Wahl hat… Hast du schon mal überlegt, ob die auf der anderen Seite das auch so empfinden?«

Ron schaut mit gläsernen Augen an mir vorbei. »Kann schon sein. Ich geb zu, dass da drüben viel Scheiße abgeht. Aber wir bedrohen nicht ihr Leben! Keine Wahl hast du nur, wenn du dein Leben verteidigst…« Plötzlich fixiert er mich wieder.

»Weißt du, das Verrückte ist, wir haben ja versucht, mit ihnen zu leben! Es gab doch die Pläne zur Teilung des Landes! Aber die Araber haben abgelehnt. Sie wollen das Land für sich! Sie wollen uns im Meer sehen! Dabei sind wir in Israel! Dem heiligen Land der *Juden!* Es ist unser Recht, hier zu leben.«

Ron spielt auf die Verheißung Gottes an Abraham an: Gott versprach, das Land solle Abraham und seinen Nachkommen gehören. Immer wieder beziehen sich orthodoxe Juden auf diese Bibelstelle und bezeichnen sich als das auserwählte Volk. Allerdings ist Abraham nicht nur der Urvater der Juden, sondern auch der Christen und Muslime. Die Legende berichtet von seinen Söhnen Ismael und Isaak. Aus Ersterem sollen sich die Araber und später der Islam entwickelt haben, aus Letzterem das Judentum, aus dem wiederum das Christentum entstand. Streng genommen haben alle drei Religionen dieselben Wurzeln. Und damit denselben Gott.

»Müsste das Land dann nicht allen drei Religionen gehören?«, frage ich Ron.

Er denkt einen Moment nach. »Das stimmt... Aber ich habe auch nur gesagt, dass die Juden ein Recht haben, hier zu leben. Nicht, dass niemand anderes das Recht hätte.«

Während ich mit Sören wenig später erneut an der Schnellstraße stehe, um einen zweiten Anlauf Richtung Tziv'On zu wagen, habe ich Zeit, über das Gesagte nachzudenken. Die Wehrpflicht ist ein elender Pulsgeber in diesem Konflikt. Mit Erreichen der Volljährigkeit muss jeder und jede jüdische Israeli in der Armee dienen. Das ist grundsätzlich nachvollziehbar, bei einem so kleinen Land mit einer solch kriegerischen Geschichte, doch auf fremdem Gebiet werden die Uniformen und Waffen zu einem riesigen Problem. Wenn ich mich als israelischer Soldat in Palästina bewege, bin ich automatisch ein Vertreter der Besatzung. Dazu kommt das Ungleichgewicht der Macht, denn wenn ich als

Palästinenser ständig fremde Leute mit Tränengaskartuschen und Maschinengewehren durch meine Straßen patrouillieren sehe, dann fühle ich mich ausgeliefert. Egal, wie banal die Anliegen der Soldaten sein mögen, ich bin ihnen gegenüber machtlos. Ein solches Ungleichgewicht schürt im besten Falle Unbehagen, im schlimmsten Falle Wut. In keinem Fall ist eine Kommunikation auf gleicher Ebene möglich. Gleichzeitig sind aber auch die israelischen Soldaten machtlos, denn als solche sind sie verpflichtet, die Anliegen ihres Staates durchzusetzen. Die bloße Existenz des israelischen Militärs in Palästina wird von palästinensischer Seite als Provokation empfunden – was wiederum von israelischer Seite als persönliche Ablehnung wahrgenommen wird. Ron hat das sehr deutlich beschrieben. So führt schon das Grundprinzip der Wehrpflicht zur Verschärfung des Konflikts, wenn junge Israelis durch ihre Einsätze in den besetzten Gebieten zur Abneigung gegen Palästina verleitet werden. Und das Schlimme ist: Ich kann beide Seiten nachvollziehen.

Die Lichtung des Lahvac

Und er war weiser als alle Menschen…
und war berühmt unter allen Völkern ringsum.
1 Kön 5,11

2. Juni 2016, Tziv'On, Israel
Sören und ich stehen vor der Einfahrt des Kibbuz, etwa fünf Kilometer von der libanesischen Grenze entfernt. Unser erster Fahrer war ein israelischer Palästinenser, der Angst hatte, Juden mitzunehmen, in letzter Zeit sei es immer wieder zu Angriffen orthodoxer Juden gegen Palästinenser gekommen. Unser zweiter Fahrer war ein orthodoxer Jude, der eine Pistole im Halfter trug, da er Angst vor möglichen Angriffen von Arabern hatte.

Wir laufen die Straße zum Dorf empor. Kiefern und knorrige Eichen stehen am Straßenrand, auf einem Hügel im Hintergrund ragt eine dieser weißen Kugeln aus dem Wald, wie man sie aus den James-Bond-Filmen kennt. Irgendeine militärische Abhörstation.

»Holla, Germany! Wallah, wallah!« Lahvac kommt uns auf einem Golfcart entgegen. Er trägt seine Sonnenbrille, den Pferdeschwanz unter einer Baskenmütze verborgen. Dazu sein Lahvac-Grinsen, das viel zu viel Zähne zeigt, wo eigentlich Zahnfleisch sein sollte. »Maqara! Wie geht's euch? Ihr seht prächtig aus! Kommt, ich zeig euch mein Anwesen! Aaahuuuuuuuu!« Er wirft jedem von uns eine kalte Dose Bier zu und jault dabei tief und inbrünstig.

Und so sitze ich kurz darauf zwischen Handsägen und Schutteimern auf der Gepäckablage eines umgebauten Golfcarts, trinke ein kaltes Bier und lasse mir die Sonne des Orients in den Nacken scheinen. Ach, Jesus, wie gut, dass wir nicht durch das Jordantal wandern.

Lahvac hält am Rand des Kibbuz. Ein Hund bellt in einem Vorgarten, doch Lahvac wendet sich nicht den Häusern zu, sondern öffnet eine Tür in einem rostigen Zaun und steigt eine grobe Natursteintreppe auf der anderen Straßenseite hinunter.

»Kommt! Worauf wartet ihr?«

Über die Treppe gelangen wir in einen Eichenwald. Die Blätterkrone schirmt das Gelände angenehm von der Sonne ab, einzelne Lichtstrahlen fallen auf den trockenen Boden. Gleich am Eingang verzweigt sich ein kompliziertes Schlauchsystem in den Wurzeln eines Baumes. Auf der einen Seite verläuft es zu einer akkurat gezimmerten Kochnische, auf der anderen bedient es den Kopf einer Duschbrause, die an einem ausgefransten Seil in einen Baum gebunden wurde. Darunter steht eine Badewanne, die bei Bedarf mit einem alten Vorhang verdeckt werden kann. Die Küche beherbergt neben einer großzügigen Arbeitsfläche einen Kühlschrank und mehrere Gewürzregale. In einem zweiten Kühlschrank ist eine Musikanlage untergebracht, die mit in den Bäumen hängenden Boxen verkabelt ist. Darunter Steckdosen, die in die Stämme der Eichen eingearbeitet wurden.

Lahvac hat es sich auf einem Leopardensofa in der Mitte einer kleinen Lichtung bequem gemacht. Sein Anwesen ist kein Haus im herkömmlichen Sinne, es fehlen Dach und Wände, und doch fühlen wir uns wie in einer großen, lichten Wohnung. Überall sind Zelte zwischen die Bäume gebaut, »Gästehäuser«, wie Lahvac sie nennt, Hängematten baumeln zwischen den Stämmen. Vor ihm ist eine Feuerstelle im Boden eingelassen, in der Kippenreste und ein verkohltes Holzscheit liegen.

»Wollt ihr kiffen?«, fragt er, während er einige Hanfblüten aus einer Filmdose zieht. »Wir bauen selber an, aber es ist kein opti-

Bethlehem. Laut Bibel über 3000 Jahre alt. Bei all den Besuchern kann ich mir nicht vorstellen, dass ein wanderndes Ehepaar in unserer Zeit keine Herberge fände.

Eine riesige graue Wand verdeckt den Blick auf die Skyline Bethlehems. Auch Josef und Maria müssten heute erst mal diese Mauer passieren.

Mitunter wird die Mauer zur Freiluftgalerie. Nicht weit von diesem Graffiti entfernt wirbt Banksys Hotel »The Walled Off« mit »der schlechtesten Aussicht der Welt«.

In dieser Grotte der Geburtskirche soll Jesus auf die Welt gekommen sein. Die heutigen Pilger kommen mit Selfiestick statt Wanderstab.

Bei Höhlen dachte ich an Staub, Fledermäuse und Insekten. Nicht an diese Luxusunterkunft mit verputzten Wänden und elektrischem Licht.

Auf einem Sack Schutt über Nazareth. Jesus selbst arbeitete einst als Handwerker. Ach, wenn er mich sehen könnte!

Bei einem Erdbeben vor Tausenden von Jahren wurde der Arbel entzweigerissen. So entstand dieser luftige Aussichtspunkt.

In einem vom Krieg zerstörten Krankenhaus im Golan finden wir diesen Jesus mit Spraydose. Was soll man dazu sagen?

Ein paar Drusen zeigen uns das Wrack eines Panzers. »Bei so viel Gewalt um dich herum willst du einfach nur in Frieden leben.«

Lahvac, der König aller Narren

Mit Abu Ashraf ticken die Uhren langsamer.

Fadenrasur in Nablus. Auf diesem Bild kann ich noch lachen.

Auf dem Bau in Nazareth. Ob Jesus hier heute auch tätig wäre?

Khader erklärt uns die Verhältnisse in Bethlehem.

Mitten in der Wüste treffen wir Jameel und seine Beduinenfamilie.

Der Golan. Eine unserer schönsten Wanderstrecken. Manchmal ist der Krieg in Syrien zu hören.

Gut, dass Sören in diesem Moment abdrückt. Kurz darauf bin ich klitschnass. Mit 21 Kilo Gepäck ist jedes Hindernis groß.

Der Wegweiser neben dem »Coffee Annan«. Noch 240 Kilometer bis Jerusalem. Endspurt.

Routencheck in der Mittagspause. Genaue Karten sind überlebenswichtig, da auch Minenfelder und Militärgebiete eingezeichnet sein müssen.

Idyllisches Zelten am Jordan. Hier hätte ich mich an Jesu Stelle auch taufen lassen.

Wasser. Was braucht man mehr?

Vielleicht Thunfisch. Zumindest wenn es die Wochen zuvor nur Pita, Humus und Datteln gab.

Sörens »lucky shot«. Den Greifvogel bemerken wir erst auf dem Foto.

Der »wundersame Fischzug« Jesu galt als Wunder. Heute nutzt man dafür ein Sonar.

Blick auf Nablus vom Garizim aus. Dort, wo die Häuser besonders dicht stehen, liegt das Flüchtlingscamp Balata.

Der Wadi Qelt birgt eine der schönsten Landschaften Palästinas. Aber wer in aller Welt baut ein Kloster in so eine Schlucht?

Nach 15 Kilometern im Wadi leiht mir ein Beduine sein Muli. Schon wenige Meter weiter bekomme ich Mitleid mit dem Tier.

Sören inmitten der Wüste zwischen Jericho und Jerusalem. Ob Jesus hier auch entlanggekommen ist? Und wenn ja, hatte er Sonnencreme dabei?

Die Ziegen rauben uns unseren Badeplatz. Unerhört!

Jerusalem, die Heilige Stadt. Zankapfel so vieler Religionen. Im Hintergrund liegt die Grabeskirche.

Jerusalems muslimisches Viertel im Ramadan. Sobald die Sonne untergegangen ist, tobt das Leben.

Die Klagemauer am Tempelberg: die letzten Überreste des zweiten Jerusalemer Tempels – und der heiligste Ort des Judentums.

In Hebron tobt der Nahostkonflikt wohl am intensivsten. Hier blicken wir auf einen der vielen Checkpoints der Stadt.

Der Libanon. Einst war Beirut das funkelnde Juwel der Levante. Noch immer sieht man die Einschusslöcher des Bürgerkriegs an den Häuserfassaden.

Unser letzter Blick auf den Hermon. Jesus musste nur einer Handelsstraße folgen, um in den Libanon zu gelangen. Wir mussten zweimal fliegen.

males Klima. Unten bei Jericho haben wir richtige Plantagen! Das hier ist Bonsai dagegen...«

Die Kippe im Mundwinkel, führt er uns in seinem Palast herum. Ein Stück den Hang hinab kommen wir an eine Freifläche, auf der ein Holzkreuz steht.

»Das hier ist der Grund, warum dieses ganze Areal überhaupt existieren kann!«, erklärt Lahvac und grinst. »Der Wald gehört nicht mehr zu unserem Dorf, deshalb haben wir Probleme mit der Regierung gekriegt, als wir hier zu bauen begonnen haben. Aber jetzt: Tadaaaa!« Er posiert stolz vor dem Holzkreuz. »Irgendwann während des Sechstagekriegs ist hier mal ein Pilot abgestürzt. Und wir haben ihm ein Denkmal gebaut! Deshalb ist das hier offiziell ein Friedhof. Ich lebe auf einem Friedhof, Leute!« Lahvac gackert vor sich hin.

Auf dem Rückweg kommen wir an einer Fliegerbombe vorbei, die völlig ungesichert im Wald liegt. Ein daraufgeklebtes Papier erinnert an ein unlesbares Datum.

»Auch aus dem Krieg«, bemerkt Lahvac und klopft unbekümmert auf das Metall.

»Ist die noch aktiv?«, fragt Sören.

»Ich hoffe nicht!« Lahvac kichert.

Anschließend nimmt er uns mit auf einen Spaziergang. Wir besuchen einen Zimmermann, der mongolische Jurten für den internationalen Verkauf entwirft; einen Gärtner, der ausgestorbene Pflanzen Israels nachzüchtet; einen Schweißer, der einst die Tour de France fuhr; und überall findet Lahvac eine Flasche Schnaps oder einen Kühlschrank voll Bier. Um 16 Uhr sind wir bereits vollkommen betrunken.

»Okay!«, ruft Lahvac, während wir auf einer großen geebneten Fläche vor dem ehemaligen Radprofi stehen. »Ben veranstaltet morgen ein Rennen. Dreimal um den Hügel von Baram oder so. Wir werden ihm dabei helfen, heute schon die Start- und Zielgerade aufzubauen. Bevor es losgeht, müssen wir aber auf gute Zusammenarbeit anstoßen!« Er verschwindet kurz und kommt mit vier frischen Bier zurück. »Wisst ihr eigentlich, ich hab auch mal bei der Tour de France gearbeitet! Ich war der Anheizer! Jedes Mal vor den großen Orten bin ich mit einem Kickroller vor dem Hauptfeld hergefahren, um die Leute in Stimmung zu bringen! Ihr kennt ja die Franzosen: ›Oh, merde... baguette, baguette.‹ Aber good old Lahvac hat sie zum Lachen gebracht. War ein gutes Leben: ein bisschen von dem Wein, ein bisschen von dem Joint... Und ich war immer als Erster im Ziel!«

Der Kibbuz Baram liegt nördlich von Tziv'On, nur einen Steinwurf von der libanesischen Grenze entfernt. Wir entladen die Absperrgitter für das Rennen, Lahvac pfeift dabei ein Liedchen.

Irgendwann drückt meine Blase. Ich verziehe mich die Straße hinauf, wo ein Fallbaum den Zugang zu einem Waldweg versperrt. Ein Schild warnt: »Vorsicht: Grenzgebiet«. Darunter entdecke ich, von Efeu überwuchert, einen alten Schützengraben. Fast romantisch, wie er da liegt.

Durch eine Schießscharte kann ich die anderen bei der Arbeit beobachten. Dann ändert sich die Szenerie, neben mir plötzlich ein Gewehr, drüben der Feind. Ich lege an. Irgendwo im Unterholz weitere Soldaten, das Knacken des Holzes verrät sie. Rufe, Schreie, das Bersten von Granaten. Ich klettere aus dem Schacht heraus. Ein Klumpen in meinem Bauch. Nur der Ansatz einer Vorstellung davon, wie es sich anfühlen könnte, in Kriegsangst zu leben.

Ich mag mir nicht vorstellen, wie viel Schmerz, Verlust und Trauer in einem solchen Schacht begraben liegen. Plötzlich entwickle ich ein Verständnis für all die Verteidigungsanstrengungen der israelischen Regierung. Die permanente Angst vor Angriffen durch die arabischen Nachbarländer oder palästinensische Attentäter. In einem Land voller realer Kriegserinnerungen, für ein Volk, das von Verfolgung und Bedrohung geprägt ist, scheint es nur natürlich, dass Sicherheit als höchstes Gut gilt. Mit einem Mal bekomme ich ein anderes Gefühl für die Tragweite der Terrorakte von palästinensischer Seite. Sei es eine Rakete, eine Brotmesserattacke oder ein Ofenrohrbeschuss, es sind jedes Mal tiefe, reale Wunden, die das Sicherheitsgefühl ganz Israels infrage stellen, weil sie zeigen, dass man immer noch nicht unverwundbar ist.

»Furcht führt zu Wut. Wut führt zu Hass. Und Hass führt zu unermesslichem Leid.« Nicht Jesus, sondern Meister Yoda hat das gesagt. Und so bestärken sich Israel und Palästina immer wieder gegenseitig als Erzfeinde durch die Angst, die sie auf der Gegenseite säen.

Gegen Abend ziehen wir frische Kleidung an und gehen in das dorfeigene Pub, das in einer Halle im hinteren Teil des Kibbuz liegt. Ein langer, speckiger Tresen unter einer Wellblechdecke, Barhocker, Sofas und abgesägte Holzstumpen als Sitzmöglichkeiten. Ein Ofen steht an der Wand, der Boden ist mit alten Teppichen ausgelegt, die sich über die Zeit mit dem Geruch von Schnaps, Zigaretten und Bier vollgesogen haben. Kinder flitzen durch den Raum. Sie schlagen Räder und Purzelbäume und kriechen zwischen den Beinen der Erwachsenen hindurch. Joints gehen herum, Babys werden gestillt, Alkohol und Säfte knallen auf den Tresen. Das ganze Dorf scheint hier versammelt. Lauter Gesprächsfetzen, die sich gemeinsam in ein rollendes Murmeln verwandeln.

Lahvac trägt ein viel zu großes, viel zu gelbes Sakko, dazu eine rosa Krawatte. Er schneidet Grimassen und versucht, einen Besen auf dem Kinn zu balancieren. Den ganzen Tag über wunderte ich mich, mit wie viel Geduld und Zuneigung die Dorfbewohner ihm gegenübertraten. Ich hatte ihn als Lebemann eingeschätzt. Ein Taugenichts, der sich durch den Tag schnorrt. Doch ich hatte mich getäuscht. Er ist die gute Seele des Kibbuz. Für jeden hat er ein warmes Wort übrig, ein Lachen, im Notfall eine Geschichte. Wo er ist, fühlt man sich leichter.

»Ich hab mit Königen gefrühstückt und aus der Gosse getrunken, wallah, ich war überall auf der Welt! Niemand hat Old Lahvac je kleingekriegt. Und am besten gefällt es mir hier, in meinem Palast, Maqara. Das Leben ist … sababa.«

Anfang der Achtzigerjahre war er mit seiner Mutter vor dem Kommunismus geflohen. Anfangs lebte er in Karlsruhe, später zog es ihn in die Welt. »Indien, Panama und Mikronesien! Den einen Tag wurde ich von thailändischen Schlägertrupps durch Bangkok gejagt. Und am nächsten Tag habe ich mit dem indonesischen Präsidenten gesoffen!«

In den Neunzigern lebte er bereits für längere Zeit in Israel, doch aufgrund einer fehlenden Aufenthaltserlaubnis wurde er nach ein paar Jahren des Landes verwiesen.

»Wie konntest du denn dann noch mal nach Israel einreisen?«, fragt Sören. »Warst du nicht gebannt oder so?«

Lahvac grinst. »Ich habe meinen Namen geändert, Baby!«

»Ging das so einfach?«

»Mein Junge, ich komme aus Tschechien.« Er setzt eine väterliche Miene auf. »In Tschechien geht alles. Ich bin ein Heiliger, wisst ihr das eigentlich? Ja, Mann! Als ich meinen Namen ändern wollte, war gerade Papst Johannnes Paul der Zweite gestorben. Und ich dachte: Perfekt, dann werde ich Johannes Paul der Dritte! Aber beim Amt sagten sie, ich könne keine Zahlen im Namen haben. Sie haben es versucht, aber es ging nicht. Also wollte ich eine römische Ziffer, die großen Is, aber dann ging wieder der Punkt nicht. Deshalb heiße ich jetzt Johannes Paul Iii. Oder übersetzt: Johannes Paul Drei.« Er reicht uns die Hand. »Gestatten?«

Lahvac wirkt wie eine dieser ulkigen Disney-Figuren, die jeder Film braucht, um ein Erfolg zu werden. Sein eigener Sidekick. Als ich ihn frage, womit er sein Geld verdiene, macht er nur verworrene Andeutungen. Er könnte der geheime Prinz eines verwunschenen Landes sein, ein Milliardärssohn auf der Suche nach seinem Ich. Am Ende ist es wahrscheinlich egal. Denn das, was er erzählt, sind gute Geschichten. Und egal, welche Anekdote stimmt und welche nicht, eine gute Geschichte wird es immer bleiben.

»Was suchst du?«, frage ich ihn irgendwann in kryptischem Ton. Wir stehen vor einer Dartscheibe. Das Bulls Eye tanzt beträchtlich vor unseren Augen.

»Ach, ich habe so lange irgendwas gesucht...« Lahvac setzt einen Pfeil ins Wellblech neben der Scheibe. »Irgendwann habe ich damit aufgehört. Und seitdem bin ich glücklich.«

»Woran glaubst du?«

Er überlegt einen Moment. Dann legt er mir einen Arm um die Schulter. »Weißt du, ich glaube an gute Menschen. Gute Menschen machen gute Menschen, schlechte machen schlechte. Daran glaube ich.«

Die Bar leert sich langsam. Der Lautstärkepegel sinkt. Ein Rudel Kinder hat die Musikanlage übernommen und klopft einen selbst erfundenen Rhythmus auf den Tresen. In diesem Moment bin ich sehr froh, dass wir unsere Route geändert haben. Die Menschen in Tziv'On scheinen so aufrichtig glücklich. Erst jetzt fällt mir auf, wie sehr mir das auf der bisherigen Reise gefehlt hat.

»Lahvac«, sage ich und versuche, das Lallen meiner Zunge zu kontrollieren. »Ich glaube, du bist der unvernünftigste Mensch, den ich je kennengelernt habe... Kannst du mir einen Rat geben?«

»Irgendeinen?«, fragt er und grinst.

»Irgendeinen.«

Er lässt sich Zeit mit seiner Antwort. Schüttelt seinen Kopf und brummt ein wenig. Dann schaut er mir fest in die Augen.

»Benutz dein Herz, deine Ohren und deinen Verstand ... In der Reihenfolge. Niemals umgekehrt.«

Ich schließe die Augen und lächle. Dann lege auch ich ihm einen Arm um die Schulter. »Sag mal, wie sollen wir dir das alles eigentlich zurückzahlen?«

Lahvac grinst wieder. »Die Frage ist nicht, wie. Die Frage ist, warum.«

Die Grenze der Bibel

*Ihr habt dies Gebirge lange genug umzogen;
wendet euch nach Norden.*

Dtn 2,3

3. Juni 2016, Tziv'On, Israel

Der Wecker klingelt um sechs Uhr. Ich wundere mich, dass ich keinen Kater habe. Wahrscheinlich nur die Müdigkeit. Sören murmelt etwas Unverständliches und dreht sich noch mal um.

Als wir Lahvac auf Wiedersehen sagen, ist er nicht in der Lage, sich zu rühren. Er trägt noch immer sein senfgelbes Sakko, der Zopf ist ihm im Schlaf ins Gesicht gefallen.

Der Wald riecht nach Tau, als wir die ersten Schritte machen. Vorbei an der alten Fliegerbombe, dem Denkmal für den gefallenen Piloten, durch Eichenlaub und Spinnweben, bis wir unten im Tal auf den Israel National Trail treffen. Der längste Wanderpfad Israels, 1000 Kilometer durchs Land, von Eilat am Roten Meer bis Dan im Golan. Jesus wäre sicher noch ein paar Tage in Tziv'On geblieben.

Morgennebel liegt über dem Pfad. Mannshohe Disteln ragen daraus hervor, irgendwo hören wir einen Bach plätschern. Ungewohnt, in einer so feuchten Umgebung zu wandern. Wir schlagen ein zügiges Tempo an. Bevor die Hitze des Tages uns erreicht, wollen wir einige Kilometer schaffen. Kieferngeruch, Morgensonne und irgendwie auch der Duft von Lagerfeuer, als wir an einem erloschenen Waldbrandgebiet vorbeiwandern. Ein paar Kühe stehen im Schatten des Waldes, ein Kalb zwischen den Beinen der Mutter, die Nabelschnur noch am Bauch. Irgendwo hinter ihnen muss Baram liegen.

Im Pub erzählte uns gestern jemand noch etwas zur Geschichte des Dorfs. Mitte des 1. Jahrhunderts wurde es von Juden gegründet. Die Ruinen zweier Synagogen zeugen davon, dass ein gewisser Reichtum geherrscht haben muss. Im Laufe der arabischen Eroberung verschwand die Bevölkerung jedoch – ob durch Gewalt oder nicht, lässt sich nur vermuten –, und das Dorf wurde als Kfar Birem in der zweiten Hälfte des zweiten Jahrtausends von den Arabern neu besiedelt. Im Zuge der »Nakba« wurde wiederum die arabische Bevölkerung vertrieben und ein Großteil im nahe gelegenen Jish angesiedelt. Zwar entschied der Oberste Gerichtshof Israels ein paar Jahre später, dass die arabische Bevölkerung zurückkehren dürfe, doch die Regierung setzte sich über das Urteil hinweg und zerstörte Birem bis auf die Grundfesten, um anschließend den Kibbuz Baram auf demselben Gebiet neu zu gründen.

Seit Ende des arabisch-israelischen Kriegs herrscht ein Rechtsstreit um das Wohnrecht in Baram. Das Schlimme ist: Die eigentliche Bevölkerung hat sich längst geeinigt. Die jüdischen Bewohner haben nichts gegen die Rückkehr der Araber, es gebe genug Platz, denn das eigentliche Dorf macht nur einen kleinen Teil des Gebiets von Birem aus, das heute überwiegend aus einem Nationalpark und Weideland besteht. Doch die Regierung kann und will der Einigung nicht stattgeben. Denn sonst würde sie einen Präzedenzfall schaffen, der in vielen anderen Rückkehrrechtsklagen gegen sie ausgelegt werden könnte.

Die Landschaft verändert sich nun hinter jeder Kurve. Wir betreten eine canyonartige Wild-West-Kulisse, steile Felswände, über denen Greifvögel nach Beute suchen. Im Tal ein ausgetrocknetes Flussbett. Manchmal trockene Sträucher oder Bäume, die spärlichen Schatten spenden.

Ab elf Uhr wird die Hitze unerträglich. Wir haben bereits eine ordentliche Strecke zurückgelegt, unsere Trinkwasservorräte sind zur Hälfte geleert, doch ausgerechnet jetzt finden wir keine Quelle, keinen Baum, der uns Platz zur Rast bieten könnte. So schleppen wir uns noch eine knappe Stunde den Pfad entlang, bis wir hinter einem steilen Anstieg das verschlafene Nest Dishon erreichen.

Unter dem Vordach eines Supermarktes rasten wir. Mittagshitze, 36 Grad. Der einzige Bewohner, der uns begegnet, ist ein alter Mann, der auf seinem mit Sonnendach ausgestatteten Elektrorollstuhl durch die Straßen tuckert. Vor uns haben wir Laptops und Wanderkarten, in weiter Ferne sehen wir unser Ziel: den Hermon, dessen weiß gefleckter Gipfel uns Schneefelder verspricht.

Etwa acht Kilometer hinter Dishon führt uns der Trail aus dem Flussbett heraus. Wir wandern durch trockenes Weideland, am Horizont das Jordantal, bis der Weg sich wieder nach Norden wendet und wir durch kilometerlange Nektarinenplantagen laufen.

Mit vollen Mägen erreichen wir die Zufahrtsstraße nach Ramot Naftali. Mein Handy zeigt eine direkte Route durch den Ort an, doch der Israel National Trail beschreibt einen Umweg über vier Kilometer bis zu unserem Nachtlager. Ich schaue in den Himmel. Vielleicht noch zwei Stunden, bis es dunkel wird.

Rund 90 Minuten später finden wir uns auf einer Hügelkuppe am Rande des Jordantals wieder. Die Landschaft unter uns ist wahrscheinlich sehr schön, doch Sören und ich können es nicht genießen. Wir haben uns vollkommen überschätzt. Mit 25 Kilometern in den Beinen stellt uns mittlerweile jeder Ameisenhügel vor ein kaum zu überwindendes Hindernis. Hätten wir die Abkürzung genommen, wären wir jetzt schon am Campingplatz. Im Halbdunkel verliert das Land an Farbe, es wird nun immer schwieriger, die Wegmarkierungen zu erkennen. Vor uns fällt der Pfad in eine Senke voll hüfthohem Gras ab, auf der anderen Seite beginnt ein Nadelwald.

Da bricht jäh eine Kuh aus dem Unterholz hervor. Drei weitere folgen ihr, laut muhend und in schnellem Galopp. Wir hören ein Rascheln, und plötzlich stiebt eine Rotte Wildschweine aus dem Wald. Mindestens zwei Meter lang; mit ihrem Rist könnten sie mühelos meinen Bauchnabel streicheln.

»Och nee…«, höre ich Sören hinter mir ächzen. Mir fallen all die Geschichten über dämmerungsaktive Tiere ein. »Tagsüber lässt es sich gut wandern«, hat Tina gesagt. »Aber wenn es Abend wird, müsst ihr vorsichtig sein!« Links von uns steht eine Eiche. Im Notfall müssen wir die Nacht dort oben verbringen.

Während die Wildschweine hinunter in die Senke traben, um in der Mitte ein Schlammbad zu nehmen, bewegen wir uns auf leisen Sohlen mit einem Abstand von mindestens 100 Metern um die Tiere herum. Als wir den Waldsaum erreichen, rennen wir los.

Soweit es unsere Rucksäcke zulassen, jagen wir durch den Wald. Wurzeln ragen aus dem Gestrüpp am Wegrand, hin und wieder schlägt uns ein Ast ins Gesicht. Ich höre Sören hinter mir schnaufen. Es ist jetzt stockduster, meine gesamten Sinne sind darauf konzentriert, nicht zu stolpern oder den Pfad zu verlieren. Viel zu oft müssen wir anhalten, um das Gelände nach unseren Wegmarkierungen abzusuchen.

Schließlich erreichen wir eine Straße. Endlich! Wir stoßen ein Gatter auf und sacken abrupt auf dem Asphalt zusammen. Wie Maikäfer liegen wir auf dem Rücken, der Atem rast, die Welt dreht sich. Ich könnte direkt einpennen.

Nachdem ich für eine unbestimmte Zeit weggedöst bin, bewältigen wir die letzten zwei Kilometer bis zum Campingplatz in langsamerem Tempo. Zum Einschlafen gönnen wir uns je zwei Tütchen Durchfallmittel. Zu müde für andere Nahrung. Ich will Sören gute Nacht sagen, doch da knackt er bereits.

Es gibt eine interessante Theorie zu Jesu Weg an den Hermon: Da sich sein Ruf als Heiler und Exorzist in Galiläa schnell verbreitet hatte, bekamen auch die Mächtigen Wind von ihm. Von diesem, der ein neues Königreich versprach, eine Herrschaft Gottes, die sowohl für die jüdische Oberschicht als auch für die römischen Herrscher eine ernst zu nehmende Gefahr darstellen konnte. Dieser Jesus verbündete sich mit Zöllnern und Strolchen! Er wiegelte das Volk auf! Herodes Antipas hatte doch gerade erst Johannes den Täufer töten lassen, und nun war schon wieder ein religiöser Aufrührer am Werk!

Jesus geriet ins Fadenkreuz der Mächtigen. Das historische Gebiet Israels und Palästinas wurde damals durch Klientelkönige regiert, die Tribut an Rom zahlten, nach Willen des römischen Kaisers herrschten und das Land in drei Regierungsbereiche eingeteilt hatten: Das südliche Palästina stand unter der Herrschaft des Archaelaos, später Pontius Pilatus'; die Randgebiete Galiläa und Peräa wurden durch Herodes Antipas regiert; und über die Gaulanitis, den heutigen Golan, schwang Philippus das Zepter.

Kapernaum, wo Jesus in seiner Wirkungszeit hauptsächlich lebte, lag in direkter Nähe der Grenze zum Hoheitsgebiet des Philippus. Als nun die Gefahr seiner politischen Gefangennahme stieg, bewegte sich Jesus über die Grenze zur Gaulanitis hinweg und flüchtete so aus dem Einflussbereich des Herodes Antipas. Er wanderte bis zum Hermon, dem Ende des jüdischen Reiches. Von hier aus wäre es ein Leichtes gewesen, der Handelsstraße nach Damaskus zu folgen, das alte Leben aufzugeben und einen Neuanfang zu wagen. Was hielt ihn denn in Galiläa? Mit seiner Familie und seinem Heimatdorf hatte er sich zerstritten, er hatte Worte verkündet, die ihm eine unermessliche Verantwortung aufluden. Die Leute glaubten wirklich, er sei der Messias! Wie sollte er diesem Druck standhalten? Jesus stand an einem Scheideweg. Er war nicht unfehlbar, das wusste er. Auch er verspürte die Angst vorm Scheitern. Doch letztlich stellte er sich seiner Verantwortung.

4. Juni 2016, Kirjat Schmona, Israel

Wir befinden uns in einer der wohl trostlosesten Städte Israels. Es ist früher Nachmittag, 41 Grad. Sören schläft.

Schon um 7:20 Uhr, nachdem wir das Zelt verstaut hatten, klagte er über Fußschmerzen. Sein linker Knöchel war rot und geschwollen, barfuß konnte er kaum laufen. Inzwischen ist es schlimmer geworden. Bei unserer Ankunft klagte er über Schwindelgefühle, ihm war schlecht. Nun döst er schon seit anderthalb Stunden vor dem geschlossenen Rolltor eines Pitastands, das Gesicht fiebrig glänzend, die Schwellung am Fuß faustgroß. Zum ersten Mal habe ich Bedenken, dass wir uns mit dieser Reise vielleicht zu viel vorgenommen haben.

Unser Lager haben wir unter einer verblichenen Plastikmarkise aufgeschlagen. Um uns herum Häuserblöcke, grau in grau in grau, oberhalb unseres Rastplatzes befindet sich eine Polizeistation. Immerhin: Dort kann ich unser Trinkwasser auffüllen, es gibt sogar einen Cola-Automaten mit Kühlung. Es sagt alles über Kirjat Schmona, wenn ich behaupte, dass dieser Automat das größte Highlight der gesamten Stadt ist.

Als ich Sören wecke, starrt er an mir vorbei.

»Wie geht's dir?«, frage ich besorgt.

»Lass mich in Ruhe«, ächzt er. Und dann, nach einer kurzen Pause: »Ich fühle mich wie ein Camembert.«

»Du stinkst?«

Sören versucht ein Grinsen. »Ich zerfließe...«

5. Juni 2016, HaGoshrim, Israel

Der Hermon ragt 2700 Meter über uns auf. Es ist angenehm kühl, ein zarter Nebel liegt über dem Jordantal. Wir hören das Plätschern von Wasser. Der Hasbani, einer der drei Quellflüsse des Jordans, fließt an unserem Zeltplatz vorbei.

Die »Jordanwasserfrage« ist seit jeher ein Streitthema in der Region. Als Folge des arabisch-israelischen Krieges entwarf das Hilfswerk der Vereinten Nationen für Palästina-Flüchtlinge im Nahen Osten Anfang der 1950er-Jahre einen Plan, der die Wasserrechte am Jordan zwischen Israel und seinen Anrainerstaaten regeln sollte. Der Plan sah vor, dass Jordanien 45, Israel 40 und Syrien und der Libanon gemeinsam 15 Prozent des Jordanwassers erhalten sollten. Zunächst billigten alle Seiten diesen Plan, doch wenig später lehnte die Arabische Liga den Entwurf wieder ab, da er indirekt eine Anerkennung Israels bedeutet hätte – wozu sie sich erst knapp 50 Jahre später durchringen konnte.

In der Folge förderte Israel immer wieder Projekte, die das Wasser des Jordans dem gesamten Land verfügbar machen sollten. 1964 begann man mit dem Bau des National Water Carrier, eines 130 Kilometer langen Adersystems aus verschiedenen Kanälen, das den gesamten Staat bis in den Negev fruchtbar machen sollte. Die Araber warfen Israel vor, das Vorhaben verstoße gegen internationales Recht, dem Jordan werde das Wasser abgegraben, doch die jüdische Seite berief sich auf den Wasserverteilungsplan der Vereinten Nationen und versicherte, nicht mehr Wasser zu entnehmen, als Israel damals zugeteilt worden war. Als Reaktion begannen die arabischen Staaten im Folgejahr, zwei Zuflüsse des Jordans, den Hasbani im Libanon und den Banjas in Syrien, umzuleiten, um das Wasser ihrerseits der eigenen Bevölkerung zur Verfügung zu stellen. Es kam zu Grenzgefechten, schließlich entlud sich die Spannung unter dem Einfluss vieler weiterer Faktoren im Sechstagekrieg, an dessen Ende

Israel den Golan und damit den Banjas besetzte und bis heute unter seiner Kontrolle hält.

Unser Weg führt uns durch Schilf und wilde Feigen. Alles erscheint so fruchtbar und grün. Wir erreichen die libanesische Grenze, ein Schild im Gras warnt: »Stop! Border in front of you!«, der Weg biegt nach Osten ab und führt uns entlang der Grenze auf die Hänge des Hermons zu.

Sörens Humpeln ist stärker geworden. »Alles okay?«, frage ich, ohne stehen zu bleiben. Wir können uns kein langsameres Tempo erlauben, da wir heute die Strecke zum Hermon schaffen müssen, wenn wir nicht gleich unten im Tal bleiben wollen.

»Ich fühle mich nicht so...«, kommt es von Sören halblaut zurück.

Links von uns beginnt ein Minenfeld. Hinter den gelben Schildern wiegt sich goldenes Gras. Urzeitliche Olivenbäume ruhen in der Landschaft, urige Felsen. In den letzten Jahren haben verschiedene Wolfsrudel die Gebiete für sich entdeckt. In freier Wildbahn mussten sie sich vor Autos und vergifteten Ködern in Acht nehmen, doch im Schutz der Minen konnten sie ein ruhiges Leben führen. Die Natur scheint so viel schöner, wo der Mensch nicht stört.

Allmählich zieht sich der Weg in den Golan. Sören spotzt wie ein kaputter Traktor, sein Oberkörper hängt tief nach vorne, seine Zehen schleppen sich Zentimeter um Zentimeter vorwärts. Er stöhnt wie ein Tennisspieler im letzten Satz.

»Noch alles in Ordnung?«, wiederhole ich, nach hinten gewandt.

»Ja, es geht... Ich muss nur...«

Dann fällt er um.

Er wirft mir einen entschuldigenden Blick zu und haucht: »Es tut mir leid, Nils. Aber ich glaube, ich sterbe nun.«

Ich schäme mich dafür, aber ich fange einfach an zu lachen. Ich kann nichts dagegen tun: Erst kichere ich in mich hinein, dann steigert es sich zu einem unterdrückten Prusten, schließlich platzt es aus mir heraus. Je mehr ich mich dagegen wehre, desto weniger kann ich es verhindern. Der Anblick ist einfach zu kurios: Sören, dessen längste Wanderung bis dahin an der Playstation bei *Der Herr der Ringe* stattgefunden hat, liegt vor mir am Boden, völlig zerstört, weil er bis ans Ende seiner Kräfte *gelaufen* ist.

Eigentlich ist die Situation alles andere als witzig. Er sieht scheiße aus, mehr als sonst. Sein Gesicht ist bis auf zwei rote Flecken um die Jochbeine kreidebleich, sein Körper hat jegliche Spannung verloren, seine Finger, Zähne und Beine zittern. Bis jetzt habe ich ihn heimlich als meine Überlebenssicherung gesehen. Bevor ich zusammenbräche, bräche er zusammen, dachte ich, doch ich habe die Brisanz dessen unterschätzt. Ich habe mich wie ein Idiot verhalten. Und darüber hinaus vergessen, wie abhängig wir voneinander sind.

»Scheiße«, flucht Sören und trifft die Situation damit ziemlich auf den Punkt. Solange wir uns unten im Tal aufhalten, werden wir uns nicht erholen können, dazu ist die Hitze zu groß. Vor uns erwarten wir keinen Campingplatz mehr, bevor der Anstieg ins Gebirge beginnt. Entweder wir gehen nach HaGoshrim zurück, oder wir müssen irgendwie den Aufstieg meistern.

In einem nahe gelegenen Dorf kaufe ich ein paar kalte Wasserflaschen. Sören trinkt wie ein Kamel. Ich verfluche mich erneut für unseren Umweg vor zwei Tagen. Was hätte Jesus dazu gesagt, wenn wir einfach die Abkürzung gegangen wären? Es wäre ihm doch scheißegal gewesen!

»Okay, pass auf«, sage ich, nachdem Sören wieder einigermaßen ansprechbar ist. Ich breite die Karte vor uns aus. »Hier vorne liegt Banjas, eine weitere historische Ausgrabungsstätte. Das heißt, du haust dich in den Schatten und erholst dich, während ich mich umschaue und Notizen mache. Wir verbringen dort den Mittag, und dann entscheiden wir, wie es weitergeht, okay?«

Sören nickt. Zu schwach zur Widerrede.

Banjas ist nicht nur der Name des östlichsten Jordanzuflusses, sondern auch eines der größten Nationalparks des Golans. Hier liegen die Grundfesten Caesarea Philippis, der einstigen Hauptstadt der Gaulanitis. Die Stadt lag an einer einträglichen Handelsroute zwischen Damaskus und Tyros, was der Stadt großen Reichtum, vor allem aber einen abwechslungsreichen Götterkult bescherte. Schon in grauen Vorzeiten war hier der Gott Baal verehrt worden, die Griechen bauten ein Pan-Heiligtum, die Römer errichteten einen Tempel für die Göttin Roma, die Nymphen und Zeus Heliopolitanus. Natürlich gab es auch Synagogen.

Heute ist Banjas ein Kleinod der Natur. Ein Wasserfall stürzt am südlichen Rand des Reservats in die Tiefe; Eichen, Eschen und Platanen beschatten das Gebiet. Tief in den Stein grabene Höhlen durchlöchern den Fels, davor die Stümpfe riesiger Tempelsäulen, Aquädukte, Teichterrassen, in üppiger grüner Landschaft.

Wir kämpfen uns durch Gruppen philippinischer Reisender und amerikanischer Cowboyhutträger, bis der Park gen Osten in einen sonnenverbrannten Hang ausläuft. Ein Stück den Hügel hinauf erblicken wir die Nimrodburg, eine riesige Festungsanlage aus dem 13. Jahrhundert. Etwa 1500 Meter darüber glitzern Schneebretter. Von nun an geht es nur noch bergauf.

Sören döst auf einer Bank im Rücken eines Souvenirshops. Den Schlafsack im Nacken, ein Halstuch als Sonnenschutz im Gesicht, schnarcht er tief und erschöpft.

»Sören?« Ich zwicke ihn in den Zeh, um ihn zu wecken. »Wie fühlst du dich?«

Er schaut mich unsicher an. »Also, ich habe eben überlegt, ob ich mich übergeben soll. Ich hab's aber gelassen, was vor allem dem Zustand der sanitären Anlagen geschuldet ist. Falls du es genau wissen willst: Es gibt keine.«

»Kannst du wandern?«

»Nils, du bist albern. Wir sprachen gerade darüber, ob es sich für mich lohnen würde zu kotzen. Von wandern war nie die Rede.«

»Pass auf«, erkläre ich trotzdem. »Wir sind jetzt auf 300 Meter Höhe. Es gibt einen Stopp bei der Nimrodburg, der liegt bei 800 Metern. Ich würde gerne in Majdal Shams ankommen, das ist auf 1130 Metern. Siehst du den Hang da?« Ich zeige nach Osten. »Da oben ist unser Ziel.«

Sören folgt meinem Blick. »Okay. Um deine Frage zu beantworten: Ich kann definitiv nicht wandern.«

Wir verabreden, dass Sören trampen wird. In Majdal Shams angekommen, soll er sich schon mal um eine Unterkunft kümmern und sich erholen. Insgeheim hoffe ich, dass es da oben überhaupt eine Unterkunft gibt.

Um Gewicht zu sparen, gebe ich Sören einen Großteil meiner Kleidung und Reiseliteratur. Ich zurre meinen Rucksack fest, doch als ich aufbrechen will, stellt sich mir ein älterer Herr mit Sonnenhut in den Weg. Er trägt die grüne Outdoorkluft eines Parkrangers.

»Wo wollt ihr denn hin?«, fragt er, die Arme vor der Brust verschränkt.

»Nach oben«, antworte ich leichthin und deute vage in die Richtung des Hermons.

Sören hebt abwehrend die Hände. »Ich nicht! Ich geh nirgendwohin! Er geht!«

»Zur Festung?«

»Erst mal«, erwidere ich.

»Bist du verrückt?«

Im Hintergrund nickt Sören.

Der Ranger schiebt seinen Sonnenhut in den Nacken. »Weißt du, wie heiß es auf der Strecke wird? Es gibt keinen Schatten da oben. Der Weg ist Selbstmord, glaube mir.«

»Aaach«, winke ich ab, in dem Versuch, lässig zu wirken. »Ich schaff das schon ...«

Mein Gegenüber wirft einen Blick auf seine Uhr. »Mein Junge, hör zu: Es ist jetzt 14 Uhr. In einer Stunde habe ich Feierabend, dann übernimmt jemand anderes die Schicht. Warum gehst du nicht erst dann los? Ich hab keine Lust, dich noch vor Feierabend aus dem Gebirge zu klauben.«

»Wirklich, machen Sie sich keine Sorgen, es ist alles okay«, versichere ich, zurre meinen Rucksack enger und schreite betont entschlossen an ihm vorbei.

Der Ranger wendet sich resigniert an Sören. »Dein Kumpel bringt sich um!«, höre ich ihn hinter mir sagen. »Hat er irgendwelche Probleme? Weißt du, ich hab ein Gewehr, das kann ich ihm geben ... Das geht schneller!«

Ich stapfe den schmalen Pfad vor mir empor. Ein ausgeblichenes Hinweisschild verspricht mir eine zweistündige Wanderung bis zur Nimrodburg, mein Rucksack fühlt sich an wie Luft, ich mich topfit. Trockenes Laub weht unter meinen Schritten hinweg. Ab einem gewissen Punkt wachsen keine Bäume mehr um mich herum. Zu trocken der Hang, zu unerbittlich die Sonne. Unter mir die Jordanebene, grün und fruchtbar, vor mir ein harter, ansteigender Bergrücken, nur von ein paar Felsen und Ginsterhecken besprenkelt. Ich schiebe den Schirm meiner Cap nach hinten.

Nach etwa 20 Minuten habe ich die halbe Höhe des Anstiegs erreicht. Ein paar Schluck Wasser, kein Verschnaufen, Rhythmus halten. Die Meter fliegen unter mir hinweg. Ich bin ein Tier, denke ich, ein Adler, ich kann alles! Ich trabe den Berg hinauf. Schweiß rinnt mir die Schläfen hinab, mein Puls pocht, jeder Schritt ein Sieg über die Schwerkraft. So etwas wie Euphorie kommt in mir auf.

Nach genau 40 Minuten erreiche ich den Parkplatz vor der Nimrodburg. Ein lächerliches Drittel der angegebenen Zeit habe ich benötigt. Ich lege mich in den Schatten eines Wachhäuschens, snacke ein paar Datteln aus meinem Hüftgurt und bequeme mich nach angemessener Erholung, Sören anzurufen. Er ist noch nicht mal aufgebrochen. Steht allein an der Schnellstraße und wartet drauf, dass ihn jemand mitnimmt.

Auf der Burg herrscht reger Betrieb. Eine Reisegruppe turnt durch das Gemäuer, ihr Lachen ist bis zum Parkplatz zu hören. Ich lege meine Kleidung zum Trocknen in die Sonne und mich zum Bräunen daneben. Durchatmen. Der Bus der Touristen hupt, sie strömen aus der Burg. Einige gebärden sich, als würden sie sich in feindlichem Gebiet bewegen. Die Waffen eng am Körper, die Umgebung mit kritischem Blick inspiziert. Natürlich, es sind Soldaten. Langsam sollte ich mich daran gewöhnen, dass die IDF überall sind. Ein fester Bestandteil des israelischen Lebens.

Einer der Soldaten trottet in kurzer Hose über den Parkplatz, mit der einen Hand stützt er sein Maschinengewehr, in der anderen hält er eine Super Soaker, mit der er lachend auf seine Kollegen feuert.

Nachdem der Bus mit knirschenden Reifen abgefahren ist, wage ich mich in die Festung. Schießscharten, Wehrtürme, Falltüren. Alles, was des Ritters Herz begehrt. Aus den Aussparungen in der Mauer übersieht man das gesamte Jordantal. Einst wurde die Burg von den Ayyubiden erbaut, um den nach Damaskus drängenden Kreuzzüglern Einhalt zu gebieten. Über 500 Jahre lang wachte sie über Banjas und die umliegenden Dörfer. Erst ein Erdbeben im 18. Jahrhundert brachte sie zu Fall.

Die Golanhöhen, in denen wir uns seit Banjas befinden, gehören seit 1923 offiziell zu Syrien. Im Zuge des Sechstagekriegs wurden sie von Israel besetzt, später annektiert. International wurde diese Annexion jedoch nie anerkannt. Wirtschaftlich ist das Gebiet von keiner übermäßigen Bedeutung – hügeliges Weideland, Obstplantagen, ab und an Hanglagen mit Weinbau –, doch militärisch ist es höchst interessant. Militärposten pflastern die Landschaft, jeder zweite Hügel ist mit einer Gefechtsstellung oder Überwachungsstation besetzt. Israel rechtfertigte die damalige Besetzung und Annexion des Golans mit dem regelmäßigen Beschuss israelischer Zivilisten, der vom syrischen Gebiet aus erfolgt war. Mit den Golanhöhen in Feindeshand seien die Israelis im Jordantal in ständiger Gefahr. In der Folge der Annexion bot Israel denjenigen, die auch nach dem Krieg geblieben waren, die israelische Staatsbürgerschaft an. Wer sie annahm, bekam israelisches Wahlrecht, hatte im Militär zu dienen und konnte sich ins israelische Parlament wählen lassen. Allerdings entschieden sich nur wenige für diesen Weg, da sich die meisten der Bewohner noch immer als Syrer fühlten – oder zumindest nicht als Israelis.

Heute dient ein breiter Streifen des Golans als Pufferzone zwischen Israel und seinen Nachbarn. Seit 1974 ist er demilitarisiert und wird von UN-Friedenstruppen kontrolliert.

Ich klettere über jahrhundertealte Steinquader, die mich aus der Nimrodburg hinaus in eine tiefe Bergfalte führen. Der Pfad verläuft nun entlang eines Wadi, eines ausgetrockneten Flussbetts, das sich den Hang emporschlängelt. Hier, wo das Wasser einst den Berg aushöhlte, herrscht dichte Vegetation. Fahles Licht fällt an den Felswänden herab und bringt ein paar Oleanderblüten im Flussbett zum Leuchten. Ich muss tief gebückt laufen, um den Zweigen und Ästen zu entkommen, die in Kopfhöhe scheinbar nur darauf warten, mir den Rucksack vom Rücken zu spießen. Wurzeln, die viel zu leicht brechen, ragen aus der Erde, Laub macht den Boden rutschig.

Bald muss ich dem andauernden Anstieg Tribut zollen. Die Euphorie der ersten Etappe verfliegt. Mit der schwindenden Kraft sinkt auch die Konzentration, immer wieder muss ich anhalten oder das Tempo drosseln, um sicheren Halt zu finden.

Die Wanderkarte trage ich wie einen Schutzschild um den linken Unterarm, um damit Pflanzen und Gestrüpp aus dem Weg zu räumen. Auf dem Grund des Flusslaufs empfange ich kein GPS-Signal mehr. Keine Ahnung, wo ich bin, wie viel meines Weges ich schon geschafft habe. Ich kann nur weiter und weiter stapfen. Irgendwann stehe ich kurz vor dem Wahnsinn. Die Unwissenheit über das Vorankommen zermürbt. Meine Überheblichkeit von vorhin wird mir peinlich. Ich bin ein Tier, denke ich, eine Schnecke, ich kann nichts.

Als ich endlich aus dem Wadi hervortrete, habe ich blutige Striemen an den Waden, Ellenbogen und an der Stirn. Eine Wunde an meinem Kopf ist blutig verkrustet, wo sich ein versteckter Ast in meine Haut gebohrt hat. Auf meiner linken Brust prangt eine Art Sternbild aus Blutsprenkeln, wo sich mir der Kopf einer Kugeldistel gleich einem Morgenstern durch das Hemd gerammt hat. Von hier aus sind es noch dreieinhalb Kilometer bis Majdal Shams.

Ich schiebe mir Kopfhörer in die Ohren, um den Schmerz zu vergessen. Während der Ort immer näher rückt, blicke ich in einer lang gezogenen Kurve zurück. Irgendwo am anderen Ende des Tals haben wir heute Morgen unser Zelt abgebaut. Angesichts der Aussicht, die ich mir erobert habe, breitet sich nun doch ein Gefühl von Stolz in mir aus. Jesus, das weiß ich jetzt, muss stramme Waden gehabt haben.

Majdal Shams erreiche ich als wandelndes Wrack. Sören, der mir auf der Hauptstraße entgegenspaziert, sieht dagegen frisch und entspannt aus.

»Wie geht's?«, ruft er schadenfroh, während er die Kamera auf mich richtet.

»Junge, weißt du …«, setze ich an, doch komme nicht weiter, da ich weder die Kraft noch die Worte habe, um auszudrücken, wie ich mich fühle.

Sören grinst übers ganze Gesicht. »Du, ich hab auch einen tollen Tag gehabt, dabei hab ich gar nicht so viel erlebt! Ein netter Israeli hat mich den Berg raufgefahren, ich hab zwei Cappuccino und eine Cola getrunken... Ja, und dann hab ich mich sehr intensiv mit dem Internet und meiner unvorhergesehenen Freizeit auseinandergesetzt – und ich muss sagen: Wir drei haben uns sehr gut verstanden.«

Er führt mich zur schattigen Veranda eines modernen Cafés, wo er sein Gepäck ausgebreitet hat. Rustikale Barhocker stehen an hohen Tischen im Innenbereich, über der Bar hängen die üblichen Ikea-Motive, ein Flachbildschirm spielt Charthits. Der Wirt lehnt hinter dem Tresen und schaut ins Nichts. Kurzes Haar, Unterlippenbart, ein hölzernes Piercing im linken Ohrläppchen. Als ich eintrete, lächelt er.

»Bist du der Verrückte?«, fragt er, während er mir die Hand schüttelt.

»Ich glaube schon«, antworte ich und lasse mich entkräftet auf einen Stuhl fallen.

»Ich bin Thaer, willkommen! Wo bist du gestartet?«

»In HaGoshrim«, erkläre ich, während ich mir das Gepäck vom Körper streife. Darunter zeichnen Schweißflecken präzise die Kontaktstellen des Rucksacks nach.

»Okay, du bist der Verrückte.«

»Jaja, er ist verrückt«, bestätigt Sören mit einer Mimik, als würde er über seinen verzogenen Enkel sprechen. Der Wirt grinst.

Ich trotte auf die Veranda, um mir ein trockenes T-Shirt überzuziehen und mich meiner Schuhe zu entledigen. Eine daumengroße Blutblase ziert meinen Ballen. Die Druckstelle hatte sich gestern bereits angedeutet, doch ich wollte sie nicht öffnen, um eine Infektion zu vermeiden. Im Laufe des Tages erhöhte sich jedoch der Druck, und die Blase wanderte durch das ständige Laufen vom Fußballen bis zwischen die Zehen. Als ich sie nun mit schmerzverzerrtem Gesicht aufpike, schießt mir ein Schwall braunroten Wundwassers entgegen. Ich schaue mich verstohlen um. Der Wirt ist zum Glück in der Küche verschwunden.

Kurz darauf tritt Thaer mit einem riesigen Sandwich an unseren Tisch. »Iss!«, sagt er zu mir. »Du musst Hunger haben.«

Er ist ungefähr in unserem Alter. Stets trägt er dieses Grinsen im Gesicht, dem meist ein warmes, ehrliches Lachen folgt. Seine Jeans sind an den Knien aufgerissen, er trägt ein Karohemd, unter dem ein ausgeleiertes T-Shirt hervorschaut.

Als ich wenig später die Wanderkarte vor uns ausbreite, gesellt er sich dazu. »Unten an der Straße habe ich einen kleinen Kiefernhain gesehen«, berichte ich. »Da könnten wir unser Zelt aufstellen. Wir könnten schattig stehen, aber ich glaube, es gibt keine Möglichkeiten, Wasser aufzufüllen.«

»Hier oben gibt es ein Wasserloch«, mischt sich Thaer ein. Er deutet ein Stück den Berg hinauf. »Da haben wir mal geschlafen. Allerdings ist es Militärgebiet. Kann sein, dass ihr ungewollt Teil eines Manövers werdet. Es gibt aber auch andere Campingplätze in der Gegend. Wenn ihr wollt, kann ich euch fahren.« Er denkt einen Moment nach, dann zuckt er die Schultern. »Ach, wisst ihr was: Ihr könnt einfach bei mir pennen.«

Die Bewohner des Hermons

*Ich bin hochgewachsen ... wie eine Zypresse
auf dem Gebirge Hermon.*
Sir 24,13

5. Juni 2016, Majdal Shams, Golan
Es ist schon länger dunkel, als wir unser Gepäck in Thaers Kofferraum laden und in seinem klapprigen Subaru durch die Serpentinen des Golans kurven. Der Mond trägt einen dünnen Schleier vorm Gesicht, die Sterne funkeln mystisch. Irgendwo in der Ferne ist das Rumpeln einer Baustelle zu vernehmen. Thaer wohnt in Ein Kinya, einem drusischen Dorf etwa zwei Kilometer südwestlich von Majdal Shams, eins der letzten vier drusischen Dörfer in diesem Teil des Golans.

Die Drusen bilden eine geheimnisvolle Religionsgemeinschaft, die sich im 11. Jahrhundert von der ismailitischen Lehre abspaltete. Im weitesten Sinne kommen sie aus dem Islam. Viel ist nicht über ihren Glauben bekannt, da ihre Lehre für gewöhnlich nicht nach außen getragen wird. Es gehe um das Streben nach Perfektion, erwähnt Thaer nur beiläufig.

Die Straße vor uns flackert im Scheinwerferlicht. Thaer fährt viel zu schnell. Kurve um Kurve fliegt vorbei, Nadelbäume am Abhang, manchmal eine Leitplanke. Aus den Boxen knistert arabischer Hip-Hop. Schließlich passieren wir eine Brücke, der Wagen wird langsamer, und wir halten vor einem kastenartigen Steinbau am Ortseingang von Ein Kinya.

Als wir das Haus betreten, schlägt uns eine Wolke abgestandener Luft entgegen. Eine unaufgeräumte Küche zur Linken, zur

Rechten ein Wohnzimmer. Darin eine Couch und ein paar ranzige Matratzen. Tabakdunst und der süßliche Geruch von Marihuana. Auf einem Tisch steht ein Flachbildfernseher. Auf dem Sofa sitzt ein barfüßiger Kerl zwischen Coladosen und Chipstüten und spielt *Fifa 2016*.

»Das ist Majd«, sagt Thaer, zieht einen Schuh aus und wirft ihn dem Typen an den Kopf. Mit einem dumpfen *Plock!* prallt er von dessen Schläfe ab. »Mein Cousin. Hey, Majd!« Er reagiert nicht.

Einen Moment später schießt eine der beiden Mannschaften auf dem Bildschirm ein Tor, Majd springt auf und schreit: »Sharmuta!«, während er seinen Controller auf das Sofa pfeffert und sich auf Thaer wirft, um ihn zu verprügeln. Flüche auf Arabisch fliegen durch den Raum, Muskelpakete spannen sich an, mit seinen Oberarmen und Schultern könnte Majd sicher einen Felsen zertrümmern.

»Relax!«, ruft Thaer, während er versucht, sich seinen Cousin vom Leib zu halten. Und zu uns gewandt: »Majd arbeitet im Stahlwerk! Man sollte ihn nicht aufregen!«

Nachdem Majd sich beruhigt hat, verbringen wir die kommenden Stunden wie selbstverständlich vor der Konsole. Er und Thaer rollen Zigarette um Zigarette, der Sauerstoffgehalt im Raum nimmt stetig ab, irgendwann kommen mehr Leute, bringen Bier und Cola mit, und während wir uns Partie um Partie liefern, steigt in uns wieder das Gefühl aus dem Schönebecker Keller und der Zeit nach dem Abi auf.

Schließlich verkündet Thaer, dass es Zeit sei aufzubrechen. Wir zwängen uns zu siebt in seinen Subaru, um hinaus in die Nacht zu fahren. Irgendwann verlassen wir die Straße, Majd öffnet ein Gatter, und wir ruckeln über unebene Feldwege.

»Unser Ferienhaus«, verkündet Thaer schließlich, als wir eine kleine, in den Berg gehauene Terrasse erreichen. Gemüsebeete und Obstbäume stehen am Hang, eine Zisterne in einer Hütte sorgt für Frischwasser. Decken, Schüsseln und Bier werden aus dem Kofferraum geholt, zwei der Jungs machen sich daran, ein Feuer zu entfachen. Es herrscht ein angeregtes Gemurmel aus Arabisch und Englisch. Das Feuer taucht unsere Gesichter bald in warmen Schein.

»Der Hermon ist ein Land für sich«, erklärt Thaer uns irgendwann. »Wusstet ihr, dass er weder zum Golan noch zum Libanongebirge gehört? Das sind ganz andere Gesteinsarten hier, Vulkangestein, dunkler Basalt, alles ganz speziell ... So wie wir!« Er lächelt stolz.

»Seht ihr euch eigentlich als Syrer oder Israelis?«, fragt Sören.

Thaer zuckt die Schultern. »Keins von beidem ... In unserem Ausweis steht ›Bewohner der Golanhöhen‹. Das trifft es eigentlich ganz gut.«

»Die meisten der Älteren halten sich für Syrer«, mischt sich Narji ein. Ein Junge mit Dreadlocks und Kinnbart, der während des Gesprächs immer wieder auf seiner Gitarre herumzupft. »Aber ehrlich gesagt bin ich gerade froh, kein Syrer zu sein! Sogar hier in den Dörfern streiten sie darüber, ob man für Assad zu sein hat oder die Rebellengruppen favorisiert.«

»Was spricht für Assad?«

»Dass er gegen Israel ist.«

»Und für die Rebellen?«

»Dass er ein Diktator ist.«

»Was denkt ihr?«

Thaer zieht an seiner Zigarette. Hält den Rauch für einen Moment in der Lunge, atmet aus. »Weißt du, wenn du hier aufwächst, versuchst du, dir das alles vom Leib zu halten. Du interessierst dich nicht für Territorien und Fehden ... Die Alten tragen ihren Fez und pflegen ihren Schnurrbart und halten ihre Tradition. Aber was haben wir davon? Bei so viel Gewalt um dich herum willst du einfach nur in Frieden leben. Der Rest fügt sich irgendwie.«

»Amen«, bestätigt Narji.

»Amen«, bestätigt auch Majd, haut seinem Cousin auf die Schulter und lacht.

Wir essen Chips, Humus und Oliven. Im Hintergrund hören wir wieder den Lärm der Baustelle.

»Woran glauben eigentlich die Drusen?«, frage ich schließlich.

Sören verdreht die Augen. »Ey, er fragt das immer! Bitte sagt ihm, dass ihr an einen fliegenden Staubsauger glaubt! Bitte!«

Narji lächelt. »Wir sind als Drusen geboren. Und unsere Frauen werden Drusen gebären. Aber, um ehrlich zu sein, wir sind keine guten Drusen. Alkohol, Tabak, Drogen – das ist alles in der Religion nicht sehr angesehen. Die Drusen glauben an Reinkarnation. Es gibt eine feste Anzahl von erwählten Gläubigen, die immer wieder neu geboren werden.«

»Glaubt ihr an Seelenwanderung?« Sören wirkt plötzlich ganz Ohr.

Kurz herrscht Stille. Dann antwortet Thaer: »Als Drusen sprechen wir nicht gerne über unsere Religion ... Aber wir alle kennen Geschichten von Leuten, die sich an ihr vorheriges Leben erinnern können.«

»Zum Beispiel gibt es die Geschichte vom Jungen, der in einem Minenfeld gespielt hat und dabei gestorben ist«, wirft Narji ein. »Kurz darauf wird er in derselben Familie wiedergeboren. Irgendwann geht er in den Garten, buddelt ein Loch und findet seinen alten Spielzeugbogen, den er dort in seinem vorigen Leben versteckt hat.«

»Oder die Geschichte vom Jungen, dessen Großvater im Krieg starb«, setzt Majd hinzu. »Irgendwann steht er im Haus seines toten Großvaters, sieht dort Bilder seiner Geschwister und seines Vaters und sagt: ›Wallah, das sind meine Kinder.‹ Er war fünf Jahre alt!«

»Wir alle kennen diese Geschichten«, schließt Narji.

Wir sitzen noch eine Weile ums Feuer und warten darauf, dass die Flammen kleiner werden. Schließlich pinkeln wir die Glut aus.

6. Juni 2016, Ein Kinya, Golan

Am nächsten Morgen frühstücken wir vor Thaers Haus. Rechts von uns die sonnenverbrannten Hänge des Hermons, vor uns, in der Ferne, die Nimrodburg mit ihren verfallenen Zinnen. Es ist ein strahlender Tag.

Thaer hat Eier und arabischen Kaffee gekocht. Dazu gibt es sauren drusischen Quark. »Labne«, schwärmt Thaer. »Eine drusische Spezialität! Esst es auf Pita.«

»Eure Spezialität ist Brot mit Quark?«, fragt Sören skeptisch. »Gut, Sauerkraut ist jetzt auch keine Delikatesse…«

»Iss!«, befiehlt Thaer und haut ihm mit einem Fladenbrot auf den Kopf.

Nach dem Frühstück machen wir uns auf, den Hermon zu erobern. So wie einst Jesus, wenn man der Legende glauben darf. Bevor Thaer zur Arbeit geht, setzt er uns an einer Kreuzung ab, und wir wenden uns dem Felsmassiv zu.

Kurz hinter der Stadt treffen wir auf einen befestigten Militärposten. Betonmauern, Soldaten, schwere Aufklärungsfahrzeuge in einem Fuhrpark. Nach einem kurzen Gespräch dürfen wir passieren. Wir folgen der Straße, bis sich rechts ein unbefestigter Weg in die Hügel schlägt. Ein Schild warnt vor möglichen Militärübungen, wir beachten es nicht.

Die Landschaft wird immer karger. Kalkhaltige Felsen zwischen strohigen Gräsern, dazwischen zähes Gestrüpp. Ab und an finden wir Panzerketten im Buschwerk, verborgene Bunkertüren oder NATO-Draht.

Der Hermon gehört nur zu einem Drittel zum von Israel annektierten Gebiet. Sein Gipfel liegt in Syrien und ist damit

Kriegsgebiet. Die nordwestlichen Ausläufer fallen in den Libanon hinab, wo die Hisbollah die Grenzen gegen den IS und seine Komplizen verteidigt. Es ist verrückt, wie frei und vergnügt wir hier die Hügel hinaufstapfen können, während auf den anderen zwei Dritteln eine gespannte Habachtstimmung herrschen muss. Von Weitem wirkt es so friedlich.

Laut dem Alten Testament stellt der Hermon seit Urzeiten die Nordgrenze des Reiches Israel dar. Historisch ist das nur schwer vorstellbar, denn das geografische Gebiet von Israel und Palästina war ein rohstoff- und wasserarmes Land. Im Gegensatz zu den Großreichen der Ägypter, Babylonier und Assyrer hatten die Juden und anderen Bevölkerungsgruppen weder die Mittel noch die Manpower, um ein solch großes Gebiet beherrschen zu können. Man muss sich eher einen Flickenteppich aus Stadt- und Regionalstaaten vorstellen, die sich zu Kriegszeiten zu einer Einheit formierten und so einen losen Bund darstellten.

Diese Erkenntnis herrschte zur Zeit Jesu jedoch noch nicht, und so wird auch er den Hermon als historische Nordgrenze angenommen haben. Er stapfte also an die Grenze, kletterte mit seinen drei engsten Jüngern auf den höchsten Berg, wo sie eine göttliche Erscheinung hatten, und entschied dann, zurück nach Jerusalem zu gehen, um seinem Schicksal entgegenzutreten. Petrus schlägt noch vor, auf dem Berg drei Hütten zu bauen, um sie Elia, Moses und Jesus zu widmen, doch sein Heiland geht darauf nicht ein.

Wie bereits erwähnt, gibt es mit dem Tabor und dem Hermon zwei Berge, die in der Bibelwissenschaft als mögliche Orte für Jesu Verklärung angenommen werden. Sieht man darüber hinweg, dass vermutlich die gesamte Geschichte der Verklärung legendarisch ist, würde ich zumindest innerhalb der Legende den Hermon gegenüber dem Tabor vorziehen.

Heute stehen mehr als drei Hütten auf dem Hermon, doch keine davon ist den Propheten geweiht. Auf den letzten Metern zum höchsten Punkt Israels liegt stattdessen ein Skigebiet. Wo sich in Winterzeiten der Schnee türmen muss, wachsen jetzt grüne, kurz geschnittene Wiesen. In einem Maulwurfshügel hat jemand ein Warnschild fixiert: »Ski run closed«.

Oberhalb der Pisten weht der Wind steif und böig. Die einzelnen Liftbänke zuckeln schwankend den Berg empor. Mit Betreten der Liftstation durchströmt uns ein warmes Gefühl der Zufriedenheit. Wir haben die Nordgrenze erreicht. Wir sind am höchsten und entferntesten Punkt unserer Reise angekommen. Von hier aus geht es nur noch nach Hause. Zur Belohnung kaufe ich Sören und mir ein Smarties-Eis.

Schließlich mache ich mich auf, die Gegend zu erkunden. Hinter der Liftstation liegt eine asphaltierte Straße, die zwei Militärbasen miteinander verbindet. Rechts steht ein weiterer Skilift, dahinter folge ich einer Schotterpiste. Rollen rostigen NATO-Drahts liegen links und rechts im Boden verankert. Hinter einer Kurve erhebt sich ein Maschendrahtzaun, der von einem geöffneten Gatter unterbrochen wird. In einer Kuhle steht ein ausgeschlachteter Panzer. Offensichtlich bewege ich mich auf den Resten eines Schlachtfelds. Links ein Bunker mit verschlossenen Türen, geradeaus ein aufgeschütteter Hügel, in dem sich ein Wehrturm versteckt. Die Schießscharten nach Osten, gen Syrien ausgerichtet. Ich meine eine dunkle Rauchsäule am Horizont zu erkennen. Vielleicht auch nur Einbildung.

Israel behielt die Golanhöhen nach dem Sieg im Sechstagekrieg unter seiner Kontrolle. Über die Jahre zuvor hatte sich eine gewaltvolle Spannung zwischen Israel und seinen arabischen Anrainerstaaten gebildet, nicht nur aufgrund der Jordanwasserfrage. Aus israelischer Sicht war der direkte Auslöser für den Konflikt die Sperrung der Straße von Tiran für die israelische Schifffahrt gewesen. Dadurch verlor Israel seinen einzigen Zugang zum Indischen Ozean. Zudem waren vermehrt ägyptische Truppenbewegungen an der israelischen Grenze beobachtet worden. Israel fühlte sich von Feinden umzingelt. Daher führte die Regierung am 5. Juni 1967 einen unangekündigten Präventivschlag gegen die ägyptische Luftwaffe und leitete damit den Krieg ein, an dessen Ende Israel mit großen Gebietsgewinnen das Schlachtfeld verließ.

Wer trägt die Schuld an diesem Krieg? Es gibt unzählige Theorien und Meinungen dazu.

Ursprünglich wollte ich schreiben, dass ich mir nicht anmaßen möchte, ein Urteil abzugeben, doch denke ich an das Gespräch mit Vater Ludger, wäre das nicht korrekt. Ich glaube, alle Seiten tragen Schuld daran. Und mit der Verantwortung, die diese Schuld in sich birgt, sollte man sich heute für eine friedliche Lösung einsetzen.

Am Abend fahren wir mit Thaer und seinen Freunden erneut hinaus in die Hügel. Im Kofferraum haben wir zwei Zelte, eine Kiste voller Essen, verschiedene Instrumente. Geröll knirscht unter den Rädern, wieder rollen wir über einen Feldweg.

Hinter einer Böschung klettert Narji auf das Dach des Autos. »Komm hoch!«, ruft er mir zu, während er sein Gesicht kopfüber durch das geöffnete Fenster steckt. »Und bring meine Gitarre mit!«

Und so klettere ich aus dem Fenster, während der Wagen im Schritttempo durch die Felder rollt, stütze mich auf dem Rahmen ab und mache es mir neben Narji bequem. Über uns ein schwammiger Mond. Wir lassen uns auf das Blech fallen und schließen die Augen. Narji zupft irgendetwas auf seiner Gitarre.

Ich glaube, ich habe kurz geschlafen, bevor der Subaru zum Stehen kommt. Ich hebe die Lider und blicke in die Krone einer Eiche, die, riesig und ausladend, den Weg vor uns überspannt. Eine Shisha klirrt, Reißverschlüsse werden geöffnet, kurz darauf prasselt ein Feuer unter den Ästen des Baumes. Bronzene

Funken hüllen die Krone in ein glitzerndes Kleid. Thaer brät Auberginen im Feuer. Daneben brutzeln Pilze und Gemüse in einer Pfanne. Grillen zirpen, im Hintergrund wieder das dumpfe Grollen.

»Was ist das eigentlich immer für eine Baustelle?«, frage ich verwundert. »Oder ist das ein Bergwerk?«

»Was meinst du?«, gibt Thaer zurück.

Wir horchen gebannt, bis erneut das Poltern zu hören ist.

»Ach sooo...« Thaer lächelt. Er leckt ein Blättchen an und dreht sich eine Zigarette. Die anderen fallen zurück in ihre Gespräche. »Das ist Syrien! Das hören wir vier-, fünfmal die Woche...«

Mir läuft ein Schauer über den Rücken. Syrien: so viele Geschichten, Überschriften in Zeitungen, Stimmen aus der Tagesschau. Plötzlich ist das alles ganz nah. Wir sitzen hier gemütlich im Gebirge, grillen und lachen, und nur wenige Kilometer entfernt von uns sind die Ausläufer des Krieges zu hören. Mir fällt es schwer, meine Gefühle einzuordnen. Wie kann es mir hier so gut gehen, während da drüben Bomben fallen? Ich schaue zu Sören. Er scheint Ähnliches zu denken.

»Habt ihr keine Angst?«, frage ich. »Wie könnt ihr so ruhig darüber sprechen?«

»Hast du denn Angst?«, kontert Thaer.

Ich stutze. »Wenn ich ehrlich bin...nein.«

Er wirft mir einen vielsagenden Blick zu.

»Aber fürchtet ihr nicht, der Krieg könnte herüberschwappen?«

»Die Grenze zu Syrien ist seit 1974 die sicherste des Landes«, entgegnet Narji. »Es gibt das israelische Militär, die Pufferzone durch die UN, und nicht zuletzt gilt der Krieg gar nicht uns! Die israelische Regierung ist wahrscheinlich froh, wenn sie sich da drüben die Köpfe einhauen.«

»Und was denkt ihr darüber?«

»Wer sind wir, darüber zu urteilen? Ich persönlich will nur meinen Frieden. Wenn du Frieden willst, musst du friedlich sein. Das ist der erste Schritt.«

Und damit ist das Thema erledigt.

8. Juni 2016, Majdal Shams, Golan

Zwei Tage später nehmen uns Narji und sein Kumpel Hossen mit auf eine Rundreise. Wir fahren zum »Shouting Hill«, einem kleinen Hügel am östlichen Stadtrand von Majdal Shams, der bereits in Syrien liegt. Über den Hinterhof eines Plattenbaus können wir ihn beobachten. Die Erhebung ist nur 300 Meter von uns entfernt, und doch kommen wir nicht näher heran, denn ein Graben, zwei Zäune, ein Minenfeld und eine Militärstraße trennen uns von ihm.

»Nach dem Sechstagekrieg sind viele Menschen aus dem Golan nach Syrien geflohen oder wurden vertrieben«, erläutert Narji seine Bedeutung. »Das heißt, sie flohen ins Landesinnere von Syrien, denn damals gehörte das alles ja noch zu Syrien. Viele Familien wurden getrennt. Die Kommunikation war schwierig, denn Israel überwachte und reglementierte jede Grenzbewegung. Also haben die Familien sich hier getroffen. Die Bewohner von Majdal Shams standen auf dieser Seite, ihre Familienangehörigen auf der anderen Seite des Tals. Sie haben sich über Megafone unterhalten. Klatsch wurde ausgetauscht, neue Familienmitglieder vorgestellt, man hat sich mit dem Fernglas begutachtet. Wer kein Megafon hatte, musste rufen und hoffen, dass der Wind gut stand.«

»Hast du hier auch mal gestanden?«

»Früher, ja. Aber seit Skype und Whatsapp hat der Hügel ausgedient. Durch den Krieg in Syrien kann ohnehin niemand mehr kommen. Da drüben ist Rebellengebiet. Daesh und so.«

»Hast du Angst vor Daesh, also dem IS?«

»Ach, ich weiß nicht... Das Problem mit den Religionen sind ja immer die Fanatiker. Was erwartest du von Menschen, die ihr Leben einem einzigen Buch anvertrauen? Oder fünf Büchern, wenn es Tausende gibt? Die Menschen sind so leicht zu kontrollieren. Für mich ist das alles Strategie. Die orthodoxen Juden machen es ja ähnlich, wenn sie verkünden, das hier sei das den Juden gegebene Land. Wer das glaubt, verweigert die weltlichen Gesetze. Das macht Religion so gefährlich.«

Während wir uns unterhalten, bemerken wir nicht, wie ein israelischer Militärjeep in den Hinterhof rollt. Drei Soldaten steigen aus.

»Hey!«, ruft der größte von ihnen. »Es ist verboten, sich hier aufzuhalten! Haut ab!«

Narji dreht sich zu ihm um. »Was? Es ist kein bisschen verboten, hier zu sein, und das wisst ihr.«

»Woher wussten die, dass wir hier sind?«, flüstere ich Hossen nervös zu.

Er lacht. »Wir sind an einer Grenze! Schau dich um, überall Kameras ... Aber macht euch keine Sorgen, es wird nichts passieren.«

Die Soldaten kommen auf uns zu. »Hör mal zu, Kollege«, sagt der Große zu Narji. »Was hier verboten ist und was nicht, bestimmst nicht du, klar?«

»Richtig«, erwidert Narji. »Aber du auch nicht. Das bestimmt das Gesetz! Und das Gesetz gibt uns recht. Nichts verbietet uns, uns hier aufzuhalten.«

»Haut ab, oder...«

»Ähm, Entschuldigung«, mische ich mich ein, in der Hoffnung, die Situation als Tourist entschärfen zu können. »Warum dürfen wir denn eigentlich nicht hier sein?«

»Es ist gefährlich«, zischt der Soldat und deutet auf die andere Seite. »Jemand könnte auf euch schießen!«

»Hä?« Ich schaue mich verwirrt um. »Aber da ist ja niemand! Wer soll denn auf uns schießen?«

»Das ist Syrien da drüben, das wisst ihr, oder? Sie hassen Israel!«

Narji prustet los. »Was für ein Schwachsinn! Warum sollte jemand auf uns schießen? Das ergibt überhaupt keinen Sinn! Außerdem...« Er lächelt. »Wir sind keine Israelis. Wenn, dann würden sie doch eher auf euch schießen, oder? Ihr seid es, die uns in Gefahr bringen!«

»Soll das eine Drohung sein?«, ruft der Soldat.

»Nein! Das war ein Witz! Da ist niemand!«

»Für mich hat es sich wie eine Drohung angehört.«

Allmählich wird mir die Situation unangenehm. Narji lehnt sich für meinen Geschmack etwas zu weit aus dem Fenster. Der Typ uns gegenüber ist sichtbar wütend und hat ein Gewehr. Das ist eine schlechte Kombination.

»Jungs, wie wär's, wenn ihr jetzt einfach zurück in euer Lager fahrt, euch einen runterholt und euch freut, dass ihr hier oben im Golan seid und nicht in Hebron oder so, wo die wirkliche Scheiße passiert? Lasst uns einfach zufrieden, okay? Das ist für alle Seiten besser.« Damit beendet Narji das Gespräch.

Einer der anderen Soldaten tritt an seinen Kameraden heran und komplimentiert ihn zurück zum Wagen. Giftig fluchend stapft er davon.

Narji dreht sich wieder zu uns. »Also... Bis vor drei Jahren gab es hier noch keinen Zaun«, berichtet er weiter, als wir wieder allein sind. »Es gab nur das Minenfeld. Dann wurde der Krieg in Syrien heftiger, und schließlich versuchten einige palästinensische Flüchtlinge vor drei Jahren, auf unsere Seite zu kommen. Als der Erste unbeschadet auf die andere Seite gelangt war, folgten ihm die anderen. Sie kümmerten sich nicht um die Minen, den Tod würden sie so oder so finden. Schließlich kam das Militär. Es wurde sehr hässlich. Sie handelten natürlich nach dem Gesetz, denn aus israelischer Sicht versuchten die Flüchtlinge, nach Israel einzumarschieren, und das in einer Hochsicherheitszone. Aber es fehlte an Augenmaß. Danach hat Israel den Zaun gebaut.«

»Das Land sieht so friedlich aus«, sage ich mit traurigem Blick auf den Hügel. »Glaubst du, es wird hier jemals wieder friedlich sein?«

»Ja«, antwortet Narji ruhig. »Wenn es keine Menschen mehr gibt. Menschen wollen Macht. Macht bedeutet Unrecht, denn Macht übst du über Machtlose aus. Du kannst nur gerecht sein, wenn du nicht nach Macht strebst.«

Mit diesem Schlusswort machen wir uns vom Acker. Wir steigen in Hossens Wagen und rollen auf einer schlecht asphaltierten Landstraße gen Süden.

»Offiziell ist das da drüben übrigens keine Grenze!«, erläutert Hossen, ohne seinen Blick von der Straße zu nehmen. »Es ist eine Waffenstillstandszone. Offiziell befinden sich Israel und Syrien noch immer im Krieg. Israel will den Golan erst zurückgeben, wenn es einen anständigen Friedensvertrag gibt.«

Wir stoppen vor den Hüllen dreier Panzer, die inmitten wogender Wiesen in der Landschaft stehen. Pferde grasen auf den Weiden dahinter. Um sie herum die dunklen Reste ehemaliger Schützengräben. Während Sören und ich uns fast furchtsam durch die metallenen Ruinen bewegen, klettern Narji und Hossen unbekümmert auf den zugeschweißten Feuerrohren herum. Sie schlüpfen durch die Einstiegsluken auf die Schützensitze und fluchen ob der Enge, wenn sie sich an Hebeln oder versteckten Kanten stoßen.

»Es wirkt, als ob man sie einfach in der Landschaft vergessen hätte«, erklärt Narji, als wir es uns kurz darauf auf dem Geschützturm bequem gemacht haben. »Aber das stimmt nicht. Das Militär hat die Panzer als Mahnung herangerollt. Alle Geschütze sind nach Syrien gerichtet.«

»Das ist ja wie im Mittelalter, als sie die Köpfe der Feinde vor den Toren der Stadt ausgestellt haben«, empöre ich mich.

»Na ja, komm, ganz so schlimm ist es nicht«, mahnt mich Narji. »Es sind immer noch Panzer. Keine Köpfe.«

»Ich finde es trotzdem unangenehm, seine Macht so zur Schau zu stellen ...«

»Das sagst du nur, weil ihr eure Kriege verloren habt! Israel hat seine Kriege gewonnen!«

Ich muss schlucken. Meinem Empfinden nach ist zu Hause jedes Denkmal zum Zweiten Weltkrieg ein Mahnmal dafür, welches Unglück Deutschland über die Welt gebracht hat. Das liegt allerdings nicht daran, dass der Krieg verloren ging, sondern daran, dass die Niederlage nötig war, weil ein besessener Verrückter mithilfe von Millionen williger Gefolgsleute ein durch und durch böses System errichtet hatte. Israel dagegen hat sich in seiner jungen Geschichte nach eigenem Bekunden stets erfolgreich gegen attackierende Feinde verteidigt. Wobei das eine Sicht der Dinge ist, die die arabische Seite aufgrund der Besatzung des palästinensischen Gebiets und des Golans zumindest hinterfragen würde. Und trotzdem werde ich mit dem hiesigen Militärstolz nicht warm. Ich finde, man sollte auf keinen Krieg stolz sein. Auch nicht auf einen gewonnenen.

Der letzte Halt auf unserer Tour liegt ein paar Kilometer weiter südlich. Das »russische Krankenhaus« befindet sich in direkter Nähe zu Quneitra, der einstigen Hauptstadt des Golans. »Von Quneitra selbst ist nichts mehr übrig«, erklärt Narji. »Sie haben die Stadt ein Stück weiter komplett neu aufgebaut. Die UN hat hier manchmal für ihre Einsätze trainiert.«

Das ehemalige Krankenhaus strahlt eine beängstigende Anziehung aus. Das Gebäude ist von Einschusslöchern übersät, überall abgesprungener Mörtel, der kleine Krater in den Mauern hinterlassen hat. Große Teile des Baus sind durch Detonationen eingestürzt. Um Quneitra wütete der Krieg wohl am heftigsten.

Die syrische Armee soll sich hier in den letzten Stunden des Sechstagekrieges verschanzt haben. Aktuelle Botschaften in arabischer und hebräischer Schrift stehen an den Wänden: »Tod den Verrätern gegen Assad«, »Assad wird nicht fallen«. Im Hebräischen sind es meist Bibelzitate, die sich auf den Umgang mit Heiden oder Götzen beziehen: »Ich sehe aber auf den Elenden und auf den, der zerbrochenen Geistes ist und der erzittert vor meinem Wort.« Mitunter finden wir Graffiti zwischen den Trümmern: ein junges, blond bezopftes Mädchen im Arzt-Kilt, ein Stethoskop in den Ohren; durch die Einschusslöcher sieht es aus, als wäre es von Kugeln durchsiebt worden. Daneben ein Jesus, der mit Heiligenschein und Spraydose über einen Schutthaufen wacht. Er wirkt etwas resigniert.

Während die anderen auf dem Dach des Gebäudes herumtollen, steige ich ein paar staubige Treppen hinab in den Keller. Fahles Licht erhellt in unregelmäßigen Abständen die Wand, der Geruch von Unrat und Pisse liegt in der Luft. Gesteinsbrocken, Klopapier, Bierdosen. Ich folge einem schmalen Gang, der vom Treppenaufgang wegführt, Staub tanzt in den einfallenden Sonnenstrahlen. Am Endes des Flurs liegt ein größerer Raum. Der Putz ist komplett abgefallen, die Wand von Kugeln durchlöchert. Zu meinen Füßen liegen Munitionshülsen. Sicherungsringe von Granaten. Einst haben hier Menschen um ihr Leben gekämpft.

Auf der Rückfahrt wirft Narji uns einen bedeutsamen Blick zu. »Ich mache weder der syrischen noch der israelischen Seite einen Vorwurf. Aber vielleicht versteht ihr jetzt, warum wir uns mit dem ganzen Zeug nicht auseinandersetzen wollen.«

Schließlich müssen wir unsere Wanderung fortsetzen. Der See ruft erneut nach uns und dahinter, ganz leise, Jerusalem. Der Abschied fällt uns nicht leicht. Jesus hätte die Jungs vom Golan wahrscheinlich direkt als Jünger verpflichtet. Nachdem Thaer seine Schicht im Café beendet hat, fährt er uns zum Einstieg des

Trails. »Nils, du hast doch gefragt, woran wir glauben«, sagt er beim Abschied leise. »Ich glaube daran, dass du nicht arm wirst, wenn du Dinge verschenkst. Ich habe einiges an euch verschenkt. Zuneigung, einen Platz in der Nacht, Essen. Aber ich bin nicht arm geworden. Im Gegenteil, ich habe Freunde gefunden. Danke dafür.« Er gibt uns jeweils einen Kuss auf die Wange. »Bis bald.«

Das Tal der Tränen

... und sie hatten Panzer wie eiserne Panzer,
und das Rasseln ihrer Flügel war wie
das Rasseln der Wagen vieler Rosse,
die in den Krieg laufen ...
Offb 9,9

9. Juni 2016, Nimrod, Golan

Wir befinden uns nur drei Kilometer südlich von Majdal Shams. Rote, lehmige Erde klebt auf dem abschüssigen Hang, Hühner picken nach Brotkrümeln, im Norden sehen wir das stolze Panorama des Hermons. Ein paar Indianerzelte sind als Herbergen auf unserem Zeltplatz aufgebaut, eben konnte ich gerade noch ein Pferd davon abhalten, unser Frühstück zu stehlen. Wir könnten uns auch im Wilden Westen befinden.

Ich telefoniere kurz mit Anna und erzähle ihr von der bisherigen Reise. Berichte, was wir so machen und dass im Hintergrund wieder das Rumpeln des syrischen Krieges zu hören sei. Und erst an ihrer Reaktion erkenne ich, wie abgestumpft wir bereits sind.

Anschließend öffne ich meinen Laptop, um Nachrichten zu checken. »Alles okay?«, schreibt eine Freundin aus der Schweiz. Gleich darunter die Mail eines Kommilitonen: »Alles in Ordnung bei euch?« Als ich das Web nach News durchsuche, ist es nicht mal eine Hauptmeldung: »Schießerei in der Innenstadt. Angreifer töten vier Menschen bei Anschlag in Tel Aviv. Ministerpräsident Netanjahu kündigt harte Reaktionen an. Täter am Tatort erschossen.«

Offenbar haben zwei Palästinenser in Tel Aviv das Feuer auf Zivilisten eröffnet. Der militante Arm der Hamas beglückwünschte die Täter und kündigte weitere Attacken an. Netanjahu droht, die Einreiseerlaubnisse aus dem Westjordanland nach Israel einzufrieren. Davon betroffen wären knapp 83 000 Palästinenser. Vor drei Tagen hat der Fastenmonat Ramadan begonnen, in dem es für viele Muslime ein Ritual ist, nach Jerusalem zu pilgern. Wenn ihnen nun nicht erlaubt wird, zur al-Aqsa-Moschee zu pilgern, wird es die Stimmung in Palästina kaum verbessern. Bisher ist unsere Reise wohl zu einfach gewesen.

Ich denke an Anna und unser Geheimnis. Sechs Tage vor meiner Abreise haben wir davon erfahren. Ich versprach ihr, mich nicht in Gefahr zu begeben. Aber wo beginnt die Gefahr? Alle Warnungen, die man uns mit auf den Weg gegeben hat, haben sich bisher als völlig überzogen herausgestellt. Nichts als Vorurteile und unbegründete Ängste. Das Auswärtige Amt legt auf seiner Homepage nahe, die Grenzgebiete zu Syrien und dem Libanon zu meiden, doch wir befinden uns mitten in diesem Gebiet. Was hätten wir alles verpasst, wenn wir auf das Amt gehört hätten? Im Moment können wir ohnehin nichts tun, als abzuwarten. Früher als in einer Woche werden wir nicht nach Palästina aufbrechen. Bis dahin wird sich hoffentlich zeigen, wie sich die Lage entwickelt. Trotzdem schnüre ich meine Schuhe an diesem Morgen mit einem unangenehmen Gefühl im Bauch.

Ich frage mich, wie ein Glaube so fanatisch werden kann, dass man sich und andere dafür in den Tod reißt. In diesem Fall ist noch nicht geklärt, ob es sich um ein politisch oder religiös motiviertes Attentat handelt, aber wenn es wirklich der Glaube ist, der manche Menschen in den Tod treibt, dann muss ihre Hoffnung auf das Leben nach dem Tod größer sein als die Realität des weltlichen Lebens. Es ist ja nicht so, dass es keine Alternative zum Dschihad gäbe – egal, wie man ihn deutet, als Krieg gegen

Ungläubige oder den Kampf mit dem eigenen Unglauben, er ist nie der einzige Weg, um ein guter Mensch zu werden. Warum entscheiden sich manche trotzdem gegen das Leben? Wie kann die Ungewissheit des Todes größer sein als die Gewissheit über das eigene Leben? Eigentlich nur dann, wenn das eigene Leben nichts mehr wert ist. Wenn es im weltlichen Leben keine Hoffnung mehr gibt, ein gutes Leben zu führen. Und die Wut darüber so stark wird, dass sie sich als Hass gegen die vermeintlichen Auslöser manifestiert. Heute sind vier Unschuldige gestorben.

Man kann sicher die Religion dafür verantwortlich machen. Irgendjemand hat die Attentäter angestachelt, ihnen eventuell ein besseres Leben nach dem Tod für ihre Taten in Aussicht gestellt. Aber das Problem dabei ist: Den Glauben kann man als Außenstehender weder ändern noch verbieten. Mit weltlichen Gesetzen lässt sich die Ausübung des Glaubens bestenfalls regulieren – den Glauben verändern können sie nicht. Jeder Versuch wirkt sich eher gegenteilig aus. Daher liegt es vor allem in der Verantwortung der Religionen, Extremismus zu verhindern.

Die Politik kann nur versuchen, die Begleitumstände zu ändern. Wenn man Terroranschläge und Selbstmordattentate langfristig verhindern möchte, hilft es nicht, die Überwachung zu steigern oder Grenzkontrollen zu intensivieren. Nachhaltig ist nur, die Umstände zu ändern, in denen die potenziellen Extremisten leben. Man muss den Menschen einen Grund geben, das Leben dem Tod vorzuziehen.

Ich überlege, was mich im Leben hält. Eigentlich eine banale Frage, und trotzdem habe ich mir noch nie Gedanken darüber gemacht. Wahrscheinlich ist es meine Familie. Meine Eltern, meine Geschwister, Anna, unser Geheimnis. Wie konnte Jesus so sehr mit seinem Zuhause brechen? Auch er starb ja für seinen Glauben. Seine Mutter spielt nur bei seiner Geburt eine Rolle, um seinen Vater rankt sich ein Mysterium. Später meidet er seine Familie; an ihre Stelle rücken die Jünger. Erst als er sterbend am Kreuz hängt, lässt das Johannesevangelium seine Mutter in der Ferne erscheinen. Wäre sein Leben anders verlaufen, wenn er Frau oder Kinder gehabt hätte? Oder wenigstens ein gutes Verhältnis zu seinen Eltern? Ein wenig erinnert er mich an Chris McCandless aus *Into the Wild*. Beide flüchten aus ihren verkorksten Familienverhältnissen in die Wildnis. Beide werden von etwas getrieben, das sich vor allem als kompromisslose Sinnsuche manifestiert. Beide zweifeln am Ende. Und beide sterben schließlich für ihre Überzeugungen. Ich lächle bitter. Jesus Christus Supertramp.

Das Wetter zeigt sich von all diesen Gedanken unbeeindruckt. Wolkeninseln treiben vorbei, die Sonne wärmt die Haut, ohne zu brennen. Ich weiß nicht, wie viele Stunden wir durch Kirschplantagen laufen. Jedes Mal, wenn sich der Anflug von Hunger anbahnt, strecken wir die Hand aus und pflücken uns ein paar der süßen Früchte.

Ein drusischer Bauer steht auf einer Leiter im Baum und grüßt uns freundlich. »Wenn ihr Kirschen wollt, greift zu!«, ruft er.

»Danke!«, entgegne ich grinsend, mit rot gefärbten Mundwinkeln. »Haben wir schon!«

Ab und an kommen wir an Stauseen vorbei. Frösche quaken im Schilf, darüber ziehen Störche ihre Kreise. Wir streifen durch Gebiete voll Basalt und anderer Lavagesteine, jede zweite Erhebung ein erloschener Vulkan. Auf fast jeder Hügelkuppe sehen wir die Masten aktiver oder ehemaliger Militärstationen. Manchmal führt uns der Weg direkt daran vorbei.

Am Nachmittag häufen sich die Minenfelder, bis die Straße einen Knick macht und wir das »Tal der Tränen« erreichen. Den Schauplatz einer der größten Schlachten des Jom-Kippur-Krieges. Syrische Panzer stehen als Relikte in der Landschaft, ihre Feuerrohre vor einem gepflasterten Rondell zu einer Skulptur aufgestellt. Dahinter wehen die Fahnen Israels. Ein Mischwald beschattet einen kleinen Teil des Geländes. Für jeden israelischen Soldaten, der in der Schlacht fiel, wurde ein Baum gepflanzt. Es sind viel zu viele.

Der Jom-Kippur-Krieg erhielt seinen Namen aufgrund des Tages, an dem er begann. Jom Kippur ist der höchste Feiertag des Judentums. An diesem Tag söhnt sich Gott mit seinem auserwählten Volk aus. Jedes jüdische Geschäft, jede öffentliche Einrichtung hat geschlossen, der Verkehr liegt lahm, Radio und Fernsehen senden kein Programm.

Ursprünglich wurden zu Jom Kippur zwei Böcke geopfert. Der eine wurde Gott geschlachtet, der andere mit den gesammelten Sünden des Volkes beladen und in die Wildnis gejagt. Daher der Ausdruck »Sündenbock«.

Am Jom Kippur 1973, dem 6. Oktober, starteten die syrische und ägyptische Regierung einen gemeinsamen Überraschungsangriff auf Israel. Die Schmach des Sechstagekrieges sollte vergolten werden, es hieß, die damals verlorenen Gebiete zurückzugewinnen und Israel vernichtend zu schlagen. Jom Kippur schien als Kriegsbeginn klug gewählt, da das gesamte Land in religiöser Andacht erstarrte. Allerdings stellte sich schnell heraus, dass sich dieser Umstand positiv auf die Mobilisation der israelischen Streitkräfte auswirkte. Aufgrund des nicht vorhandenen Verkehrs waren die Straßen frei. Die meisten Reservisten waren zu Hause anzutreffen, da sie mit ihren Familien feierten, und so konnte das israelische Militär sogar schneller als gewöhnlich mobilisiert werden. Nach anfänglichen Gebietsverlusten schafften es die Streitkräfte bereits nach zwei Tagen, die gegnerischen Truppen abzufangen und zurückzudrängen.

Am 24. Oktober, knapp drei Wochen nach Kriegsbeginn, einigten sich die drei Länder auf internationales Betreiben hin auf einen Waffenstillstand. Obwohl der Krieg aus israelischer Sicht als militärischer Sieg zu sehen war, hatte der Angriff Narben hinterlassen. Wie sollte man sich in diesem Umfeld je sicher fühlen? Die militärische Einsatzfähigkeit der israelischen Armee wird heute auch am Versöhnungstag aufrechterhalten. Radio und Fernsehen senden ein »stilles« Programm, einzig dazu eingerichtet, die Bevölkerung im Notfall mit wichtigen Informationen zu versorgen.

Im Tal der Tränen berichten Hinweistafeln von der Schlacht. Eine Audiospur erzählt, wo die syrischen Minenräumfahrzeuge das Land durchpflügten. Wir schauen auf die goldenen Wiesen, die vereinzelt mit den gelb-roten Minenwarnschildern besprenkelt sind. Ein paar Hundert Meter weiter das syrische Inland.

Als wir unser Abendbrot auspacken, ist die Nacht bereits hereingebrochen. Ein steifer Wind weht aus Westen, der uns Gänsehaut auf die Arme treibt. Sören stellt eine halb volle Wasserflasche auf das Licht seines Handys, um eine Dinnerbeleuchtung zu kreieren.

»Ich wollte eigentlich Spaghetti al Tartufo machen«, sagt er, während er mir ein großes drusisches Fladenbrot reicht. »Aber wir hatten keine Trüffel.«

»Nicht so schlimm«, erwidere ich.

»Und keine Sahne.«

»Auch nicht wild.«

»Ach so, und Spaghetti auch nicht«, sagt er, während er mir sein Taschenmesser samt einem Stück Gurke in den Schoß legt.

»Und was haben wir dann?«, frage ich.

»Na ja ... Etwas Humus und Zwiebeln. Ganz klassisch.«

Während wir essen, legt sich ein tiefes Schweigen über das Land. Einzig das Flattern des Zeltstoffs ist zu hören und das gelegentliche Klimpern der Fahnenstangen.

»Ich wollte auch Salat machen ...«, setzt Sören irgendwann hinzu.

»Lass gut sein«, sage ich und lächle.

Wie gut, dass Sören hier ist, denke ich. Seit dem Anschlag in Tel Aviv mache ich mir Sorgen. Zu viele Gedanken im Kopf, zu aufgewühlt alles. Wir sitzen still da und schauen in die Landschaft. Die Wiesen wogen wie ein aufgewühltes Meer. Irgendwo im Osten tobt ein Gewitter.

Da beobachte ich mit einem Mal, wie drei rote Punkte aus den Wiesen emporsteigen und in der Nacht verschwinden. Sie fliegen parallel und in zügigem Tempo. Zu niedrig, um Flugzeuge zu sein. Ich will Sören darauf aufmerksam machen, doch da sind sie schon verpufft. Kurz darauf wiederholt sich das Schauspiel, diesmal sind es vier Punkte. Dann noch mal, fünf, sechs, dann wieder vier.

»Schau mal!«, sage ich zu Sören und stoße ihn an. Wir folgen den Lichtpunkten mit den Augen. Sie fliegen direkt in das Gewitter.

Morgen werden wir von zwei UN-Soldaten bestätigt bekommen, dass es sich bei den roten Punkten um Leuchtspurmunition handelte. Mit Magnesiumpulver gefüllte Maschinengewehrpatronen, die bei Dunkelheit die Flugbahn der Kugeln besser verfolgen lassen. Auf eine Leuchtspurpatrone folgen für gewöhnlich fünf tödliche Kugeln. Der Westwind trug jegliche Geräusche davon fort.

Die syrische Grenze ist die sicherste seit Jahren, rufe ich mir Thaers Worte ins Gedächtnis, während wir uns in unser Zelt verkrümeln. Während auf der anderen Seite des Zaunes, vielleicht drei Kilometer entfernt, Menschen um ihr Leben kämpfen, kuschle ich mich in meinen Schlafsack und versuche, nicht daran zu denken.

10. Juni 2016, Tal der Tränen, Golan

Nach einer unruhigen Nacht erreichen wir gegen Mittag die Westflanke eines Vulkankegels, auf dessen Kuppe sich das »Coffee Annan« befindet. Der Name ist eine Anspielung auf den ehemaligen UN-Generalsekretär, denn direkt neben dem Café ist ein Beobachtungsposten der Vereinten Nationen eingerichtet. Nachdem uns die beiden diensthabenden Soldaten unseren Verdacht über das gestrige Gefecht bestätigt haben, erklären sie uns die Hintergründe zum Gebiet.

»Wir befinden uns hier in einer demilitarisierten Zone. Das bedeutet, staatliche Truppen sind nicht erlaubt. Das macht die Region zu einem idealen Rückzugsraum für syrische Rebellen. Die Munition, die ihr gestern gesehen habt, wurde von Rebellen verschossen. Das Problem ist, dass die UN diese Gegend eben nur *kontrolliert*. Wir beobachten und protokollieren. Aber wir greifen nicht ein.«

Nur wenige Meter hinter der Waffenstillstandslinie sehen wir das neue Quneitra. Bis 2014 gab es dort einen Grenzübergang, den drusische Studenten aus dem Golan nutzten, um in Syrien zu studieren. Doch seit dem Konflikt auf der anderen Seite ist der Übergang geschlossen. Es häufen sich die Berichte, dass Quneitra mittlerweile in der Hand der al-Nusra-Front sei, eines abtrünnigen Ablegers al-Kaidas.

Als wir dem »Coffee Annan« den Rücken kehren, entdecken wir ein Schild, das uns den Weg nach Jerusalem weist. Noch 240 Kilometer. Südsüdwest.

Am Abend treffen wir an unserem Zeltplatz auf ein junges Pärchen, das uns zum Grillen einlädt. Die Beine sind schwer, doch die Stimmung nicht übel.

»Wie gefällt euch Israel?«, fragt Alon, während er eine Weinflasche öffnet, um uns und seiner Freundin Angelina einzuschenken.

»Gut«, sage ich. »Schönes Land, fantastische Landschaft, vor allem hier oben. Und überall freundliche Menschen. Israelis, Palästinenser, Drusen, Juden, Christen, Moslems ... Egal, wen wir treffen, alle sind so unglaublich gastfreundlich! So wie ihr. Prost!«

Ich hebe mein Glas.

Angelinas Miene ist etwas verhärtet, als wir anstoßen. »Du weißt, dass es keine Palästinenser gibt, oder?«, fragt sie unverblümt. »Vor 1948 war hier alles jüdisch. Die Araber folgten den Juden, um Handel zu treiben. Sie kamen, weil die Juden das Land bevölkerten. Und dann taten sie plötzlich so, als wären sie schon immer da gewesen.«

Sören und ich schauen uns irritiert an. Natürlich haben die jüdischen Einwanderungswellen im 19. und 20. Jahrhundert den Handel und damit auch das Bevölkerungswachstum in Palästina befeuert, aber Palästina als Teil des Osmanischen Reiches und später des englischen Mandatsgebiets war beileibe nicht leer, als die europäischen Juden kamen.

Alon schüttelt ob meiner Vermutung den Kopf. »Das, was ihr als Palästinenser bezeichnet, ist ein diffuses Konglomerat aus arabischen Siedlern. Sie sind neidisch auf uns, weil wir das Land aufgebaut haben! Sie wollen uns im Meer sehen!«

»Also, ich fand die Menschen, die wir in Palästina getroffen haben, weder neidisch noch gewaltvoll«, mischt Sören sich ein. »Sie waren supernett!«

Alon lächelt nachsichtig. »Weißt du, ich kann dir das nicht mal übel nehmen. Natürlich waren sie nett zu euch! Das ist der Touristentrick! Sie wollen euch auf ihre Seite ziehen!«

»Und warum seid ihr nett zu uns?«, hake ich nach.

Angelina wirft mir einen giftigen Blick zu.

»Wart ihr denn schon mal in Palästina?«, fragt Sören.

»Bist du wahnsinnig?«, entgegnet Angelina. »Sie würden uns umbringen!«

»Ihr seid Touristen, ihr versteht das nicht«, pflichtet Alon ihr bei. »Wisst ihr, ich hatte auch arabische Freunde. Aber nachdem ich beim Militär war, wurden sie komisch zu mir. Die Familien von Attentätern bekommen in den besetzten Gebieten fette Renten für ihre Taten!«

Alon spricht ein aktuelles Problem an. Tatsächlich gibt es einen Fond der Palästinensischen Autonomiebehörde für »palästinensische Opfer der israelischen Besatzung«: Von Israel inhaftierte oder verletzte Menschen sowie Familien von Getöteten werden mit staatlichem Geld entschädigt. Im eigentlichen Sinne ist das Geld für Leute wie Daher mit seinem Weinberg bestimmt, die in einem Rechtsstreit mit Israel stehen oder deren Land ihnen wegen Schutzmaßnahmen Israels genommen wurden. Das Problem ist jedoch, dass bei der Unterstützung durch den Fonds nicht immer sicher ist, aus welchem Grund die Menschen »Opfer der israelischen Besatzung« sind, sodass in seltenen Fällen auch Attentäter und ihre Familien davon profitieren können. Immer wieder wird von israelischer Seite der Vorwurf erhoben, dass dieses Schlupfloch eine von Präsident Abbas gewollte Schwäche des Fonds sei und europäische Hilfsgelder die Attentäter unterstützten. Dennoch hatte ich bei unserem Aufenthalt in Palästina nicht das Gefühl, dass die Laufbahn eines Selbstmordattentäters ein erstrebenswerter Karriereweg ist, um sich und die eigene Familie zu finanzieren. Wie verzweifelt muss man sein, wenn sich dieser Weg als Wirtschaftszweig durchsetzen sollte?

Alon und Angelina wollen nichts davon hören. Immerhin schaffen wir es, das Thema zu wechseln, um den Abend nicht ganz aus dem Ruder laufen zu lassen. Wie konnten wir nur so schnell auf eine politische Ebene kommen?

Familienbande

Denn wer Gottes Willen tut,
der ist mein Bruder und meine Schwester
und meine Mutter.

Mk 3,35

11. Juni 2016, irgendwo in den Hügeln des Golans

Von nun an wird der Weg einsamer. Wir sind stundenlang unterwegs, ohne einer Menschenseele zu begegnen. Gegen Mittag wandern wir auf einer breiten Schotterstraße, bis der Weg nach Westen abfällt und durch ein mit reichlich Kuhfladen bedecktes Waldgebiet führt. An seinem Ende schirmt ein Gatter die Weide von der Straße ab. Beim Versuch, mich hindurchzuzwängen, reißt der Stacheldraht die Seitentasche meines Backpacks und die darin transportierte Wasserflasche auf.

»Scheiße!«, fluche ich und werfe den Rucksack ab. Der Riss zieht sich fünf Zentimeter lang über die Flasche. »So 'n Mist!« Schlimm ist nicht das verlorene Wasser, sondern die kaputte Flasche. Ich hatte zehn Liter Wasser für zwei Personen pro Etappe eingeplant, jetzt sind es nur noch acht. Auffüllstationen sind auf dieser Strecke rar gesät. »Es hilft nichts«, sage ich zu Sören. »Wir brauchen eine neue Flasche.«

Während er im Schatten des Wäldchens wartet, wandere ich bis zum nächsten Ort, um einen Supermarkt zu finden. Die Straßen sind wie leer gefegt, keine Stimme, kein Lachen, das darauf hinweist, dass dieser Ort bewohnt wäre. Sabbat, natürlich. »Shalom?!«, rufe ich, doch als Antwort bekomme ich nur das leise Quietschen einer Wippe, auf der eine streunende Katze balanciert. Ich sehe Tischtennisplatten und Basketballkörbe, ungelenk ausgeschnittene Krepppapierbilder, die an den Fenstern verschiedener Räume hängen. Offensichtlich befinde ich mich auf einem Schulgelände.

Vorsichtig teste ich eine der Türen. Sie schwingt federleicht auf. Ich streife durch das verlassene Gebäude, bis ich in einer Kantine einen ganzen Kühlschrank voller Wasserflaschen finde. Gerade als ich mir den Rucksack vollstopfen will, ertönt ein Räuspern hinter mir.

»Kann ich dir helfen?« Ein hagerer Jugendlicher steht da, in hellem T-Shirt und ausgewaschener Jeans.

»Ähm ... ja!« Ich verstecke eine der Flaschen hinter meinem Rücken. »Ich ... äh ... wollte unsere Wasserflaschen auffüllen. Für unsere Wanderung. Mein Kumpel wartet oben am Hügel!«

»Brauchst du sonst noch was?«

»Nee!«

»Komm, ich geb dir was zu essen. Es ist Shavuot, alle Geschäfte haben geschlossen.«

Shavuot, das Wochenfest, ist eine Art Erntedankfest der Juden, 50 Tage nach Pessach. Laut Neuem Testament sank zu Shavuot der Heilige Geist auf die Jünger Jesu herab, weshalb Christen in dieser Zeit Pfingsten feiern.

Der Junge hält mir an einem weiß gestrichenen Bungalow die Tür auf. »Komm rein! Meine Familie ist bei Freunden.« Er öffnet zwei Schränke und belädt mich mit Brot, Chips, Äpfeln, Erdnussbutter und Süßkram.

»Ich kann doch nicht euer ganzes Essen mitnehmen!«, wende ich ein.

Als ich ihm wenigstens Geld geben will, wehrt er ab: »Ist schon okay. Meine Eltern hätten's genauso gemacht!«

Innerlich schüttle ich den Kopf darüber, wie hilfsbereit die Menschen hier sind.

Gegen Abend treffen wir zwei Wanderer, die ihr Zelt am Rand eines Ruinendorfes aufgeschlagen haben. »Hushania« steht in hebräischen Lettern auf meiner Wanderkarte.

Nachdem wir unser Nachtlager in ihrer Nähe aufgebaut haben, streifen wir durch die zerstörten Häuser des Dorfes. Der Boden ist schwarz verkohlt, jemand hat hier vor nicht allzu langer Zeit ein Feuer entfacht. Das einzig noch erkennbare Gebäude ist eine Moschee. Das Dach hängt in großen Betonfetzen in den Gebetsraum, die Wände sind über und über mit Graffiti bemalt. Nur das Minarett ist bis auf eine Salve Einschusslöcher komplett erhalten.

Als ich durch die Öffnung in der Spitze ins Freie trete, eröffnet sich mir eine atemberaubende Aussicht. Die Sonne ergießt sich orangerot über den Golan und taucht die Hügel in einen bronzenen Ton. Federwolken zeichnen leuchtende Striche an den Himmel. Wir müssen uns vorsichtig um den Turm bewegen, denn das Geländer ist an einigen Stellen in die Tiefe gestürzt. Auf der anderen Seite verliert sich der Schatten der Moschee in einem Eukalyptusbaum. So wie die Ruinen daliegen, ist die Schönheit des Dorfes auch unter all der Verwüstung zu erkennen.

Als wir zu unserem Schlafplatz zurückkehren, laden uns die beiden Wanderer zu einem Plausch ein. Danny und Ronny, zwei alte Schulfreunde aus einem Dorf bei Tel Aviv. Wir sitzen im Kreis vor einer kleinen Kanne kräftigen Kaffees, eine Gaslampe spendet Licht.

»Wisst ihr, was da drüben passiert ist?«, frage ich mit einem Nicken zum zerstörten Ort.

Danny zuckt die Schultern. »Wahrscheinlich ein syrisches Dorf, das im Krieg zerstört wurde.«

»Warum wurde der Boden angezündet?«

»Kann sein, dass die Army hier ihre Feldübungen macht.«

»Noch Kaffee?«, fragt Ronny.

Wir reichen ihm unsere Tassen.

»Das ist Israel!«, erklärt Danny. »Das ganze Land ist ein Schlachtfeld. Und das ganze Land ist ein Paradies. Die Kriege sind Teil dessen. Sie haben das Land geformt und mitgeprägt. Wart ihr im Tal der Tränen? Kennt ihr die Geschichte dazu? Als es 1973 losging, habe ich Äpfel sortiert.«

»Und ich hab Milch abgefüllt«, wirft Ronny ein. »Freiwilligenarbeit.«

»Für die Armee?«

»Keine Ahnung... für die Nation. Das Land war im Krieg, und jeder wollte etwas tun. Die einen haben an der Front gekämpft, die anderen haben Milch abgefüllt. Ihr könnt euch keinen Menschen vorstellen, der je so patriotisch Äpfel sortiert hat wie ich damals. Gott, war das aufregend! Wir haben den Krieg in den Apfelhainen gewonnen! Zumindest hat es sich so angefühlt...«

»Der Krieg hat Israel geeint«, ergänzt Ronny. »Ihr müsst euch nur vorstellen, in diesem Land leben Menschen von überall auf der Welt zusammen, die sich nur in einer Sache gleichen: in ihrem Glauben. Und das stimmt noch nicht mal, denn es gibt tausend unterschiedliche Glaubensrichtungen im Judentum! Bloß weil wir Juden sind, heißt das ja nicht, dass wir auch die gleichen Interessen oder Kultur haben. Diese Gesellschaft wird nur durch zwei Dinge zusammengehalten: durch Erfolgserlebnisse und durch einen gemeinsamen Feind. Beides konnten uns die Kriege geben...«

Eine Weile hängt jeder seinen Gedanken nach, dann ergreift Danny wieder das Wort. Ihm lässt das Thema keine Ruhe. »Wisst ihr, eigentlich sollten wir den Arabern dankbar sein. Ohne sie wären wir keine Nation geworden! Sie haben uns geholfen, uns zu finden. Israel und Palästina sind wie Geschwister. Und wie Geschwister haben wir uns gestritten. Aber nun ist es an der Zeit, sich zu vertragen. Ich meine, wir wurden immer von Fremden bevormundet – und jetzt bevormunden wir die Palästinenser? Ich würde auch kämpfen an ihrer Stelle!«

Ronny nickt zustimmend. Die Gaslampe zeichnet ihm Schatten ins Gesicht. »In Israel geht die Einheit verloren. Es gibt nicht mehr diesen Spirit wie damals, wir haben zu viele Extremisten. Zu viele Leute, die Macht wollen. Jeder lebt in seiner Welt, wir diskutieren nicht mehr. Es wäre schön, wenn Abraham ein Machtwort sprechen würde, das seine Kinder zur Vernunft bringt. Innerhalb des Judentums und in allen drei Religionen.«

Der Mond am Himmel taucht die Hügel in fahles Licht. Die Eukalyptusbäume schillern silbrig im Wind. Sören entschuldigt sich, um sich zu erleichtern. Als er zurückkommt, fragt er sehr gelassen: »Sagt mal, wie gefährlich sind eigentlich Skorpione?«

»Welche meinst du?«, entgegnet Ronny. »Die gelben oder die schwarzen?«

»Sagen wir ... die schwarzen.«

»Die sind okay. Die gelben können tödlich sein, aber die schwarzen sind einfach nur schmerzhaft ... Warum?«

»Ach, nur so«, sagt Sören, während er sich sehr genau umguckt, bevor er sich im Gras niederlässt. »Ich kam drauf, weil mir eben einer über den Weg gelaufen ist ...«

Ich will sofort aufspringen und mich schütteln, doch Ronny und Danny mahnen zur Ruhe. »Keine Sorge, die sind nicht aggressiv. Sie greifen nur an, wenn sie sich bedroht fühlen.«

»Und wann fühlen sie sich bedroht?«, frage ich. »Meint ihr, sie fühlen sich davon bedroht, dass wir hier sitzen?«

Ronny überlegt einen Moment. Dann antwortet er entspannt: »Nein ... nein, ich glaube, es ist für sie ganz okay, dass wir hier sitzen.«

12. Juni 2016, Hushania, Golan

Mittlerweile schreiben wir den fünften Tag unserer Wanderung ohne Dusche. Wenn wir am Abend ins Zelt steigen und unsere Schuhe nach draußen werfen, riecht es, als wären unsere Füße über den Tag verwest. Wir finden keinen Schlaf, sondern fallen in ein olfaktorisches Koma.

Der Weg führt uns weiter Richtung Süden. In einem Minenfeld rostet ein ausgebrannter Laster, eine Spur aus Findlingen führt direkt darauf zu. Mich juckt es, auf den Steinen bis zum Auto zu balancieren, doch Sören hält mich fest.

»Junge«, sagt er. »Ich hab gerade meine ganze Hand in die riesige Schweißpfütze in deinem Nacken gelegt, um dich aufzuhalten. Ich hab das nicht gerne gemacht, es fühlt sich wirklich nicht schön an. Ich tat dies, damit du nichts Dummes tust. Bitte respektiere das, und komm von dem Zaun weg.« Ich tue ihm den Gefallen.

Wenig später folgt der Trail einem Bachlauf. Das Schilf steht hoch in der Landschaft, wir hören Wasser gluckern. An einer Viehtränke treffen wir Vova und Tomer. Die beiden dienten als Sanitäter in der Armee. Vor einem halben Jahr endete ihr Pflichtdienst.

»Ich kenn die Gegend hier ganz gut«, sagt Vova mit einem freundlichen Grinsen. »Ich war acht Monate an der syrischen Grenze stationiert.«

»Was habt ihr da gemacht?«, will ich wissen. »Ich dachte, es sei so ruhig dort.«

»Wir haben Syrer behandelt«, entgegnet er.

Ich schaue verwirrt. »Syrer?«

»Ja. Wir haben Spezialeinheiten drüben. Die gehen nach den Schlachten in die Lager und bergen die Verwundeten. Durch Breschen im Zaun werden sie übergeben.«

»Aber warum?«, fragt Sören. »Sind die Syrer denn nicht eure Feinde?«

»Es sind nicht unsere Feinde. Niemand ist per se ein Feind. Es sind Menschen in Not. Und es ist unsere Pflicht, ihnen zu helfen.«

»Und wie haben die Syrer darauf reagiert?«

»Erst hatten sie Angst. Dann waren sie für gewöhnlich unglaublich dankbar.«

»Und die Israelis?«

»Du meinst die Bevölkerung? Unsere Arbeit wird nicht groß publik gemacht. Vor einem Jahr haben ein paar Jungs in Majdal Shams mitbekommen, dass in einem Krankentransport zwei mögliche IS-Leute transportiert wurden. Sie haben den Wagen angehalten und die beiden totgeprügelt... Deshalb halten wir unsre Aktionen meist geheim.«

»Und warum macht Israel das?«, hake ich nach. »Warum geht ihr da rüber?«

»Man könnte es Mitleid nennen«, erklärt Vova mit einem Zucken der Augenbraue. »Menschenliebe. Aber wenn du mich fragst: Es geht um Wissen. Israel hilft diesen Menschen, um Informationen zu erhalten.«

»Spionage?«

Vova nickt.

»Also werden die Menschen ausgenutzt?«

»Na ja«, entgegnet Vova sachlich. »Ihnen wird geholfen. Israel gibt keine Waffen in den Krieg, kein Geld. Wir heilen Menschen und verlangen dafür Wissen. Das ist deutlich humaner als die meisten anderen Länder, findet ihr nicht?«

Wir beschließen, die folgenden Stunden gemeinsam zu wandern. Mit jedem Schritt kommen wir unweigerlich ein Stück näher zum See.

»Habt ihr auch Palästinenser behandelt?«, frage ich.

»Wir müssen jedem Menschen helfen«, antwortet Tomer. »Egal, welcher Herkunft. Und wir haben die Pflicht, zuerst die zu behandeln, die am schwersten verwundet sind. Wenn das ein

Palästinenser ist, behandeln wir ihn zuerst. Selbst, wenn er ein Attentäter ist. Wisst ihr, die meisten Leute in Palästina sind wirklich gemein zu uns. Nicht, dass sie mit Messern auf uns losgehen, das sind die wenigsten. Ich meine, dass sie uns bespucken, mit Steinen beschmeißen. Die wenigsten von uns schaffen es zu hinterfragen, warum die Palästinenser das machen... Es sind ja keine grundsätzlich schlechten Menschen, oder?« Tomer überlegt einen Moment, um die richtigen Worte zu finden. »Sie greifen nicht *uns* an, sondern das, was wir verkörpern. Unsere Waffen, unsere Uniform, unsere Macht. Der Fakt, dass wir als Fremde in ihrem Land darüber bestimmen, was Recht und Ordnung ist... Gott, was würde ich gerne mit euch gehen! Einfach ohne Waffe, ohne Abzeichen durch die besetzten Gebiete! Ich will wissen, wie die Menschen wirklich sind.«

»Würdest du es machen?«, frage ich.

Tomer hält einen Moment inne. »Nein«, sagt er schließlich. »Das würde nicht gehen.«

Gegen Abend erreichen wir den Rand einer Schlucht. Über Jahrtausende hinweg wurde sie vom Regenwasser in den Golan gegraben. Wir setzen uns an den Rand des Abhangs und betrachten den Sonnenuntergang. Mit Anbruch der Nacht entzünden wir ein Lagerfeuer.

»Passt auf, das wird jetzt Army-Style!«, verkündet Tomer, während er ein paar Dosen Thunfisch und eine Rolle Küchentücher aus seinem Gepäck kramt. Er tränkt die Küchentücher in Thunfisch-Öl, dann entzündet er sie und legt sie auf die Dosen. Sobald das Papier heruntergebrannt ist, entzündet sich der Inhalt darunter. Kurz darauf schieben wir uns kross gebratenen Thunfisch in den Mund. Vova öffnet eine Flasche Rotwein.

»Wie lange seid ihr noch unterwegs?«, fragt Sören, der mit abgeknicktem Hals in den Himmel späht.

»Wir fahren morgen zurück«, antwortet Vova.

»Warum?«

»Weil wir unseren Plan erfüllt haben.«

»Was war euer Plan?« Sörens Kopf hängt so tief, dass seine Haarspitzen über den Erdboden streifen. »Ey, 'ne Sternschnuppe! Autsch! Nee... war Glut.«

»Nach drei Jahren in der Armee, in denen dir jeden Tag erzählt wurde, was du zu tun und zu lassen hast, wirst du plötzlich entlassen und musst selbst herausfinden, was du tun willst«, antwortet Vova. »Wir sind zu dieser Wanderung aufgebrochen, um unsere Erleuchtung zu finden. Der Anfang war schlimm. Überall Blasen, alles tat weh... aber irgendwann wurde alles ganz leicht. Unsere einzigen Sorgen waren, wo wir Wasser finden, wo wir schlafen und wo wir etwas zu essen bekommen würden. Wenn wir das gefunden hatten, waren wir glücklich. Wir konnten in alle Richtungen nachdenken, um herauszufinden, was wir wirklich wollten.« Vova grinst. »Und jetzt, wo wir das wissen, fahren wir nach Hause.«

»Und was wollt ihr?«, frage ich.

»Ich will Medizin studieren«, antwortet Tomer. »Ich hatte schon vorher die Idee, aber ich musste erst hierherkommen, um zu verstehen, dass ich es wirklich will.«

»Und du?«, wende ich mich an Vova.

»Ich will Gabelstaplerfahrer werden!«

Gelächter.

»Im Ernst!«

Kurz darauf löschen wir das Feuer. Es ist erst halb elf, doch wir fühlen uns, als wäre es weit nach Mitternacht. Was will *ich* eigentlich, frage ich mich. Bisher musste ich darüber nie viel nachdenken. Mein Leben verlief ohne Brüche, eine Aneinanderreihung von mir logischen Handlungen. Schule, Studium, wie durch Zufall konnte ich mein Hobby zum Beruf machen. Ich lebte in den Tag hinein, ohne mir je Sorgen machen zu müssen.

Doch nun wartet zu Hause eine Aufgabe auf mich, von der ich nicht weiß, ob ich dafür gewappnet bin. Zum ersten Mal in meinem Leben werde ich nicht nur für mich selbst verantwortlich sein.

Als Kind wollte ich immer erwachsen sein. Erwachsen sein bedeutete, über alle Probleme erhaben zu sein, denn Erwachsene konnten alles. Jetzt bin ich 27, kann beileibe nicht alles und fühle mich kein bisschen erwachsen. Ich hänge hier in der Wildnis zwischen Jesus und Krieg, und die einzigen Anhaltspunkte darüber, was ich im Leben will, stehen auf einer krakeligen To-do-Liste, die ich in den kommenden Wochen im Land abarbeiten will.

Was macht mich glücklich? Ich denke darüber nach. Am Ende komme ich auf genau drei Punkte: Anna, meine Familie, mein Zuhause. Im Grunde habe ich alles, was mich glücklich macht. Im Grunde habe ich ein verdammt gutes Leben.

Der Fischer vom See Genezareth

*Spricht Simon Petrus zu ihnen:
Ich gehe fischen. Sie sprechen zu ihm:
Wir kommen mit dir.*
Joh 21,3

15. Juni 2016, Ein Gev, Israel

Am Ende des siebten Tages seit unserem Aufbruch vom Hermon erreichten wir Ein Gev, einen Kibbuz am Westufer des Sees. Nach dem nötigen Bad in der Abenddämmerung fühlte ich mich gleich mehrere Kilo leichter. Dreck, von dem ich gar nicht mehr wusste, dass er existierte, den ich mittlerweile schon für einen Teil meines Teints gehalten hatte, fiel von mir ab und versank in den Untiefen des Wassers. Ich fühlte mich ganz nackt. Für die kommenden Tage wollen wir in der Nähe bleiben, um uns zu erholen und ein wenig zu recherchieren.

An diesem Morgen trampen wir nach Ein Zivan, wo ich in meinem Reiseführer eine Weinkelterei ausfindig gemacht habe. Schon im Alten Testament pflanzte Noah einen Weinberg. Jakob bestach seinen Vater Isaak mit Wein und Wildbret, um den Erstgeburtssegen zu erhalten, und auch Jesus bezeichnet Israel in seinen Gleichnissen und Reden häufig als »Gottes Weinberg«. Die Aussagen zum »Fresser und Weinsäufer« im Neuen Testament kann man mit hoher Wahrscheinlichkeit als authentisch annehmen, da sie erstens von ihm als Selbstbezeichnung benutzt werden, zweitens nur schwerlich als Erfindung des Urchristentums anzusehen sind und nicht zuletzt das Heilige Abendmahl auf einem einzigen großen Gelage beruht.

In der Weinkelterei von Ein Zivan ist es angenehm kühl. In den Regalen an den Wänden stehen wohldekorierte Weinkisten, die Preise pro Flasche liegen bei 30 bis 40 Euro. Ein Fenster gibt den Blick auf einen Nebenraum frei, in dem dicke, hölzerne Fässer lagern.

Ofer Bahat, der Besitzer der Kelterei, gibt uns die Hand. Ein kräftiger und sympathischer Mann, dessen Nase an die von Gérard Depardieu erinnert. »Ein Schluck Weißwein, die Herren? Der Chardonnay ist mild. Leicht säuerlich. Gut im Sommer.« Er reicht uns zwei Gläser.

Zweieinhalb Jahre reift Ofers Wein in den Fässern, die Felder liegen nahe der Waffenstillstandslinie, auf fruchtbarer Vulkanerde. »Das Klima ist wichtig«, erklärt Ofer. »Die Winter sind kalt, die Sommer sind warm, es gibt nicht zu viel Wasser. Das ist perfekt. Es soll nicht selbstherrlich klingen, aber hier gibt es den besten Wein Israels. Schon vor 1000 Jahren wurde hier Chardonnay angebaut.«

In den 1980er-Jahren war Ofer mit der Armee im Golan stationiert. Anschließend verdingte er sich als Obstbauer. Irgendwann begann er, in seiner Garage Wein in kleinen Mengen zu produzieren. Heute greift er nicht mehr persönlich in den Herstellungsprozess ein, denn der Wein soll koscher sein, das heißt er darf nur von praktizierenden Juden hergestellt werden.

Ofer führt uns durch die Anlage. »Wein ist ein religiöses Getränk in Israel. Jeden Freitagabend eröffnen wir den Sabbat, in dem wir den Kiddush, einen Segen über unseren Wein, sprechen.« Auf meinen Hinweis, dass auch Jesus als Weintrinker galt, lächelt er. »Ich und euer Jesus hätten sich gut verstanden!«

Vor ziemlich genau einem Jahr, im April 2015, verirrten sich zwei Mörsergranaten aus dem syrischen Rebellengebiet nach Ein Zivan und schlugen in einem Feld nahe des Dorfs ein. Darauf angesprochen, verzieht Ofer das Gesicht. »Wenn der Golan Teil Syriens würde und die Syrer mir erlauben würden, meine

Arbeit auszuüben, würde ich bleiben. Mir ist egal, wem das Gebiet gehört! Ich möchte einfach nur leben und meine Arbeit machen.«

Er holt eine Flasche Merlot aus einem Regal und schenkt uns ein. Eine fruchtige Note legt sich auf meinen Gaumen. »Hey, hat nicht Jesus auch Wasser zu Wein gemacht? Ich mache im Grunde das Gleiche. Ich brauche nur länger.«

Am Abend kommt in Ein Gev ein strenger Wind auf. Halbhohe Wellen treiben ins Hafenbecken, nahe der Mole steht ein junger Mann in Shorts und freiem Oberkörper auf dem Heck eines Bootes und sortiert ein Fischernetz.

»Hey«, rufe ich ihm zu. »Bist du der Fischer hier?«

Mit zusammengekniffenen Augen sieht er zu uns herauf. Straffer Körper, braun gebrannt, freundliches Gesicht. »Nein«, antwortet er. »Aber ich arbeite für ihn! Was kann ich für euch tun?«

»Wie heißt euer Fischer?«

»Avid!«

»Ist er nett?«

Er zögert einen Moment. »Ja ... Meistens! Wieso?«

»Meinst du, wir könnten auch mal einen Tag bei ihm arbeiten?«

Der junge Mann grinst. Er steigt aus dem Boot, um uns die Hand zu geben. »Ich bin Daan. Könnt ihr schwimmen?« Ein paar Minuten und zwei Telefonate später klopft er uns auf die Schulter. »Okay, wir sehen uns dann morgen! Seid zum Sonnenaufgang hier. Bringt feste Schuhe mit!« Damit dreht er sich um und läuft auf klatschenden Sohlen davon.

Ich strahle Sören an. »Digger, morgen fahren wir zur See!« Schon jetzt habe ich das Gefühl, dass morgen der beste Tag unserer Reise werden könnte.

16. Juni 2016, Ein Gev, Israel

Der Tag kommt mit dem Rauschen von Wellen. Der Wind hat abgenommen, die Sonne wagt sich noch nicht über den Rand der Felsen.

Man kann sich kaum die Vorfreude vorstellen, mit der ich mich an diesem Morgen aus dem Schlafsack pelle. Ich liebe Wasser. Ich liebe alles, was mit Wasser zu tun hat: Boote, Segel, Anker, Taue, alles. Ein Schiffstau baumelt von den Dachbalken meines Zimmers, an den Wänden hängen Räucherkisten als Bilderrahmen, ein Globus klebt unter dem Bücherregal, ein Kompass liegt in einem Fischernetz, das ich an die Wand genagelt habe. Genau genommen lebe ich in einem Boot. Im vierten Stock einer Altbauwohnung in Leipzig. Wenn ich ein Haustier hätte, es wäre eine Möwe.

Davon abgesehen habe ich natürlich ein professionelles Interesse an der Fischerei im See Genezareth, denn mindestens vier von Jesu Jüngern waren Fischer.

Während wir hinüber zum Hafen schlurfen, befeuchten automatische Rasensprenger die kurz geschnittenen Grünflächen, ein einsamer Hund läuft über das Gras. Aus einem Schuppen gegenüber dem Hafen hören wir schweres Schnaufen. Spaten, die in festen Grund stechen. Da tritt Daan ins Freie und begrüßt uns.

»Hey, da seid ihr ja! Hier, zieht euch die an, und helft mal eben, die Kiste zu tragen!« Er wirft uns zwei Paar Handschuhe zu, während zwei Mädchen hinter ihm mit angestrengten Gesichtern eine Kiste Eis aus dem Schuppen schieben. Wir laden die Kiste auf eine Sackkarre und manövrieren sie hinüber zur Mole, wo sie per Kran in einen rostigen Eisenkahn gehievt wird.

Die beiden Mädchen arbeiten gemeinsam mit Daan und Max, der später dazukommt, als Freiwillige im Kibbuz. Sie helfen bei den anfallenden Arbeiten, erhalten dafür Kost, Logis und einen geringen Lohn.

Wir vertäuen den Kahn mit dem eigentlichen Fangboot, als schließlich Avid zu uns stößt. Der Fischer ist ein kleiner, robuster Mann. Sein Rücken ist kräftig, sein Bauch sitzt wie ein Kielgewicht vor seinem Körper. Er sieht aus, als könnten drei ausgewachsene Menschen mit vollem Anlauf gegen ihn rennen und abprallen, während er sich an der Nase kratzte und fragte, was gewesen sei. Ein Baumstamm auf Beinen.

»Shalom«, grüßt er und gibt uns die Hand. »Ihr seid die Journalisten?«

»Wir sind keine Journalisten«, sage ich. »Wir…«

»Passt einfach auf, dass ihr nicht im Weg steht. Daan! Mach die Taue los. Der Wind kommt heute früher. Es wird wild werden. Ich will nicht so lang draußen sein.«

Der größte Teil des kleinen Fischerbootes wird von einem riesigen Fangnetz in der Mitte des Hecks eingenommen. Die Reling ist niedrig, über den Bug ist ein Sonnenschutz gebaut. Überall ragen Aufbauten über das Wasser, die backbord wie steuerbord als Vorrichtungen für die Fischerei dienen. »Am besten, ihr klettert aufs Dach, sobald wir das Netz auswerfen«, flüstert uns Daan zu. »Mit sechs Leuten wird es verdammt eng.« In der Mitte des Bootes erhebt sich das Ruderhaus. Darin kaum mehr Platz als für zwei stehende Personen. Selbst das Dach ist mit allerhand Tand vollgeräumt.

Avid steht am Steuer und schaut über den See. Der Motor brummt dumpf und dröhnend, Palmen und Bananenplantagen ziehen am Ufer vorbei, während die Crew es sich an Bord bequem macht. Aus dem Steuerhaus dringt das Piepen des Sonars, das uns die Untiefen und Fischschwärme auf dem Bildschirm anzeigt. Das Wasser hat die Farbe von Jade.

»Wir fahren zur Flussmündung«, erklärt Avid knapp. »Der Fisch ist dort, wo das Wasser lebt.«

»Gibt es außer dir noch viele Fischer am See?«, frage ich.

»Nein… Früher waren es mehr. Heute gibt es nur noch mich.«

»Liegt es am niedrigen Wasserstand?«

Der Wasserstand des Sees ist für Israel von nationalem Interesse, denn er definiert, wie viel Wasser der National Water Carrier dem See entnehmen darf. Es gibt zwei wichtige Linien auf der Wasserstandsanzeige des Sees: Wenn die rote Linie bei 213 Metern unter dem Meeresspiegel unterschritten wird, muss der Wasserkonsum im Land eingeschränkt werden, um den Spiegel des Sees nicht weiter zu gefährden. Ab der schwarzen Linie bei knapp 215 Metern unter Normalnull darf dem See keinerlei Wasser mehr entnommen werden. Die Gefahr wäre zu groß, dass das Gewässer versalzen würde, da es zum Teil durch Salzwasserquellen gespeist wird, die bei sinkendem Wasserdruck vermehrt eindringen würden. Zugleich liegt der See in einem steilen Tal, wodurch kaum Wasseraustausch in den tieferen Regionen stattfindet. Der See besteht quasi aus zwei Schichten: Obenauf schwimmt das trinkbare Süßwasser, doch darunter steht eine Lage deutlich salzigeren Wassers, das ungenießbar und schädlich ist. Solange sich der Wasserspiegel über den definierten Linien bewegt, haben Wind und Klima nicht die Kraft, die beiden Schichten miteinander zu vermischen. Doch sobald der Spiegel sinkt, sinkt auch der Angriffspunkt der Naturkräfte, die dafür sorgen könnten, dass der See kippt.

»Bullshit!«, brummt Avid. »Das Wasser hier ist gut, du kannst es trinken! Der Pegel des Sees war schon tiefer. Die Menschen in Tel Aviv und im Negev haben Angst um ihr Wasser, aber nicht hier. Das ist alles Politik! Dem See geht es gut ... Also, was wollt ihr wissen? Ich werde euch wahr und ehrlich antworten.«

Zwei Adleraugen spähen mich an. In der einen Hand hält Avid das Steuerrad, mit der anderen trinkt er Kaffee. Er wirkt grimmig und gleichzeitig gutmütig. Ich frage ihn, wie lange er schon am See Genezareth fischt.

Er überlegt einen Moment. »Seit fast 40 Jahren ... Ich bin in den Siebzigern mit meinem Vater, der in Auschwitz war, aus

Rumänien gekommen. Selbst ein Vierteljahrhundert später gab es dort noch Judenfeinde. Deshalb sind wir abgehauen...« Er wirft einen Blick auf das Sonar. Dann pfeift er gellend und bremst das Boot. »Daan! Es geht los!«

Daan, der im Heck auf dem Netzhaufen gefläzt hat, springt auf, packt einen leeren Plastikkanister und wirft ihn nach Backbord aus. Avid pfeift noch einmal. »Max! Ins Beiboot! Jetzt!« Worauf dieser die Verbindung zwischen Eisenkahn und Boot löst und einen Anker auswirft, um den Kahn zu bremsen. Ein Klacken ist zu hören, und unter ohrenbetäubendem Scheppern rinnt das Netz über das Heck in den See.

Avid schlägt das Ruder hart nach Backbord. Das Boot beschreibt einen großen Bogen um den ausgeworfenen Kanister, bis wir wieder am Eisenkahn anlangen. Der Fischschwarm auf dem Sonar ist eingekreist. Langsam und konzentriert holt Avid die Unterleine des Netzes ein, sodass die Fische wie in einem Sieb gefangen sind. Dann schickt er mich zu Max ins Beiboot, um ihm zu helfen, die Oberleine des Netzes per Hand an Bord zu ziehen.

Während wir den Käfig immer enger zurren, zeigen sich die ersten Flossen unter Wasser. Ein paar kräftige Züge, bis der Kahn sich schräg legt und wir eine gefühlt lebenslange Ration Fisch zwischen uns und dem Boot gefangen haben. Von Hand heben wir die Tiere in die Eisboxen. Wir müssen uns tief über die Bordwand lehnen und mit aller Kraft zupacken, um die Fische zu fassen zu kriegen.

Petrus, der wohl berühmteste Fischer des Sees, hatte kein Sonar. Ein Fang wie dieser wäre ihm wohl als Wunder erschienen. Es ist der Lauf der Geschichte, dass die Wissenschaft immer mehr den Platz der Wunder eingenommen hat. Je berechenbarer die Welt wurde, desto weniger Raum blieb dafür. Früher konnten Regenfälle, Sonnenaufgänge und gute Ernten durch göttliches Wirken erklärt werden. Heute gibt es logischere, nachvollziehbare Erklärungen dafür. Alles ist begreifbar geworden: Unser Planet kreist um einen brennenden Gasball, der sich auf einem Außenarm unserer Galaxie befindet, und ist damit Bestandteil endlos vieler Galaxien, die seit dem Urknall in beinahe unendlicher Geschwindigkeit auseinanderdriften. Aber wie viel schöner wirkt der Sternenhimmel, wenn man nicht darüber nachdenkt? Je mehr wir wissen, desto mehr verlernen wir, uns zu wundern. Wissen ist objektiv. Glaube subjektiv. Und trotzdem möchte ich manchmal weniger verstehen und mich mehr wundern. Wenigstens da, wo es noch möglich ist.

Im Lukasevangelium führte ein »wundersamer Fischzug« dazu, dass Petrus sich Jesus anschloss. Leider wäre auch das heute eher unrealistisch. Denn welcher Fischer würde nach einem solchen Jahrhundertfang sagen: »Alles klar, das war's, ich mach Schluss. Ich soll von jetzt an Menschen fischen? Na gut, los geht's!« Wahrscheinlicher wäre wohl: »Vielen Dank für Ihr Angebot, Herr von Nazareth, aber ich habe gerade den Fang meines Lebens gemacht. Gegenangebot: Wollen Sie nicht lieber für mich arbeiten? Sie scheinen einen guten Riecher zu haben. Ich werde Sie gut bezahlen!«

Wir vertäuen das Beiboot an der Reling und ordnen das Netz für den nächsten Fang. Der Fisch ist verstaut, eine Plane als Sonnenschutz darübergespannt. Während die anderen auf dem Bug Schutz vor der Sonne suchen, setze ich mich zu Avid ins Steuerhäuschen.

»Weißt du, manche Leute nennen diesen See heilig«, sagt er. »Für mich ist er bloß eine Flasche voll Wasser. Trotzdem müssen wir miteinander klarkommen. Ich habe eine Hand, aber alle fünf Finger sind unterschiedlich. Ich respektiere die Menschen und ich respektiere den See. Ich jage nur, was ich brauche. Der See ist wie ein menschlicher Organismus. Und genau wie ein Mensch wird er manchmal verrückt.«

»Ist an den Geschichten der Bibel was dran? Schiffe, die im Sturm versinken; Wellen, so hoch, dass sie ganze Boote zertrümmern können?«

»Oh, dieser See kann gewalttätig sein!«, bestätigt Avid. »Man glaubt es kaum, aber wenn der Ostwind kommt, dann wütet er mit knapp 120 Stundenkilometern. Wellen, bis zu vier Meter hoch! Wenn du nicht aufpasst, zerschmettern sie dich wie eine Lawine.« Er ballt eine Hand zur Faust und knallt sie auf das Steuer. Dann schüttelt er den Kopf. »Fischer zu sein ist nicht das Gleiche wie Zimmermann. Es ist eine Lebensart! Wasser ist immer nass. Du musst im Einklang mit der Natur sein. Mit der Rechten nimmst du, mit der Linken gibst du. Die meisten Leute haben vergessen zu geben.«

»Woran glaubst du?«

Avid blickt auf das Sonar, das unaufhörlich fiept. Er kaut auf der Frage herum. »Ich glaube nicht an irgendeinen Gott... Du musst an dich selbst glauben, andere Freunde hast du nicht. Das Leben ist hart, also musst du hart sein. Ich war mit der Armee im Libanon, als niemand im Libanon sein wollte. Ich mag es zu jagen. Fische, Wild, Menschen...« Er lacht trocken. »Ich will nicht, dass jemand anderes meinen Job macht... Ich glaube an ein ruhiges Leben. Belästige mich nicht, dann belästige ich dich nicht. Wenn du Hilfe brauchst, helfe ich dir. Und ich hoffe, andersherum ist es genauso.«

Er steckt zwei Finger in den Mund und pfeift laut und kurz. Sofort springen alle an ihre Plätze.

Nachdem wir den zweiten Fang verstaut haben, dorren wir in der Hitze. Das Netz muss an einigen Stellen geflickt werden, der Motor ist aus, kein Lüftchen weht, die Sonne steht im Zenit. Irgendwann springt eins der Mädchen einfach über Bord. Sie lässt sich in den Wellen treiben, schwimmt ein paar Züge, taucht ihren Kopf unter Wasser. Erst als Avids Pfiff uns wieder an die Arbeit ruft, klettert sie zurück an Deck.

Nachdem wir wieder unter Fahrt sind, erkundige ich mich bei Avid nach seinem Vater. »Was hat Auschwitz aus ihm gemacht?«, frage ich.

»Ach, er ist ein guter Mann. Redet viel, lacht viel ... Was willst du wissen?«

»Ist er wütend? Auf die Deutschen?«

»Nein. Das war damals. Wütend macht ihn nicht, was passiert ist, sondern was immer noch passiert. In Deutschland, in Europa, in der Welt. Juden werden wegen ihres Glaubens verfolgt. Warum, frage ich mich...« Er schaut mich wütend an. »Wirklich, warum?«

Ich kann ihm keine Antwort geben.

»Weißt du, warum ich Fischer geworden bin? Weil Fische nicht reden können. Ich will mit diesem ganzen Mist nichts zu tun haben. Weißt du, warum Fische keine Augenlider haben?«

Ich schüttle den Kopf.

»Weil sie ihre Augen nicht verschließen müssen! Wenn ihr nach Palästina geht, werdet ihr viele Menschen treffen, die euch von Allah erzählen und dass Israel schuld an ihrer grauenvollen Situation ist. Traut ihnen nicht! Merk dir: Es ist nicht wichtig, was die Leute dir erzählen. Sondern was du siehst und fühlst.« Damit pfeift er wieder in die Finger und läutet einen weiteren Fang ein.

Es mag gegen 16 Uhr sein, als Avid plötzlich den Motor aufdreht. Das Beiboot wird fest vertäut, wir preschen über das Wasser.

»Was ist denn los?«, frage ich verwundert.

»Siehst du die Sandwehen oben am Felsrand?« Max deutet auf die Hügelkette südlich des Arbel. Braungelbe Erdschwaden wirbeln über die Kante und ziehen den Hang hinab. »Das ist der Beginn des Sturms. Und siehst du die Fläche dort hinten, wo das Wasser silbrig ist? Die ersten Wellen. Wir müssen uns beeilen.«

Binnen Kurzem wird der See kabbeliger. Das Wasser schlägt aus wie in einer Badewanne, in die man einen Stein geworfen hat. Die Wellen kommen aus allen Richtungen. Sie bäumen sich gegeneinander auf, klatschen aneinander, spritzen über die Reling. Das Boot rollt und stampft nach allen Seiten.

»Vielleicht könnt ihr euch jetzt vorstellen, wie schnell man hier in Seenot gerät!«, ruft Daan gegen den Wind, während wir uns fest an die Aufbauten klammern. Bei dieser Dünung ist es nicht nur ein Wunder, dass Jesus über den See gelaufen sein soll, sondern vor allem, dass er nicht stolperte.

Nachdem Avid uns sicher in den Hafen gesteuert hat und der Fisch im Kühlhaus verwahrt liegt, sitzen wir noch lange in einem Restaurant an der Mole, trinken Bier und erzählen.

Bevor wir uns von den fünfen verabschieden, stelle ich Avid eine letzte Frage: »Wenn dich jemand abwerben wollte, dass du deinen Job an den Nagel hängst, um Menschenfischer zu werden, würdest du darauf eingehen?«

Avid lacht. »Auf keinen Fall! Mein Platz ist hier. Meine Arbeit, mein Leben, ich mag es, wie es ist.«

Ramadan, habibi

Wer aber den Mond sieht,
der beginne das Fasten in ihm.
Sure 2,185

17. Juni 2016, Ein Gev, Israel

Am folgenden Morgen lese ich im Internet von einer neuerlichen Messerattacke in Palästina. Ein Jugendlicher soll an einem Checkpoint auf einen Soldaten losgegangen sein. Der zweite innerhalb einer Woche, steht dort. Der Ramadan hat begonnen, Palästina ist ein dampfender Kessel. Der Druck steigt.

Wir stehen an der Hauptstraße zum Jalameh-Checkpoint, über den wir zurück nach Palästina gelangen wollen. »Seid vorsichtig«, rät uns ein dunkelhaariger Israeli, der uns mitnimmt. »Sie werden nett zu euch sein, aber ihr könnt ihnen nicht trauen! Haltet euch von Menschenmengen fern. Geht nirgendwo allein hin!«

Wir haben uns entschieden, nur noch die letzte Etappe von Jericho nach Jerusalem zu wandern. Ohne Führer besteht die Möglichkeit, in Palästina versehentlich für Siedler gehalten zu werden, denn Wandern ist dort kein übliches Hobby. So eine Verwechslung könnte in der aktuellen Lage gefährlich sein. Nach den Vorfällen in Tel Aviv und an den Checkpoints kann selbst Trampen zu riskant sein.

In der Nähe des Kontrollpunkts werden wir hinausgelassen. Eine breite Straße führt darauf zu, doch die Tore sind verschlossen. Normalerweise müsste hier reger Betrieb herrschen. Hinter einem Bürofenster sehe ich einen gelangweilten Soldaten. Ich winke ihm zu.

»Was ist los?«, fragt er, während er die Tür zu seinem Kabuff einen Spaltbreit öffnet, um uns zu verstehen.

»Wir müssen auf die andere Seite! Wir sind nur zu zweit, kannst du uns rüberlassen?«

»Nein.«

»Warum nicht?«

»Die Grenze ist zu.«

»Warum?«

»Geschlossen.«

»Nichts zu machen?«

»Nein.«

»Warum nicht?«

Der Soldat schließt die Tür.

»Auf eurer Homepage stand, die Passage ist…«

Ein Jeep fährt vor, dem vier weitere Soldaten entsteigen.

»Können wir euch helfen?«

»Ja, ihr könntet…«, beginne ich, doch Sören packt mich am Arm.

»Nils, das war eine rhetorische Frage«, wispert er. »Entspann dich, die buchten dich sonst gleich ein.«

Unwillig senke ich die Arme.

Ich weiß nicht, woher mein Unmut kommt. Normalerweise sollte das Tor bis mindestens 15 Uhr geöffnet sein, allerdings hörten wir schon davon, dass die Öffnungszeiten sich willkürlich verändern könnten. Vielleicht ist es die Machtlosigkeit, die ich empfinde. Schon in der Schule legte ich mich mit jedem Lehrer an, der seine Autorität mir gegenüber zu sehr ausspielen wollte. Unzählige Male wurde ich aus dem Unterricht geschmissen, nur weil ich verlangte, auf Augenhöhe behandelt zu werden. Mit den Soldaten ist es ähnlich. Da ich meine Wut nicht an ihnen auslassen kann, kriegt Sören meinen Ärger ab.

»Weißt du, wenn du nicht jeden Morgen deine Haare eine halbe Stunde lang bürsten würdest, dann wären wir vielleicht noch durch den Checkpoint gekommen!«, zische ich.

»Kann ja nicht jeder eine Glatze haben wie du«, erwidert Sören.

»Ach komm! Du packst 28-mal deinen Rucksack, bevor wir aufbrechen. Wenn du nur ein bisschen Ordnung halten würdest, wären wir jetzt schon in Jerusalem! Ich muss dich immer mitschleppen!«

Sören verzieht das Gesicht. »Pah! Wenn ich dich grad nicht zurückgehalten hätte, würdest du jetzt wahrscheinlich irgendwo in einer Zelle sitzen! Mann, Nils, eigentlich wünsche ich mir das, damit du endlich ein bisschen runterkommst! Wenn du deinen scheiß Leistungsdruck mal ein bisschen runterschrauben würdest, könnten wir das hier vielleicht sogar genießen. Du bist nicht Jesus! Du musst nicht leiden! Und du musst hier verdammt noch mal nicht den Affen machen!«

»Du bist hier der Affe«, gebe ich zurück. »Wenn es nach dir ginge, säßen wir jetzt noch bei Lahvac und würden kiffen.«

»Und wäre das so schlimm?«, ätzt Sören. »Gott, was gehst du mir auf die Nerven! Genuss ist keine Sünde, du christlicher Held!«

Wir starren einander an.

Hinter uns pfeift jemand. Die Stimme des ersten Soldaten: »Jungs, wir öffnen morgen um sieben. Haut jetzt ab, ihr könnt hier nicht bleiben.«

»Was machen wir jetzt?«, frage ich leise.

»Is mir egal«, erwidert Sören. »Lass uns zu Lahvac fahren!«

18. Juni 2016, Nazareth, Israel

Nachdem wir notgedrungen eine weitere Nacht in der einzigen Stadt, die wir in der Umgebung kennen, verbracht haben, stolpern wir gegen 5:30 Uhr zum Abfahrtsort der Linientaxis. Unseren Frust haben wir über Nacht im Alkohol ertränkt. Zwei Mädels, denen wir in Bierlaune von unseren Reiseplänen erzählten, baten uns inständig, sie zu überdenken. »Sie werden euch töten«, insistierten sie. »Ihr werdet sehen, in Palästina werden sie euch töten.«

Es dauert mindestens eine Dreiviertelstunde, bis alle Plätze im Taxi gefüllt sind. Wir hocken Schenkel an Schenkel, die Rucksäcke auf dem Schoß. Überm Land liegt ein sanfter Morgennebel, aus dem sich der Tabor wie ein kahler Schädel erhebt. Dahinter die ersten Strahlen der aufgehenden Sonne. Während wir über die wie leer gefegten Straßen gen Süden brausen, sackt mir immer wieder der Kopf auf den Rucksack.

Ich erwache kurz vor dem Kontrollpunkt. Der Kleinbus wird langsamer, ich merke, wie ich nervös werde. Zwei Soldaten steigen ein. Nachlässige Blicke auf zerschlissene Ausweispapiere. Als sie den Adler auf unseren Reisepässen sehen, winken sie ab. Ich muss an Khader denken und den »besten Reisepass der Welt«.

Direkt hinter dem Checkpoint wird die Gegend ärmlicher. Die Straßen sind rustikaler, fliegende Händler verkaufen Süßigkeiten und Schmuck. Dazu saloonartige Häuserfassaden, vor denen dunkle Gestalten mit Dreitagebart stehen, schäbige Plakatwände neben schwarzen Wasserkollektoren. An den Bürgersteigen lungern Taxifahrer. Rauchen, diskutieren, warten auf Gäste.

Als wir umsteigen müssen, sammelt sich eine große Menschenmenge um uns. »Salam aleikum! Welcome to Palestine!«, rufen sie, reichen uns die Hände, helfen uns mit dem Gepäck. Ich werde kurz panisch, als ein Junge mit meinem Rucksack davonläuft – doch nur, um ihn vor den nächsten Kleinbus zu legen, der uns nach Nablus bringen soll. In der Wagentür hocken drei Sicherheitsleute.

»Where you from?«, fragt einer von ihnen.

»Germany«, sage ich.

»Aaaaaah, Heil Hitler!«

Ich schaue ihn entgeistert an.

»You know!« Er hebt den rechten Arm zum Gruß.

»No!«, entgegne ich grimmig. Um zu erklären, was genau ich von Hitler halte, fehlt die sprachliche Basis.

Auf der Weiterfahrt wird das Land hügeliger. Felsige Hangterrassen, Oliven und Gestrüpp, weiße Inseln auf den Kuppen der Hügel. Jüdische Siedlungen, die, von hohen Mauern umgeben, die Landschaft überschauen. Ich greife zu meiner Wasserflasche. Als ich sie an meine Lippen führe, legt mir mein Nachbar seine Hand aufs Bein. »La. Ramadan, habibi.«

Im Ramadan soll einst der Prophet Mohammed seine ersten göttlichen Weisungen erhalten haben, die er im Koran festhalten ließ. Da man nicht weiß, an welchem Tag genau er die Vision hatte, fasten und feiern die Muslime den gesamten Monat Ramadan über. Von Sonnenaufgang bis Sonnenuntergang verzichten sie auf Nahrung, Zigaretten, Sex und Getränke. Den Höhepunkt der Feierlichkeiten bildet das Id al-Fitr, das an den ersten drei Tagen des neuen Monats gefeiert wird und das mir als Kind als ein so magisches Gelage erschien.

Ich entschuldige mich bei meinem Sitznachbarn und verschließe die Flasche.

Die faltige Landschaft zieht träge an uns vorbei, bis wir in einer Senke zwischen zwei Hügeln Nablus erreichen. Der Ort grenzt an die Grundfesten von Sichem, einer der ältesten Städte des Landes. Schon Abraham soll hier einst eine Verheißung Gottes zuteilgeworden sein, die ihm das Land für seine Kinder versprach. Als das biblische Israel ungefähr 950 v. Chr. in ein

Nord- und ein Südreich zerfiel, wurde Sichem die Hauptstadt des Nordreichs. Auf dem Garizim, dem südlichen der beiden Hügel, wurde ein Kultort errichtet, der den Tempelkult von Jerusalem ablösen sollte. Die Samaritaner, jene Gläubigen, die dem Kult auf dem Garizim frönten, galten zur Zeit Jesu als Heiden. Mitunter bezog sich Jesus auf sie, um dem Judentum einen Spiegel vorzuhalten. Selbst die Samaritaner, so predigte er, würden sich moralischer verhalten als die Schriftgelehrten und Priester.

Heute leben nur noch wenige Samaritaner auf dem Garizim. Ihre einstige Hauptstadt Sichem ist verfallen, das angrenzende Nablus, das einst als römische Kolonialstadt gegründet wurde, entwickelte sich dagegen zu einer Perle des Orients. Im Laufe der Jahrhunderte gedieh es zu einem schillernden Handelszentrum, in dem Juden, Christen und Muslime gemeinsam lebten. Erst, als es in den 1930er-Jahren überall im Land zu Unruhen kam, wuchsen auch in Nablus die Spannungen. Heute leben kaum noch Juden und Christen in der Stadt. Allerdings existiert das Dorf der Samaritaner auf dem Garizim und einige bedeutende israelische Siedlungen auf den Hügeln im Umkreis.

Bei unserer Ankunft brummt Nablus wie ein Bienenstock. Goldenes Licht liegt über der Stadt, Dattelpalmen schießen in die Höhe, Minarette ragen aus den Häusermassen, Unmengen von Autos rollen ohne ersichtliches Leitsystem in alle Richtungen. Im Schatten eines Einkaufszentrums werden wir abgesetzt. Ratlos stehen wir auf dem Bürgersteig, den Reiseführer aufgeschlagen in der Hand, bis ein Passant herankommt und uns anspricht.

»Kann ich euch helfen? Ich kann Englisch.«

»Ja, tatsächlich«, entgegnet Sören. »Wir suchen eine Unterkunft.«

Der Typ strahlt. »Hey, mein Cousin hat ein Hostel in der Nähe! Wartet...« Er versucht, sich in den bunten Darstellungen unserer Karte zurechtzufinden. »Okay: Ihr solltet hier am Kreisel rechts gehen, dann hier links, dann wieder rechts. Wenn ihr nicht weiterwisst, ruft mich einfach an. Viel Glück!«

Wir wandern vorbei an Krimskramsläden und Kaffeehäusern, bis wir hinter einem Schneiderviertel in eine von altertümlichen Villen und Herrenhäusern geprägte Straße gelangen. Rechts fällt der Hang ab. Eine kleine, von einem Orangenbaum überspannte Treppe führt uns zu unserem Hostel.

Die Türen und Fensterläden des Hauses sind verschlossen, der Grünspan auf den Plastiktischen im Außenbereich zeugt von der längeren Abwesenheit jedweder Gäste. Unter einem Blumentopf finden wir einen Fetzen Papier mit einer Telefonnummer.

»Marhaba?«, meldet sich eine Stimme.

»Marhabteen! Wir stehen vor eurem Hostel. Wir suchen ein Zimmer für zwei Nächte.«

Kurzes Schweigen, Stühlerücken im Hintergrund. »Ja, ich kann euch sehen! Wir schicken jemanden. In zehn Minuten ist jemand da.«

Nach einer halben Stunde sitzen Sören und ich noch immer allein auf der Veranda. Wir haben die Zeit genutzt, um ein paar Datteln und einige große Schlucke Wasser zu uns zu nehmen.

»Aaaalter«, prustet Sören erleichtert. »Zum Glück bin ich kein Muslim!«

Etwa 15 Minuten später kommt Nadeem. Ein dünner Junge mit Zahnspange und wuscheligen Haaren, der uns geschäftsmäßig die Hand gibt. »Entschuldigt die Verspätung. Darf ich euch die Zimmer zeigen?«

Durch eine offene Hintertür treten wir ins Haus.

»Ich werde euren gesamten Aufenthalt über für euch da sein. Wenn ich nicht vor Ort bin, könnt ihr mich jederzeit anrufen.« Er zeigt uns ein Zimmer, dessen Balkon in einen hübschen Orangengarten weist.

»Musst du nicht zur Schule?«, frage ich.

Nadeem schüttelt den Kopf. »Ferien. Und übrigens…« Er deutet hinüber zu einem Kühlschrank. »Es ist Ramadan, aber ich werde nicht verfolgen, was ihr hier drin treibt. Hoffen wir, dass Gott auch nicht hinsieht.« Er lächelt verschmitzt und wendet sich ab.

Nach einem kurzen Nickerchen schlagen Sören und ich uns in die Suks. Die Stadt empfängt uns mit offenen Armen. Gefühlt jeder, der uns entgegenkommt, ruft: »Welcome to Palestine!«, und wünscht uns einen schönen Tag. Es ist wie in diesen Musicalfilmen, in denen alle Akteure tanzen, bunte Regenschirme drehen und mit offenem Mund grinsen. Im Viertel der Schneider lasse ich mir den Knopf meiner Wanderhose befestigen, der mir vor ein paar Tagen abgesprungen ist. Als ich zahlen will, winkt der Schneider ab. »La! Ramadan, habibi!«

In den engen Gassen glitzern Ramadanlaternen zwischen den Häusern. Bunte Wimpel und Girlanden sind über die Wege gespannt, flattern im Wind. Obstkarren klappern vorbei, gefolgt von knatternden Mopeds, die Händler feilschen eifernd um ihre Waren. Datteln und Feigen türmen sich zwischen orientalischen Spezereien, glänzende Hefeteigfladen brutzeln in Pfannen voll Fett. Ich spüre, wie mir der Magen knurrt.

Die Leute um uns herum scheinen von einer auffälligen Warmherzigkeit ergriffen. Vor einem Gemüsestand beobachten wir den Beginn einer Auseinandersetzung, doch noch bevor es ernst wird, gehen fünf, sechs Männer dazwischen, vermitteln und klopfen ihnen beruhigend auf die Schulter. »La! Ramadan, habibi!«

Am östlichen Ende der Suks passieren wir das geschmückte Schaufenster eines Barbiers. Ich bleibe begeistert stehen. Einer der größten Verluste meiner Jugend war es, dass mit meinem schwindenden Haar auch meine Friseurbesuche obsolet wurden. Für Leute wie Sören mag das nicht nachvollziehbar sein, aber im Friseurstuhl zu sitzen war mir immer ein großer Luxus. Ich liebe es, betüdelt zu werden. Das Aufkommen einer Barber-Kultur in Deutschland kam für mich dem Wiedererlangen meiner Haare gleich.

Sobald Sören und ich den Laden betreten, herrscht großes Aufsehen. Alle Augen sind auf die Fremden gerichtet. Der Inhaber in langem weißen Gewand begrüßt uns überschwänglich. Er deutet auf zwei Stühle vor einer grob gesäuberten Spiegelwand. »Marhaba! Salam aleikum, nehmt Platz!«, ruft er freudig. Ein Goldzahn blitzt in seinem Mundwinkel. Mit seinem spitz zugeschnittenen Kinnbart sieht er aus, als wäre er direkt einem Zeichentrickfilm entsprungen. »Wartet einen Moment: Mahmud wird sich um euch kümmern. Ich bringe euch Tee!« Er verschwindet hinter einem Holzperlenvorhang, wir hören das Geklapper von Geschirr.

Mahmud lächelt. Er legt mir einen Papierkragen um den Hals und eine neue Klinge in sein Rasiermesser. Das Gefühl des Schaums auf der Haut; das Geräusch der Klinge, wenn sie die Bartstoppeln abtrennt; der Geruch des Aftershaves: Es gibt kaum ein schöneres Gefühl als eine gute, präzise Rasur. Einzig der Faden treibt mir Tränen in die Augen. Immer wieder fängt Mahmud meine feinen Gesichtshärchen mit einem zwischen seinen Fingern gedrehten Zwirn und zupft sie in einer flinken Bewegung heraus.

»Seht mal, der Deutsche weint!«, ruft einer der Männer neben mir ganz aufgeregt.

Doch da betritt plötzlich ein neuer Kunde den Laden. Er verschränkt die Arme und stellt sich hinter mich. Fokussiert mich mit skeptischem Blick durch den Spiegel. Schließlich verfinstert sich seine Miene. »Das ist ein Spion!«, verkündet er und dreht sich zu seinen Landsleuten um. Die anderen lachen. »Im Ernst!« ruft er. »Seht ihn euch an! Er ist ein Soldat!«

Mahmud hält inne. »Stimmt das?«

Verärgert schüttle ich den Kopf. »Quatsch, Soldat...«, wende ich mich an ihn. »Was kann ich dafür, wenn du mir so einen Armeeschnitt verpasst?«

»Warum bist du hier?«, fährt der Mann hinter mir barsch dazwischen.

»Ich bin im Urlaub!«

»Niemand macht *Urlaub* in Palästina! Warum hat dein Kumpel eine Kamera dabei? Wofür hat er das Mikro?«

Unsicher schiele ich auf den flauschigen Mikrofonaufsatz auf Sörens Fotoapparat. Wieso hat er ihn nicht abgeschraubt? »Wir machen eine Wanderung!«, erkläre ich. »Auf Jesu Spuren. Wir wollen einen Bericht für zu Hause machen.« Ich lege dem Mann beruhigend meine Hand auf den Arm. Körperkontakt, Nähe erzeugen. Doch er greift zu und drückt meine Finger schmerzhaft zusammen. »Kennst du Joschka Fischer?«, zischt er.

Ich zögere verwundert. »Ja... Er war Außenmi...«

»Joschka Fischer hat gesagt, Deutschland werde den Krieg im Irak nicht unterstützen! Und was hat er gemacht? Er hat Spione gesandt! Überall waren deutsche Agenten! So wie du!«

Die Belegschaft im Raum wirft sich unruhige Blicke zu.

Ich atme tief ein. »Und wenn ich ein Spion wäre, was sollte ich berichten? Dass in den Gassen von Nablus die Ramadanlaternen hängen? Dass in den Suks Zigarillos gedreht werden? Dass hier gute und freundliche Menschen leben?« Ich lasse meine Sätze wie Anschuldigungen klingen, um in die Offensive zu gehen. »Das sind die Dinge, die ich hier erlebe! Also lass mich in Ruhe meinen Urlaub genießen, und hör mit deinem Misstrauen auf! Ramadan, habibi!«

Ganz langsam atme ich wieder aus. Hoffe, dass niemand meinen Puls hört. Der Fremde lockert seinen Griff. Schließlich lässt er mit einem verächtlichen Schnauben von mir ab. Giftet etwas auf Arabisch, bevor er die Tür des Ladens mit einem lauten Knall hinter sich zuzieht.

»Gut gekämpft«, lobt mich Mahmud leise. »Ich hoffe, du bist wirklich kein Spion...« Er entzündet einen Wattebausch an einer Kerze und brennt damit die Härchen in meinem Ohr ab.

Mit Einbruch der Nacht leeren sich die Gassen der Altstadt. Katzen und verlorene Plastiktüten übernehmen das Revier. Sören und ich sitzen auf der gefliesten Veranda eines Kaffeehauses, drinnen drehen sich Ventilatoren neben Bildern von Jassir Arafat. Bis jetzt sind wir die einzigen Gäste. Wir hocken an einem abgenutzten Plastiktisch, der Cafébesitzer lehnt an einer Säule der Veranda und schaut auf seine Uhr. Noch sieben Minuten, deutet er uns mit den Fingern an. Das Hupen der Autos, ein Fernseher an einem offenen Fenster. Dann fängt ein Muezzin an zu singen.

Sofort reißen wir die mitgebrachten Papiertüten auf. Falafeln, Mahshi, Knäfe, all die arabischen Köstlichkeiten rollen vor uns auf den Tisch und gelangen von dort umgehend in unseren Mund. Wir bestellen Kaffee, während wir uns vom Qualm einer Shisha den Kopf umnebeln lassen. Auf einen Stock gestützt, gesellt sich der Cafébesitzer zu uns. Ich bedeute ihm, sich zu setzen.

»Warum sind die Menschen von Nablus so freundlich zu uns?«, frage ich. »Sind sie zu allen Fremden so?« Laut den Mädels in Nazareth sollten wir jetzt schon tot sein. Der Touristentrick? Ich schäme mich allein für den Gedanken.

»Zu Ramadan sollst du ein guter Mensch sein«, antwortet der Alte. »Das sagt der Koran. ›Wer aus freien Stücken Gutes tut, dem soll Gutes werden.‹ Gott weiß, dass die Menschen fehlbar sind. Deshalb hat er uns nur einen Monat gegeben, in dem wir von allen Lastern lassen sollen. Der Ramadan ist ein heiliger Monat.«

»Was ist die größte Sünde im Islam?«

»Oooooh...« Der Cafébesitzer schwenkt seinen Zeigefinger. »Die Lüge, mein Bruder! Die Lüge führt zu allen weiteren Sünden, denn sie kann alle Sünden verbergen. Wer reinen Herzens ist, der muss nicht lügen. Deshalb galt Mohammed, unser Prophet, als ein Mann der Wahrheit. Und deshalb ist der Koran ein Buch der Wahrheit.«

Auf dem Rückweg zu unserem Hostel kommen wir an einem Fußballplatz vorbei. Flackerndes Flutlicht fällt auf den abgewetzten Kunstrasen, die Linien sind kaum zu erkennen, die Netze mehrfach mit Schnürsenkeln geflickt. Ein Haufen Jugendlicher rennt einem Ball hinterher. Sobald wir uns nähern, drehen sich die Köpfe zu uns.

»Where you come from? You know Sami Khedira?« Sogleich belagern uns die Jugendlichen wie ein Schwarm Tauben.

Ein Junge, vielleicht 15 Jahre alt, schreit auf Englisch: »Magst du Palästina?«

»Ja«, antworte ich.

Gejohle aus den Reihen der anderen.

»Magst du Nablus?«, krakeelt er weiter.

»Ja, sehr.«

Erneutes Gejohle, Applaus.

»Magst du Israel?«

»Ja!«

»Du magst Israel?« Die Stimme des Jungen wird aggressiv.

»Ja! Viele gute Leu...«

»Warum töten sie uns?« Der Junge schlägt mit der Hand in die Luft. Buhrufe im Hintergrund. Er kommt mir unangenehm nahe. »Magst du Netanjahu?«

»Nein, ich...«

»Fuck Netanyahu! Fuck him! I kill him!«

Seine Freunde applaudieren.

19. Juni 2016, Nablus, Palästina

Am folgenden Morgen machen wir uns auf den Weg, die Enklave der Samaritaner auf dem Garizim zu besuchen. Bevor wir unser Hostel verlassen, nehmen wir einen tiefen Schluck Wasser, um uns den Flüssigkeitshaushalt für den Tag nicht vollends zu zerstören. Wir kommen an unverputzten Betonkästen vorbei, darin Fenster ohne Gardinen, auf den Dächern Wasserfässer und Satelliten. Zur Spitze des Hügels flacht die Straße ab. Ein verlassener Checkpoint, hinter dem sich Oliven und Zypressen an den Weg schmiegen. Überall zwischen den Stämmen sehen wir zerbrochenes Glas.

Kurz darauf betreten wir Kirjat Luza, das letzte samaritanische Dorf Palästinas. Gleich zu Beginn finden wir einen reich bestückten Spirituosenladen, »Der barmherzige Samariter«. Ein Stück wegaufwärts liegt ein Opferplatz, der auch heute noch in Benutzung ist. Wir sehen einen überdachten Synagogenbereich, der Boden voller Feuerlöcher. Noch immer werden hier Lämmer zum Pessach geopfert, ihre Eingeweide verbrannt und das Fleisch verzehrt.

Am Ostende des Dorfes liegen die Reste des einstigen samaritanischen Tempels. Dahinter, etwas den Hügel hinab, ein Aussichtspunkt. Eine Gruppe israelischer Soldaten steht dort und hört sich einen Vortrag an. Ihre Waffen hängen lässig von ihren Schultern, ich erkenne Sniper- und Maschinengewehre, Tränengaswerfer. Vom Aussichtspunkt aus übersieht man den östlichen Teil von Nablus: die Ausläufer der Altstadt, die Reste des ehemaligen Sichem, die rote Kuppel der griechisch-orthodoxen Kirche. Dort, wo die Stadt plötzlich gequetscht wirkt, wo die Häuser so dicht stehen, dass kaum Platz für Straßen bleibt, liegt Balata, das größte Flüchtlingscamp Palästinas.

»Amerikaner?«, fragt einer der Soldaten, während er sich neben uns stellt.

Warum denken das immer alle?

»Deutsche«, sage ich.

»Jeremy, hi. Ich bin Amerikaner.«

»Was machst du hier?«

»Ich will studieren. Vielleicht später hier leben.«

Wir schauen gemeinsam über die Stadt. Auf den Kuppen der umliegenden Berge prangen die israelischen Siedlungen.

»Was siehst du, wenn du da runterschaust?«, frage ich mit einem Nicken auf Nablus.

Jeremy überlegt einen Moment. »Feinde«, antwortet er nüchtern.

»Meinst du nicht, dass es auch gute Menschen gibt?«

Er schüttelt den Kopf. »Vor uns ist keiner von denen gut. Sie haben Angst. Und sie sind wütend. Ich kann sie verstehen. Aber trotzdem muss ich sie als Feinde sehen.«

»Warum?«

Jeremy grinst. »Es ist ja nicht so, dass wir da zum Spaß runtergehen. Zum Ramadan scheint es ruhiger, aber nachts gibt es häufig Probleme. Was macht ihr hier?«

Ich erzähle von unserer Reise. »Als Nächstes geht es nach Taybeh.«

Jeremys Augen leuchten. »Da will ich auch mal hin! Fantastisches Bier! Erzählt mir, wie es war, ja?«

Wir tauschen E-Mail-Adressen und geben uns die Hand. »Vergiss nicht, dass es auf der anderen Seite auch gute Menschen gibt, ja?«, gebe ich ihm zum Abschied mit.

Im »Barmherzigen Samariter« ist das Licht gedimmt. In den Regalen stehen Arak, Whiskey und anderes Hochprozentiges. Für die Einwohner von Kirjat Luza allein scheint die Auswahl recht groß.

»Na ja, Muslime hin oder her«, erklärt der Verkäufer lachend sein Geschäft. »Dort unten in Nablus leben meine besten Kunden! Ich richte die Menschen nicht! Religion ist für Gott, nicht für mich.« Er erzählt vom »Hill of Broken Glass« im Norden des

Landes, zu dem viele Muslime pilgern würden, um heimlich zu trinken. Mir kommen die Glasscherben unter den Oliven vor Kirjat Luza in den Sinn.

Ich spreche den Verkäufer auf mögliche Konflikte zwischen den Bewohnern von Nablus und Kirjat Luza an.

Er schüttelt den Kopf. »Gibt's selten. Die meisten Samaritaner haben ihre Arbeit unten in Nablus. Unser Chef ist Samaritaner, meine Kollegen sind Christen und Muslime. Wir kümmern uns nicht um die Religion. Und jeder, der zu uns kommt, sollte sich auch nicht um Religion kümmern.«

Nach einer kurzen Siesta in unserem Hostel spazieren wir schließlich nach Balata. Wir wollen den Jakobsbrunnen besichtigen, der gegenüber dem Flüchtlingslager liegt. Das heißt, ich will, Sören nicht. Hier hat Jakob, der Enkel Abrahams, laut dem Johannesevangelium einen Brunnen gegraben, an dem Jesus später eine samaritanische Frau bekehrt haben soll. Höchstwahrscheinlich eine Legende, da die Existenz eines Jakobsbrunnens nirgendwo anders belegt ist. Trotzdem steht heute eine griechisch-orthodoxe Kirche über der Einfassung des Brunnens, der über die Jahre abgesunken und in einem Kellergewölbe unter dem Altar zu finden ist. Dazu Gold und Silber, ein paar Souvenirs.

Gegenüber der Kirche blicken wir auf die dreckigen Fassaden von Balata. Schlecht verputzte Lochbacksteinbauten, zum Teil zerschossen. Neben einer Bushaltestelle brennt ein Haufen Müll.

In Balata leben rund 30 000 Menschen auf einem Viertel Quadratkilometer. Ursprünglich war es für 5000 vorgesehen. Zum Vergleich: In Berlin leben rund 4000 Menschen auf der vierfachen Fläche. Die Straßen sind so eng, dass nur selten Autos hindurchpassen. Die Häuser bilden eine lose Ansammlung einzelner Stockwerke, hastig aufeinandergemauert, offene Kabel hängen in Bündeln aus den Wänden, die meist mit Graffiti überzogen sind. Über 65 Prozent der Bewohner von Balata sind im Lager geboren und aufgewachsen. Kaum einer hat einen Job, geschweige denn eine Ausbildung.

Sören und ich folgen der Hauptstraße ins Herz des Camps. Es ist lauter als in der Altstadt von Nablus, bunter, näher. Die Essenz der Stadt. Links und rechts stehen die Süßigkeitenverkäufer und Falafelhändler. Unzählige Kinder stellen uns Fragen, die wir nicht verstehen, greifen nach unseren Händen. Tragen Trikots von AC Mailand, Barcelona, Madrid. Träume von einer besseren Welt. Einer der Jungs spricht etwas Englisch. Erzählt, dass er Fußballprofi werden, mit Cristiano Ronaldo bei Real Madrid spielen will.

»Ist Ronaldo dafür nicht ein wenig zu alt?«, fragt Sören grinsend.

»Ronaldo wird nicht sterben!«, schreit darauf der Junge und läuft wütend davon.

Je tiefer wir uns in das Wirrwarr des Lagers hineinwagen, desto enger wird es. Tücher sind über die Wege gehängt, als Sonnenschutz, ausgeblichen und eingerissen, an vielen Stellen geflickt. Die meisten Fenster stehen offen. Erschreckend oft ist ein Kranz von Einschusslöchern um die Rahmen zu sehen. Darunter kleben Plakate an den Wänden, Bilder von »Märtyrern«, bis an die Zähne bewaffnet. Die Todesdaten und das Symbol der Hamas darauf abgedruckt.

Ich denke an Jeremy und seine Kameraden. Regelmäßig dringen die IDF in das Lager ein, um Hausdurchsuchungen durchzuführen oder Bewohner festzunehmen. Nicht selten kommt es zu Kämpfen, für gewöhnlich bei Nacht.

Ich muss daran denken, wie es sein muss, von den Schüssen geweckt zu werden. Nicht einordnen zu können, was sie bedeuten, nur die Angst zu spüren, dass morgen jemand fehlen könnte, den man liebt. Ich stelle mir vor, wie die Soldaten vorrücken, eng an die Häuserwände gepresst, auch sie voller Angst, denn jeder

Mensch, jedes Fenster, jede Tür ist ein Feind. Und plötzlich frage ich mich, ob die Tücher in den Straßen dem Schutz vor der Sonne dienen oder eher vor Scharfschützen.

»Hey!«, reißt mich ein Süßigkeitenhändler aus meinen Träumen. »Seid ihr Deutsche?« Er bietet seine Blätterteigtaschen in einer Auslage zwischen Matchboxautos und Plastikgewehren an. »Ich habe in Stuttgart gelebt, vier Jahre lang! Wisst ihr, wie es jetzt dort ist?«

»Äh, gut...«, sage ich, während ich die vor Sirup triefenden Gebäckstückchen bestaune, die sich vor ihm auf den Blechen türmen. »Sie haben ein paar Probleme mit dem Bahnhof, aber sonst...«

»Ah, der Bahnhof!«, schwärmt der Verkäufer. »Ein schöner Bahnhof! Gute Züge...«

»Warum bist du weg?«, frage ich.

Der Mann reicht uns zwei Gebäckstücke, die aussehen wie Vogelnester. »Weißt du, hier ist meine Heimat, hier gehöre ich her. Es war immer mein Traum zurückzukehren.« Er lächelt und schaut sich um. Die Tür hinter ihm ist von Einschusslöchern übersät.

Seine Worte machen Eindruck auf mich. Man braucht immer eine Hoffnung im Leben, denke ich. Irgendeine Zukunft, die zu erstreben sich lohnt. Wer keine Zukunft hat, für den verliert auch die Gegenwart an Wert. Vielleicht ist das die Botschaft, die ein heutiger Jesus hier verkünden sollte: Hoffnung frisst die Gewalt. Zurzeit funktioniert es wohl eher andersherum: All die Gewalt frisst die Hoffnung.

Am Ausgang des Lagers verabschieden wir uns von den Kindern. Mögen so wenige wie möglich von euch zu Märtyrern werden, denke ich.

Am Abend dann wieder das Wirbeln der Suks. Die letzten Einkäufe vor dem Iftar, dem täglichen Fastenbrechen. Zwischen

Auberginen und Kaffeebohnen lädt uns ein junger Palästinenser zu sich nach Hause ein. Sein Name ist Rami. Er blickt uns mit gutmütigen Augen an.

Eine grob behauene Kalksteintreppe führt uns aus dem Dunkel der Gassen. Rami läuft auf Krücken, er muss sich am Geländer festhalten, während er sich die schmalen Stufen empordrückt. Oberhalb des Basars fällt Mondlicht auf unsere Gesichter. Zwei offene Drähte ragen aus einer Höhlung im Mauerwerk, daneben eine Tür in blauem Lack. Rami klingelt, indem er die beiden Enden der Drähte aneinanderhält.

Über eine weitere Treppe gelangen wir in einen aus groben Felsquadern gehauenen Raum. Ramis Vater begrüßt uns. Grauer Bart, buschige Brauen. Der Tisch ist bereits gedeckt. Nach einer kurzen Debatte zwischen Vater und Sohn verschwindet Ersterer in der Küche.

Vor dem Essen waschen wir uns die Hände. Als sich die Tür der Küche noch einmal öffnet, erhasche ich einen kurzen Blick auf eine Frau, die in langem Gewand am Fenster steht. »Deine Mutter?«, will ich Rami fragen, da fällt mir auf, dass es eventuell nicht erwünscht ist, dass wir sie erblicken.

Während wir essen, spreche ich Rami auf die Märtyrerplakate an. »Was denkst du darüber?«

Die Antwort lässt nicht lange auf sich warten: »›Islam‹ trägt das Wort ›Frieden‹ in sich. Das sind keine Märtyrer im religiösen Sinne! Das Wort ›Märtyrer‹ steht in Palästina für alle Opfer der Besatzung. Auch wenn du zum Beispiel durch Tränengas an einem Herzinfarkt stirbst. Nicht nur für Attentäter.«

»Die Männer auf den Bildern waren schwer bewaffnet!«

»Wichtig ist: Sie sind für eine politische Sache gestorben, nicht für eine religiöse.«

»Und was denkst du über den politischen Kampf?«

»Hamas und Fatah, unsere politischen Gruppen, haben beide ihre Vor- und Nachteile, aber...«

Im selben Moment setzt der Gesang eines Muezzins ein, und Rami entschuldigt sich. Auf die Krücken gestützt, zieht er sich zum Gebet zurück.

»Was ist mit deinem Bein?«, fragt Sören, als er zurückkommt.

»Meniskusschaden. Mit den Krücken ist es halb so wild. Aber es stört beim Beten. Ich komme beim Sudschud nicht ganz auf den Boden...« Er deutet eine tiefe Verbeugung an. Dann humpelt er zu einem Regal, um eine Karaffe zu holen. »Nehmt einen Schluck«, sagt er und füllt drei kleine Becher aus der gläsernen Karaffe. »Das ist Zamzam-Wasser aus Mekka. Hagar hat die Quelle in der Wüste entdeckt! Dieses Wasser stillt jeden Durst.«

Hagar war die Magd Sarahs, der Frau Abrahams. Die Legende besagt, dass Sarah, da sie kein Kind gebären konnte, ihrem Mann riet, mit Hagar einen Nachkommen zu zeugen. Zwar gelang der Plan, und Hagar gebar Ismael, doch kurze Zeit später wurde auch Sarah schwanger und gebar Isaak. In Sorge um ihren zweitgeborenen Sohn bat sie Abraham, Hagar und deren Sohn Ismael zu vertreiben, damit ihr eigener Nachkomme keine Konkurrenz um das Erbe haben würde. Als auch Gott ihn dazu beauftragte, gehorchte Abraham schweren Herzens und schickte Hagar und ihren Sohn in die Wüste, wo sie besagte Quelle entdeckte. So sollen die Ismailiten entstanden sein, die Jahrhunderte später die Arabische Halbinsel bevölkerten. Aus Isaak hingegen, der bei seinem Vater blieb, soll sich das Judentum entwickelt haben.

Einige Zeit später verabschieden wir uns von Rami. Sein Vater kommt noch einmal aus der Küche, um uns die Hand zu schütteln, ich meine, einen Blick auf den Zipfel eines Rocks erhascht zu haben, bevor die Tür hinter ihm zuschlägt. Auf der Schwelle küsst Rami uns auf die Wange.

»Warum hast du uns eingeladen?«, frage ich ihn.

»Es ist Ramadan, ich wollte gastfreundlich sein.« Er lächelt. »Und ich wollte euch kennenlernen... Bleibt gesund, und Gott sei mit euch!«

Es fällt mir schwer, all diese Erfahrungen unter einen Hut zu bekommen. Die Menschen von Nablus scheinen gut und gütig zu sein, doch eine unterschwellige Spannung liegt in der Luft. Misstrauen und Frust. Die Stadt drängt nach Leben und scheitert an ihren Grenzen. Zu viele Leute auf zu wenig Platz mit zu wenig Möglichkeiten. Ein Sinnbild des Landes.

Zuflucht bietet den Menschen vor allem die Religion. Den einen bringt sie Frieden, den anderen Genugtuung in der Gewalt. Besonders die Jugend bereitet mir Sorgen. Mangels Kanälen, ihrer Energie Herr zu werden, angesichts der Verbitterung, die die jungen Leute dadurch verspüren, bricht sie sich Bahn in Hass. Im Hass naiver Menschen, die einfache Lösungen suchen. Eine einfache Lösung ist immer Gewalt. Eine gute ist sie nie. Wenn es nicht gelingt, die Energie der Stadt zu kanalisieren, Zukunft und Perspektiven zu bieten, dann ist es nur eine Frage der Zeit, bis sie sich wieder unkontrolliert entlädt. Und dann, so fürchte ich, wird es gewaltig knallen.

Denn Israel zeigt sich für die Bewohner nur in Form von Soldaten und Siedlern. Sie wissen nichts von den Lagerfeuern am See Genezareth, von Menschen wie Vova oder Danny. Genauso wenig wissen die Israelis vom bunten Leben der palästinensischen Suks, von der Gastfreundschaft und Hilfsbereitschaft gegenüber Fremden, denn sie erleben die besetzten Gebiete nur an den Checkpoints oder bei Militäreinsätzen.

In mir reift der Gedanke, dass dieser Konflikt wahrscheinlich erheblich gemildert werden könnte, wenn man nur mehr über die andere Seite wüsste. Wenn jeder so reisen könnte wie Sören und ich, wäre dieser Konflikt vielleicht schon aus der Welt. Und gleichzeitig bin ich mir bewusst, wie naiv dieser Gedanke ist.

Widerstand im Zeichen des Biers

*Da ging Jesus ... in eine Gegend nahe der Wüste,
in eine Stadt mit Namen Ephraim,
und blieb dort mit den Jüngern.*

Joh 11,54

21. Juni 2016, Taybeh, Palästina

Zwei Tage später stehen wir auf einer verlassenen Landstraße, die durch ein beschauliches Dörfchen in der Mitte von Palästina führt.

Das Johannesevangelium sagt über Taybeh, es sei der letzte Ort, an dem Jesus Zuflucht suchte, bevor seine Passion in Jerusalem begann. Heute ist es das letzte überwiegend christliche Dorf Palästinas. Die Bewohner behaupten, ihre Vorfahren seien von Jesus höchstpersönlich bekehrt worden.

Im Zentrum des Ortes erhebt sich eine katholische Kirche. Auf ihrem Vorplatz steht das »Haus der Parabeln«, das im Stil der Zeit Jesu eingerichtet wurde. In einer Ecke ein Schweinetrog, ein alter Weinschlauch, daneben ein verstaubter Scheffel. Auf drei Ebenen mussten damals Vieh, Familie und Arbeitsgerät Platz finden.

»Schaut, wie schmucklos es hier ist«, raunt Joëlle, die uns über das Gelände führt. »Kein Prunk, kein Gold. Die Menschen mussten mit dem zurechtkommen, was ihnen geboten wurde. Taybeh lag zur Zeit Jesu wahrscheinlich in Samaria, also außerhalb des Einflussbereichs der jüdischen Oberschicht. Deshalb war es naheliegend für ihn, sich hier zu verstecken. Jedes Mal, wenn ich hier bin, verstehe ich seine Geschichten ein wenig mehr.«

»Glauben Sie, Jesu Geschichten würden heutzutage andere sein?«, frage ich.

»Vielleicht«, antwortet Joëlle. »Aber der Inhalt wäre der gleiche. Es geht um Liebe. Was können wir der Liebe hinzufügen?«

»Ist das nicht ein bisschen einfach?«, hakt Sören nach.

»Findest du es einfach zu lieben? Ich nicht! Wir Menschen sind fehlbar. Unsere Fehler sind Zeichen unserer Freiheit. Die Liebe lässt uns über die Fehler hinwegsehen.«

»Aber die Liebe kann doch nicht jeden unserer Fehler rechtfertigen.«

»Aber sie kann ihn verzeihen«, erwidert Joëlle. »Und nur weil uns Fehler verziehen werden, heißt das nicht, dass wir sie auch begehen müssen. Jesus hat uns eine Anleitung für sein Königreich gegeben. Erbauen müssen wir es selbst.«

Ehrlich gesagt sind wir gar nicht wegen Jesus nach Taybeh gekommen. Es waren Steffens Worte, die uns hierherlotsten: *Ich würde Taybeh nehmen. Die einzige Brauerei in Palästina, die nach deutschem Reinheitsgebot braut!*

Das Dorf liegt malerisch auf einem Hügel im palästinensischen Niemandsland. Die Erde ist rot von oxidiertem Eisen, die Hügel sind von Olivenplantagen bedeckt, unter denen weiße Kalkfelsen hervorblitzen.

»Hey!«, ruft eine ältere Dame von der anderen Straßenseite, als sie uns auf der Landstraße entlangwandern sieht. »Bier oder Jesus?«

»Beides!«, rufe ich.

Sie winkt uns zu sich herüber. Kurz darauf nehmen wir an einem eilig gedeckten Plastiktisch vor einem einfachen Haus am Rand der Landstraße Platz, vor uns reihen sich Honig, Marmeladen und Süßigkeiten. Adla sitzt uns mit ihrem Ehemann gegenüber.

»Ihr müsst wissen, ihr seid im schönsten Ort Palästinas«, schwärmt sie, bevor sie noch einmal ins Haus huscht, um eine

Kanne Kaffee zu holen. »Schon Jesus kannte unsere Gastfreundschaft! Wir haben unsere Manieren von unseren Eltern gelernt, und die haben sie von ihren Eltern gelernt. So zieht es sich weiter bis in die Antike.« Sie gießt uns den Kaffee in kleine Tässchen und stellt eine mit einer gelben Flüssigkeit befüllte Plastikflasche auf den Tisch. »Das ist Öl aus unserem Hanggarten. Das beste Olivenöl in Palästina! Wir schenken es euch.«

Ihr Mann grinst gemütlich. »Wisst ihr, warum wir das letzte christliche Dorf in Palästina sind? Warum die ganze Welt sich verändert hat, nur wir nicht? Das ganze Land wurde erobert und zigmal bekehrt, nur wir haben in Ruhe unsere Oliven geerntet. Niemand hat sich für uns interessiert. Und wir haben uns nur um unsere Angelegenheiten gekümmert.« Er lächelt verschwörerisch, als hätte er ein großes Geheimnis enthüllt.

»Wir sind einfache Menschen«, ergänzt Adla. »Wir haben, was wir brauchen, und mehr als das brauchen wir nicht. Wenn du immer mehr willst, läufst du immer hinter etwas her.«

Viel zu früh brechen wir auf, um die Brauerei zu finden. Eine mit Kalkstein verblendete Fassade unterhalb der Hauptstraße, darauf die naive Zeichnung eines Biers. Madees Khoury schaut auf, als wir die Halle betreten. Sie sitzt an einem mit losen Papierbögen übersäten Schreibtisch und tippt einzelne Buchstaben in einen antiquierten Computer. Vor ihr surren zwei Ventilatoren. Einer ist auf das Gehäuse des Computers gerichtet, der andere auf Madees.

Sie grinst uns an. »Herzlich willkommen in Taybeh!«, ruft sie und eilt hinüber zu einem Kühlschrank, um uns Bier zu holen. »Früher kannte man Taybeh wegen Jesus, heute wegen des Biers. Cheers!«

Madees mag ungefähr in unserem Alter sein. Unter ihrem schwarzen, welligen Haar leuchten fröhliche Augen. Über ihr hängt ein Foto von Jassir Arafat, der einem Mann mit sauber gestutztem Schnurrbart die Hand schüttelt.

Nadim Khoury, Madees' Vater, gründete die Taybeh-Brauerei 1994 als Reaktion auf den Oslo-Friedensprozess. Die Verhandlungen versprachen eine hoffnungsvolle Zukunft für beide Länder. Heute, 22 Jahre später, haben sich die Hoffnungen in Palästina zwar zerschlagen, doch die Brauerei prosperiert noch immer, und Madees Khoury ist die erste und einzige Braumeisterin im Nahen Osten.

»Im Grunde genommen führen wir die Arbeit Jesu fort«, scherzt sie, während sie uns durch die Anlage führt. »Wir bringen die Menschen zusammen und machen sie glücklich. Wer Bier trinkt, sammelt die Menschen um sich und kommt ins Gespräch. Hinter unserm Bier steht zwar kein erwiesenes Wunder, aber eine Menge harte Arbeit…«

Im hinteren Teil der Halle lagert das unfertige Bier in schweren Edelstahltanks. Treppen führen hinauf zu verschiedenen Klappen, über die der Brauprozess kontrolliert werden kann. Laufbänder voller Glasflaschen rattern durch Reinigungsmaschinen, Abfüll- und Verschlussanlagen, zuletzt durch einen Etikettierungsapparat. In einem Bottich liegen Tausende Kronkorken bereit.

»Meinst du, Jesus hätte euer Bier gemocht?«, fragt Sören.

Madees lacht. »Ich glaube, wenn er unser Bier probiert hätte, wäre er auf jeden Fall von Wein zu Bier gewechselt!«

Einige abgepackte Kisten stehen an der Rückwand der Halle zum Abtransport bereit. Madees erwähnt, dass sie ihre Kindheit in den USA verbrachte, wo ihr Vater Brauingenieurwesen studierte.

»Warum seid ihr nicht geblieben?«, erkundige ich mich. »Wäre es nicht viel einfacher gewesen?«

Madees nickt. »Natürlich war es für uns am Anfang hart. Ist es noch! Man muss nur bedenken, dass Palästina keine eigenen Grenzen hat. Alles wird von Israel kontrolliert, denn all unsere Zutaten kommen aus dem Ausland. Selbst das Wasser kaufen wir von Israel. Dabei liegt die Quelle, aus der es kommt, gar nicht weit von hier … Im Sommer haben wir ungefähr einmal pro Woche Zugang zu Wasser. Wir haben Speicher auf dem Dach, und wenn unsere Biertanks leer sind, befüllen wir auch sie als Reservoirs. Trotzdem kommt es manchmal vor, dass wir drei Tage lang kein Bier brauen können.«

»Drei Tage kein Bier …«, wiederholt Sören traurig.

Im Anschluss an unsere Tour serviert uns Madees drei weitere Flaschen Taybeh. Es schmeckt frisch und schwer, viel würziger als unser deutsches Bier. Wir setzen uns auf ein paar Plastikstühle und richten die Ventilatoren auf uns.

»Schaut«, fordert Madees uns auf und deutet auf ihr Etikett. »Auf jeder Flasche haben wir den Namen Palästinas verewigt. Gibt es bessere Werbung für unser Land? Jedes Jahr Ende September feiern wir ein Oktoberfest. Die Leute kommen aus der ganzen Welt, um gemeinsam zu feiern. Christen, Juden und Muslime; Lederhosen neben Bauerntüchern, die Schnurrbärte die gleichen. Auch das ist in Palästina möglich! Wisst ihr, jedes Jahr verlassen unsere klügsten Köpfe Palästina, weil sie sich woanders bessere Arbeitsmöglichkeiten erhoffen. Wie willst du da eine Zukunft aufbauen? Wir brauchen Vertrauen in unser Land! Wir wollen zeigen, dass man gute Unternehmen auch in Palästina führen kann.«

»Habt ihr manchmal Probleme mit Islamisten?«, frage ich.

Madees schüttelt den Kopf. »In den streng muslimischen Städten verkaufen wir nur alkoholfreies Bier. Wir müssten es nicht, aber wir wollen niemanden kränken. Und unter uns: All das Bier, das wir hier produzieren, kann nicht nur von Christen getrunken werden!«

»Was ist mit den Konflikten mit Israel? Wirkt sich das aus?«

Plötzlich macht Madees ein ernstes Gesicht. »Jede Art von Attentat beeinflusst unser Geschäft. Vor der Zweiten Intifada lagen 70 Prozent unseres Marktes in Israel. Heute ist es etwa die

Hälfte. Mit jedem Aufflammen von Gewalt schwindet der Tourismus, die Events, der Spaß. Wir glauben daran, dass wir das Gegenteil bewirken können. Indem wir die Leute zusammenbringen und indem wir Vertrauen in unser Land haben. In meinen Augen ist das der einzige Weg, der Frieden bringen kann.«

Wir sind reichlich angetüdelt, als wir die Brauerei verlassen. Sören balanciert pfeifend auf einem Riss im Asphalt, dreht gelegentlich eine Pirouette. Ich hänge meinen Gedanken nach.

Es ist das erste Mal, dass ich jemanden so leichtherzig über Palästina reden hörte. In gewisser Weise folgt Madees der Tradition Jesu: Sie vertraut den Menschen in ihrer Heimat. In meinem beschwipsten Kopf schärft sich der Gedanke, dass das Engagement der Khourys fruchtbarer und nachhaltiger sein könnte als jegliches Friedensprojekt, das wir auf unserer Reise kennengelernt haben. Zum ersten Mal habe ich das Gefühl, dass dieser Konflikt nicht ewig wären muss. Vielleicht liegt es am Bier.

Die Axt am Baum

Da hob Lot seine Augen auf
und sah die ganze Gegend am Jordan,
dass sie wasserreich war.

Gen 13,10

22. Juni 2016, Jericho, Palästina
Wir verstecken uns im Obergeschoss eines verwaisten Restaurants vor der Sonne. Draußen zeigt das Thermometer 41 Grad. Die T-Shirts kleben nass am Körper, das Gepäck lehnt achtlos an der Wand. Vor den Fenstern liegt ein verlassener Verkehrskreisel. Der Asphalt verdampft in der Luft.

Sicher ist es nicht nur das Klima, doch mit der Hitze wird auch unsere Stimmung angespannter. Heute Morgen schlug mir Sören mein Taschenmesser aus der Hand, weil ich es in den Humus tunken wollte, obwohl ich es vorher abgeleckt hatte. Wenig später warf ich ihm lauthals Maßlosigkeit vor, als er zwei Gurken statt der rationierten einen zum Frühstück verschlang.

Der Ramadan ist im vollen Gange. Noch hat es keine weiteren Anschläge gegeben, doch die Zeitungen berichten von aufkommender Unruhe am Tempelberg.

Unsere Reise läuft ihrem Höhepunkt entgegen. In den synoptischen Evangelien wird nicht Taybeh, sondern Jericho als letzter Zufluchtsort Jesu vor Jerusalem angegeben. Daran angelehnt, wollen wir zwei Tage in der Stadt bleiben, bevor wir zum letzten Mal unsere Wanderschuhe schnüren, um nach Jerusalem zu laufen.

Moussa kommt verspätet. Dreitagebart und schwere Boots, Jeans und weißes T-Shirt. Wieso schwitzt er nicht?

Er fährt uns entlang eines Wadis in die Wüste. Kahle Sträucher in rissiger Erde, von Schafs- und Ziegenherden abgefressen. Außerhalb der Stadt leben die Menschen in Stoffzelten und Blechhütten. Grobe Tücher zum Schutz gegen die Sonne gespannt, darunter die Leiber der Dösenden. Am Horizont das dunkle Grün der Plantagen. Israelische Siedlungen.

Moussa ist ein Unterstützer der Jordan Valley Solidarity, einer palästinensischen Initiative, die sich für die Rechte der Palästinenser im Jordantal einsetzt. Ihr Hauptziel ist es, durch den Erhalt und Aufbau von Infrastruktur die palästinensische Bevölkerung zu unterstützen. »Außerdem leisten wir Aufklärung«, erläutert Moussa. »Wir berichten über die hiesigen Verhältnisse. Wir dokumentieren das Vorgehen der IDF und versuchen, die Menschenrechtsverletzungen publik zu machen.«

»Was für Menschenrechtsverletzungen?«, frage ich.

»Häuserzerstörungen, Konfiskation von Wassertanks ... Ihr werdet sehen.«

Die Straße zweigt nach links ab und führt uns in eine Schlucht. Der Bachlauf am Straßenrand wird breiter, doch bleibt staubtrocken. Schließlich halten wir vor einem umzäunten Häuschen inmitten der Wüste.

»Wo sind wir hier?«, erkundige ich mich, während wir aussteigen.

»Nahe der jordanischen Grenze«, antwortet Moussa. »Was ihr dort seht, ist ein Brunnen der Mekorot, des größten Trinkwasserunternehmens Israels. Er versorgt die umliegenden Siedlungen mit Wasser. Er ist der Grund dafür, dass der Bach, dem wir gefolgt sind, ausgetrocknet ist.«

Oberhalb des Brunnenhäuschens versickert ein Rinnsal im Boden. Eine Echse huscht durch das trockene Flussbett und sucht Schutz im spärlichen Schilf.

»Bis 1967 war das Jordantal der Brotkorb Palästinas. Datteln, Feigen, Granatäpfel, alles Mögliche spross auf den Feldern. Und jetzt schaut euch um. Hier lebten mal über 300 000 Menschen. Weniger als ein Fünftel ist geblieben.« Moussa zündet sich eine Zigarette an. »Okay, ihr könnt wieder einsteigen. Ich wollte euch nur einen Hintergrund geben. Der Brotkorb ist jetzt in der Hand Israels. Ihr sollt wissen, was hier passiert.«

Unser eigentliches Ziel ist eine Taufstelle am Jordan, frei nach Johannes 1,28: »Dies geschah in Betanien jenseits des Jordans, wo Johannes taufte.« Im Gegensatz zur Taufstelle in Jardenit, die von der israelischen Touristenzentrale eingerichtet wurde, geht die Tradition der Qasr al-Yahud bis ins 5. Jahrhundert zurück, als eine Gruppe Mönche den Ort als Taufstelle lokalisiert haben soll. Doch nach der osmanischen Zeit, den arabisch-israelischen Kriegen und der anschließenden unsicheren Lage in der Gegend wurde sie erst 2011 von der israelischen Regierung wieder zugänglich gemacht.

Vor der Taufstelle müssen wir einen Checkpoint passieren. Israelische Soldaten kontrollieren unsere Pässe, Moussa gibt sich als unser Führer aus. Eine einsame Straße führt hinunter zum Fluss. Sandwehen geistern darüber, drum herum Stacheldraht und Minenfelder. »Dattelplantagen«, spielt Moussa auf eine vergangene Zeit an.

Ein grünes Schild weist die Taufstelle als israelischen Nationalpark aus. Verchromte Trinkwasserspender, Klimaanlagen, Souvenirs. Elegante, beschattete Bänke, auf denen christliche Rentner und schwer bewaffnete Soldaten ruhen. Davor weiße Tauben, die nach Körnern picken.

Der Jordan ist hier etwa sechs Meter breit. Braunes, modriges Wasser, das nichts vom erfrischenden Türkis bei Jardenit in sich trägt. Wo ist der sprudelnde Strom? Die Ufer sind schilfbestanden, zwei mit Styroporschwimmern versehene Leinen weisen die Taufbereiche aus. Ein befestigtes Holzbrett, das die Grenze zwischen Israel und Jordanien markiert, treibt in der Mitte des Flusses. Auf der jordanischen Seite das gleiche Bild: Taufstellen, Tauben, nur die Uniformen der Soldaten sind andere.

»Der letzte Zugang zum Jordan, den wir Palästinenser haben, ist ein israelischer Nationalpark«, bemerkt Moussa. »Ironisch, oder?« Er lacht nicht.

Eine Gruppe Pilger steigt die Treppen zur Taufstelle hinunter und taucht mit ihren lila Gewändern in den Fluss.

»Das Jordantal ist voll von natürlichen Quellen. Wir haben den Fluss, das Tote Meer, lauter natürliche Regenwasserspeicher. Aber wir haben keinen Zugang! Israel hat sich das Land Schritt für Schritt angeeignet. Aus Sicherheitsgründen, wie sie sagen.«

Die Pilger beginnen, leise und rhythmisch zu singen.

»Die C-Zone unter israelischem Militärrecht macht 87 Prozent des Jordantals aus. Militärbasen, Siedlungen, Nationalparks, Plantagen. Land, auf dem wir uns nicht frei bewegen können. Unser Land!«

Nach und nach taucht der Priester die Köpfe der Gemeinde unter Wasser. Nachdem er einen Segen gesprochen hat, schießen die Gläubigen aus den Fluten hervor, jubeln und umarmen sich.

Die Verkäuferin im Souvenirshop trägt eine Pistole im Halfter. In den Regalen stehen die üblichen Flaschen mit Jordanwasser, daneben T-Shirts mit dem Aufdruck »I don't need google. I ask my wife«. Der Priester der Pilgergruppe kommt herein, in feuchtem Talar, und fragt nach einer Umkleidekabine. Die Verkäuferin händigt ihm einen Schlüssel aus. »Dieses Wasser ist ein Segen!«, schwärmt er mit leuchtenden Augen. »Israel hat hier ein Tor zum Himmel geöffnet! Es ist heiliges Wasser, es bedeutet Frieden!«

Als ich wieder ins Freie trete, sehe ich Moussa grinsen. »Das ist kein heiliges Wasser«, stellt er klar. »Eigentlich müsste der Jordan trocken liegen. Die Brunnen der Mekorot haben ihn seiner Quellen beraubt. Klar, wenn du daran glaubst, kannst du vieles darin sehen. Aber die nüchterne Wahrheit ist: Das hier ist Abwasser... Die israelische Regierung behauptet, sie habe die Taufstelle aus Respekt vor dem Christentum eröffnet. Würde man da nicht erwarten, dass sie sich auch an die Werte des Christentums hält? Dieser Park ist ein Geschäft. Wenn du an mehr dahinter glaubst, kannst du dich glücklich schätzen.«

Einige Wochen später lese ich einen Artikel in der *Süddeutschen Zeitung*, der mir genau dies bestätigt: Eigentlich dürfte der Jordan auf Höhe von Qasr al-Yahud überhaupt kein Wasser mehr führen.

»Was habt ihr heute noch vor?«, fragt Moussa, während er sich eine weitere Zigarette ansteckt.

»Keine Ahnung«, sage ich. »Übermorgen wollen wir Richtung Jerusalem wandern.«

»Habt ihr ein Hotel?«

Ich schüttle den Kopf.

»Kommt, ich zeig euch die Gegend! Ihr könnt bei mir schlafen.«

Kurz darauf sitzen wir wieder in Moussas Wagen. Am rechten Fenster ziehen die Hügel der jordanischen Landschaft vorbei, davor das endlose Grün der Plantagen. Ein israelischer Sandbuggy überholt uns, die Nationalität am gelben Nummernschild erkennbar. Moussa flucht und schmeißt eine Plastikflasche nach ihm, die ihr Ziel zum Glück verfehlt. »Das war dumm«, sagt Moussa bitter. »Er kann mich anzeigen.«

Ein paar Kilometer später biegen wir auf eine Nebenstraße. Betonblöcke neben der Ausfahrt, links und rechts tauchen ärmliche Zelte auf. Verbeultes Metall, geflickte Holzlatten.

»Die Dörfer werden regelmäßig vom israelischen Militär zerstört«, erwähnt Moussa beiläufig. »Ohne Erlaubnis darf hier nichts gebaut werden. Seit 2010 haben die IDF eine neue Taktik: Sie zerstören innerhalb weniger Wochen mehrmals dasselbe

Dorf. Sobald die Bewohner es wieder errichten, kann man den Lärm der Bulldozer hören. Sie wollen die Menschen mürbe machen.«

»Warum?«, fragt Sören.

»Israel will seine Ruhe haben. Sie brauchen das Land und das Wasser. 70 Prozent der israelischen Produkte aus dieser Gegend gehen auf den europäischen Markt. Das ist pures Geld.«

Die Straße macht eine leichte Kurve und führt in eine Ansammlung fest stehender Häuser. Moussa folgt einer ausgefahrenen Sandspur, die uns abseits der Straße an ein verrostetes Gatter bringt. »Willkommen in Fasayil!« Er grinst, während er das Gatter mit dem Kühlergrill aufschiebt. Zwei Hunde eilen bellend heran. »Hier liegt eines unserer Community Center.«

Plastikfetzen wehen im Wind, wo einst auf rostigen Stangen ein Gewächshaus gestanden haben muss. Ein paar Farmgeräte rotten nutzlos im Wüstensand. Weiter hinter steht eine heruntergekommene arabische Villa, die ehemals ein hübsches Gebäude gewesen sein muss, doch heute durch Wind und Staub ihren Charme verloren hat. Ihr gegenüber liegt ein Rundbau und ein altes Brunnenhaus.

Moussa betritt das Untergeschoss der Villa. Die Wände sind dunkel, eine einzelne Glühbirne spendet Licht. Zwei Stufen führen in eine Küche. Er dreht eine Gasflasche auf, um Kaffee zu kochen. Ein paar Bohnendosen lagern auf einer Anrichte, ein Topf mit angetrocknetem Reis daneben.

»Fasayil existierte schon vor 1967, deshalb durften die Häuser laut Oslo-Abkommen stehen bleiben«, erklärt Moussa. »Aber das Stromnetz ist unsicher und muss aus den B-Gebieten angezapft werden. Die Wasserleitungen sind so leck, dass wir auf externe Tanks angewiesen sind. Manchmal kommt das Militär und konfisziert die Tanks, dann gibt es gar kein Wasser ... Und da drüben laufen die Leitungen zu den israelischen Siedlungen und Armeestützpunkten durch das gesamte Land.«

Sören und ich streunen über das Gelände. Hinter dem Rundbau liegt ein kleines Wäldchen, wo eine Leitung aus dem Brunnenhaus geplatzt ist. Erstaunlich, wie die Natur jeden Tropfen Flüssigkeit in sich aufsaugt. Ich bekomme eine Ahnung davon, wie es hier einst ausgesehen haben muss.

Direkt hinter dem Wäldchen verwandelt sich das Land in eine karge Steppe. Der Boden ist glatt und rissig, ein strenger Wind treibt den Sand vor sich her. Ein paar Hundert Meter westlich erheben sich die roten Felswände des Jordantals. Ich sehe Staubfahnen, die den Hang hinabwehen. Rechts davon die Zäune von Fatsael, einer israelischen Siedlung. Dattelpalmen und andere Gewächse.

Mit Blick auf die Siedlung frage ich mich, wie man auf der anderen Seite des Zauns seine Gärten bewässern kann, ohne sich mit Fasayil im Hintergrund wie ein Arschloch zu fühlen. Natürlich, auch Israel hat alle Wasserreserven des Gebiets bitter nötig, doch die ungleiche Verteilung ist nicht zu übersehen. Für den Moment kann ich es nicht begreifen.

Hinter uns glänzt das Wrack eines ausgeschlachteten Autos in der Abendsonne. Ein Fußballplatz, dessen blanke Erde von faustgroßen Steinen übersät ist, liegt still da. Auf der Veranda eines mit Stacheldraht umzäunten Flachbaus schaut eine vermummte Frau in die Ferne. Ich muss an *Star Wars* denken und den Wüstenplaneten Tatooine. Es würde mich nicht wundern, wenn irgendwo in den versteckten Canyons des Jordangrabens Ben Kenobi hausen würde.

Als wir zum Community Center zurückkehren, hat Moussa den Tisch bereits gedeckt. Bohnen in Tomatensauce, arabischer Kaffee. Er füllt uns die Teller.

»Wofür steht eigentlich das Community Center?«, fragt Sören.

»Es ist ein Ort, um sich auszutauschen. Wir wollten im Zentrum des Jordantals vertreten sein, um in alle Bereiche zu gelangen. Wir geben Workshops, helfen den Menschen. Manchmal langt es, wenn wir einfach nur zuhören. Die Leute wollen für voll genommen werden. Ohnmacht ist das schlimmste Gefühl. Im Grunde wollen wir mit unserer Arbeit palästinensisches Leben im Jordantal erhalten. Die Ungerechtigkeit darf nicht siegen! Das blanke Dasein der Menschen hier ist Widerstand. To exist is to resist.«

Wir essen im fahler werdenden Licht. Die Bohnen sind kalt und fade, passend zur Szenerie. Moussa wirft einem streunenden Hund einen Klumpen Reis zu.

»Du musst den Leuten Hoffnung geben«, setzt er hinzu, um seine Worte zu unterstreichen. »Sonst bringen sie sich um. Du musst ihnen einen Sinn geben. Und wenn es nur bedeutet, sich nicht der Ungerechtigkeit zu ergeben.«

»Wir haben von den Selbstmordattentätern gehört«, hake ich ein. »Es heißt, manche von ihnen würden nur attackieren, um einen ehrenvollen Tod zu sterben.«

Moussa überlegt einen Moment, um die richtigen Worte zu finden. »Manche von ihnen glauben sicher an etwas, was sie zu ihren Taten verleitet. Aber die eigentliche Frage lautet: Was bringt sie zu dem Glauben, dass es sinnvoll wäre, sich oder anderen Menschen umzubringen ... Ich für meinen Teil respektiere alle, die sich zur Wehr setzen. Ob durch Pistolen, Messer oder Öffentlichkeitsarbeit wie wir. Du musst wissen: Wir kämpfen nicht für Frieden. Wir kämpfen für unsere Freiheit. Friede kann erst kommen, wenn Gerechtigkeit gegeben ist.«

»Aber so kannst du das nicht rechtfertigen«, widerspreche ich. »Unrecht mit Unrecht zu beantworten schafft keine Gerechtigkeit, sondern Genugtuung. Das ist Rache! Neues Leid schafft nur neues Leid. Ihr schaufelt euch doch euer eigenes Grab ...«

Moussa hebt beschwichtigend die Hände. »Erstens: Ich finde, der Sterbende sollte selbst auswählen können, wer ihm sein Grab schaufelt. Zweitens: Ich habe gesagt, ich respektiere die anderen, ich verstehe sie. Und dazu stehe ich. Aber ich glaube, wenn wir über die Zukunft nachdenken, können wir nur durch Verzicht auf Gewalt kämpfen, ohne einander zu hassen. Wenn jemand deinen Sohn oder deinen Freund erschießt, wie willst du mit ihm zusammenleben? Außerdem glaube ich nicht, dass wir durch Gewalt irgendetwas erzwingen können. Dazu haben wir gar nicht die Macht.«

Einzelne Insekten fliegen ins Licht der Außenlampe, die unseren Tisch erhellt. Irgendwo blökt ein Esel. Plötzlich ein Knall, ein Knistern, und wir sitzen im Dunkeln. Moussa flucht.

»Okay, es hat keinen Zweck!«, sagt er wenig später, als er aus dem Dunkel des Hauses hervorkommt. »Der Strom ist weg. Damit fällt auch die Wasserpumpe aus. Wir fahren zu meiner Familie!«

Als wir schließlich in Moussas Jugendzimmer sitzen, fällt mir ein vergilbtes Foto auf, das ihn Arm in Arm mit einem anderen Mann zeigt.

»Das ist aus dem Gefängnis«, bemerkt Moussa, während er zwei dünne Schaumstoffmatratzen in die Mitte des Zimmers räumt.

»Du siehst glücklich darauf aus.«

»Das Bild war für meine Familie.« Er blickt mir über die Schulter. »Siehst du die Matratze im Hintergrund? Wir haben sie aufgestellt, um die Gitterstäbe zu verdecken. Manchmal musst du den Menschen Hoffnung geben. Oder wenigstens versuchen, sie nicht traurig zu machen... Gute Nacht!«

Wir löschen das Licht, und ich blicke auf die schwarze Decke über mir. *Ich glaube nicht, dass wir durch Gewalt irgendetwas erzwingen können. Dazu haben wir gar nicht die Macht*, sagte Moussa. *Macht bedeutet immer Unrecht. Du kannst nur gerecht sein, wenn du nicht nach Macht strebst*, sagte Narji. Ich denke an das Schicksal Jesu.

Jesus war nicht machtlos. Wenn man den Überlieferungen von Heilungen und Exorzismen Glauben schenkt, so hatte er zumindest nach eigenem Selbstverständnis eine gottgegebene Macht. Dazu hatte er eine große Anzahl Jünger hinter sich gesammelt. Das Besondere an Jesus war, dass er auf seine Macht verzichtete. Er fügte sich seinem weltlichen Schicksal, im Vertrauen darauf, dass das göttliche Schicksal es gut mit ihm meinte. Was wäre passiert, wenn Jesus seine Macht genutzt hätte? Im schlimmsten Fall hätte es einen Aufstand gegeben, der von den Römern niedergeschlagen worden wäre. Im 1. und 2. Jahrhundert gab es einige dieser Aufstände, doch weder waren sie erfolgreich, noch hatte irgendeiner ihrer Anführer späteren Einfluss auf die Geschichte.

Nur der Mann, dessen Macht in seinem Machtverzicht lag, ist uns im Gedächtnis geblieben. In diesem Sinne kann er uns ein Vorbild sein. Das meine ich nicht im christlichen, spirituellen Sinne, sondern ganz konkret: Der historische Jesus kann uns als Vorbild dienen. In Bezug auf die heutigen Erlebnisse haben diese Worte eine besondere Relevanz, denn ein Gedanke geht mir nicht aus dem Kopf: In Gegenden wie Fasayil werden Terroristen gezüchtet. Bei all der sichtbaren Ungerechtigkeit ist es nur eine Frage der Zeit, bis manche so weit sind. Und niemand, der daran Anteil hat, kann sich für unschuldig erklären.

Zwei Welten in keinem Land

Haben wir nicht alle einen Vater?
Hat uns nicht ein Gott geschaffen?
Mal 2,10

23. Juni, Jericho, Palästina
Wir haben ein Sammeltaxi zurück nach Jericho genommen. Unsere Unterkunft für die Nacht finden wir in einem Flüchtlingscamp südlich der Stadt, das Moussa uns empfohlen hat. Aqabat Jabr ist eins der wenigen Lager, dessen Einwohnerzahl im Laufe der Jahre geschrumpft ist. Viele der ehemaligen Bewohner sind nach Jordanien ausgewandert. Die anderen haben sich häuslich eingerichtet. Asphaltierte Straßen, befestigte Häuser, alles eng und provisorisch.

Ein paar junge Palästinenser laden uns zum Essen ein. Ein reich gedeckter Tisch im offenen Bereich eines Imbisses, Pommes, Hühnchen, Humus, Datteln. Irgendwann holt einer der Jungs sein Handy hervor und zeigt uns Bilder seiner Familie. Er wischt über das Display, bis er plötzlich auf einem Foto mit Sturmhaube und Maschinengewehr zu erkennen ist. »Ich bin ein Kämpfer!«, sagt er stolz und in gebrochenem Englisch. »Ich kämpfe gegen die Juden!« Er grinst.

Es ist schwer zu beschreiben, was ich fühle, als ich seine Worte höre. Vielleicht bin ich wütend, vielleicht traurig. Vielleicht auch ein wenig müde. Was verspricht er sich von diesem Kampf? Ich frage ihn danach, doch entweder er versteht die Frage nicht, oder er will nicht antworten. Er sieht sich als Soldat der Hamas, und irgendjemand hat ihm gesagt, dass es gut sei, wie er handelt.

Mir tut es leid um ihn, aber auch um die Menschen, deren Friedensbemühungen er durch seine Überzeugungen untergräbt. Und vor allem natürlich um die, die er für seine Feinde hält.

»Ein Arschloch auf 1000 vernünftige Leute«, fasst Sören es verärgert zusammen, als wir zu unserer Unterkunft gehen. »Kann alle 999 anderen stinken lassen. Wegen solcher Idioten kommt es nicht zum Frieden!« Er runzelt die Augenbrauen. »Ich kann das alles nicht fassen. Die radikalen Juden wollen das Land für sich und verkaufen es als einen göttlichen Plan. Die Islamisten wollen einen islamischen Staat und verkaufen auch das als göttlichen Plan. Glauben die wirklich an diesen Scheiß? Vielleicht sollte man einfach alle Religionen abschaffen ... Da kann sich wenigstens niemand mehr dahinter verstecken.«

24. Juni, Jericho, Palästina

Für den heutigen Tag sind 43 Grad angekündigt. Gestern deponierten wir Wasserflaschen im Eisfach, um wenigstens für einen Teil unserer Wanderung kühle Getränke zu haben. In der Nacht fiel der Strom aus, unsere Klimaanlage versagte, wir erwachten schweißgebadet, als der Wecker um vier Uhr klingelte.

Das Lager liegt mittlerweile hinter uns. Wir laufen über ein weites, abgeerntetes Feld auf die Felshänge des Jordangrabens zu. Immer wieder stoßen wir am Wegesrand auf tote Tiere. Ein paar Schafe, ein Esel.

»Können die ihr Vieh nicht wegräumen?«, flucht Sören, während er sich eins von Tinas Alkoholtüchern unter die Nase hält, um den Geruch zu überdecken.

»Ich glaube, das haben sie«, entgegne ich schulterzuckend.

Wenig später schießen die Hänge des Wadi Qelt um uns auf. Eine tiefe Schlucht im Jordangraben, schroffe Felsen voller versteckter Höhlen. Vogelschwärme flattern daraus hervor. Während der Pfad sich die Felsen hinaufschlängelt, beobachten wir Bergziegen und Klippschiefer auf der anderen Seite des Canyons. Unter uns bimmeln Viehglocken. Ein Hirte treibt seine Ziegen durch die Schlucht.

Gegen sieben Uhr erreichen wir den grazilen Bau eines griechisch-orthodoxen Klosters, das hier im 5. Jahrhundert ins Nirgendwo gebaut wurde. Ein Mann wässert die Pflanzen am Hang. Wir fragen, ob wir unsere Vorräte auffüllen könnten, doch er verneint. Das Kloster habe noch geschlossen.

Die Schlucht wird immer enger. Die Sonne steigt empor, bald ist auch das letzte Eis in unseren Wasserflaschen geschmolzen. Mittlerweile wandern wir im Flussbett. Schilfbüschel stehen in flachen Tümpeln voll grünlichen Wassers, bald wird der Weg so schmal, dass wir mit ausgestreckten Armen beide Seiten der Schlucht berühren können. Die Felsen sind ausgewaschen, von ungestümen Wassermassen weich gespült. Ein kahler Rinderschädel starrt mich aus schwarzen Augenhöhlen unter einem Kieselhaufen hervor an.

»Das erinnert mich hier alles viel zu sehr an Mufasas Tod!«, quengelt Sören, während er einen großen Bogen um den Schädel macht. »Wehe, gleich kommen Gnus!«

Schließlich lassen wir die Enge der Schlucht hinter uns. Das Wadi wird wieder breiter, der Trail zieht sich oberhalb des Flussbetts an einem Aquädukt entlang, das auch zu dieser Jahreszeit noch Wasser führt. Wir schmeißen unsere Caps ins kühle Nass, waschen T-Shirts und Gesichter, bis uns eine Horde Ziegen überrascht, die uns gierig zur Seite drängt und ihre Köpfe in die Fluten stürzt.

Wir erfreuen uns des Anblicks, albern ein bisschen herum, doch dann tauchen die Hirtenhunde auf. Dürre, wilde Biester mit zitternden Lefzen und löchrigem Fell. Sie fletschen die Zähne, warnendes, trockenes Bellen. Sören und ich eilen davon. Der Hirte erscheint nur als vager Punkt am Horizont. Doch je schneller wir marschieren, desto schneller folgen uns die Hunde. Je länger wir uns im Umfeld ihrer Herde aufhalten, desto näher kommen sie. Mitunter nähern sie sich bis auf Armlänge, das Klappern der Zähne ist beim Schnappen zu hören.

Irgendwann platzt mir der Kragen. »Haut ab!«, schreie ich und werfe den Rucksack ab. »Lasst uns in Ruhe! Wir haben eure Scheißherde doch schon längst verlassen! Ihr habt euer Gebiet verteidigt! Verzieht euch, ihr Arschlöcher!« Ich renne auf die Tiere zu und trete lose Steinbrocken in ihre Richtung. »Haut ab!«, schreie ich noch mal und schmeiße einen Stein hinterher. Sie klemmen die Schwänze ein und stieben davon.

Beinahe wäre in der Hektik die Schönheit der Landschaft an uns vorbeigegangen. Einzelne Palmen stehen im Flussbett, wo versteckte Wasseradern den Boden befruchten. Datteln, Feigen und Johannisbrotbäume bilden schattige Oasen, immer wieder passieren wir Höhlen, die von den Hirten als Rastplätze genutzt werden.

Nach etwa fünf Stunden führt uns der Pfad steil aus dem Wadi heraus. Mein israelischer Handyanbieter zeigt schwachen Internetempfang, eine jüdische Siedlung muss in der Nähe sein. An Sörens Rucksack baumeln die leeren Wasserflaschen. 16 Liter zähle ich. Schließlich kommen wir nur noch schleppend voran. Nicht die Erschöpfung bremst uns, sondern die schiere Hitze. Nach 100 Schritten am Stück laufen die Gelenke heiß. Gerade als wir meinen, nun wirklich nicht mehr zu können, erkennen wir die Masten von Mitzpe Jericho am Horizont. Eine israelische Siedlung, die an der Straße zwischen Jordanien und Jerusalem liegt. Wir folgen eine Weile dem Asphalt, bis wir links einen Abwasserkanal hinabrutschen, um kurz darauf auf unser Ziel für die Nacht zu stoßen: ein Beduinenlager mitten in der Wüste.

Die Beduinen sind ein ziehendes Volk. Schafs- und Ziegenhirten, die die Ränder der Wüste auf Dromedaren und Eseln nach fruchtbarem Weideland durchkämmen. Mit dem Ersten

Weltkrieg und den anschließenden Grenzziehungen im Nahen Osten verschlechterte sich ihre Situation stetig. In Palästina ist die Lage durch den besonderen Status des Westjordanlandes besonders prekär. Während die Palästinenser sowohl in Israel als auch in vielen arabischen Staaten scheinbar nur als notwendiges Übel hingenommen werden, hat man das Gefühl, dass die Beduinen selbst in Palästina als Randgruppe gelten. In den kommenden Tagen werden wir zwei Welten sehen. Die erste beginnt mit einer losen Ansammlung von Blechhütten.

»Aber ihr müsst doch duschen wollen!«, insistiert Jameel, nachdem wir sein Angebot bereits mehrfach abgelehnt haben.

»Wir haben sechs Tage ohne Dusche durchgehalten«, entgegne ich. »Ihr braucht euer Wasser selber!«

Natürlich habe ich keine Chance. Jameel bittet mich in sein Haus, einen von der UN bereitgestellten Wellblechcontainer, und weist mir den Weg zur Dusche. Der Container besteht aus einem einzigen Raum, in der Mitte ein großes Bett, am Rand ein paar Kleider auf einem Ständer. Die Dusche ist im linken Teil des Zimmers. Ein Plastikvorhang, dahinter der Boden zu einem Abfluss hin abgesenkt, ein Eimer voll Wasser in der Ecke, darin ein Plastikbecher. Sieben Mal tauche ich den Becher ins Wasser, bis ich mich sauber fühle.

Elf dieser Container stehen in Jameels Dorf, genügend für seinen Stamm. Ein weiterer Container wurde neulich vom Militär abgerissen, ein Kindergarten. C-Gebiet, keine Baugenemigung. Hinter Jameels Haus liegt ein Garten. Lauch wird angepflanzt, Zwiebeln, die Pflanzen lassen die Blätter hängen.

»Das Problem ist, wir befinden uns in unserem Winterlager«, erklärt Jameel. »Unser Sommerlager liegt weiter oben, wo es kühler ist, aber wir können dort nicht hinziehen.«

»Warum nicht?«, frage ich.

»Dieses Dorf hier liegt im C-Gebiet. Wenn wir gehen würden, würde das Militär es abreißen. Gleichzeitig dürfen wir nirgendwo anders bauen, weil wir keine Genehmigungen bekommen. Wir sitzen fest.«

Ihr Wasser beziehen die Beduinen aus einem vier Kilometer entfernten Dorf. Ihren Strom aus Solaranlagen, die die Regierung gestellt hat. Neben den UN-Containern stehen Ställe. Maschendraht, Holz, Tücher. Hühner, Ziegen, Schafe und Esel laufen umher. Einige der Tiere werden zum Verkauf gewogen. An den Ohren gepackt, am Hinterbein festgehalten, dann mit einem Schwung und den Beinen gen Himmel in eine Plastikkiste geworfen, die auf einer Waage steht. Kein Platz für Zärtlichkeiten. Hirtenleben. Den Rest verdient die Gemeinschaft durch Gäste wie mich und Sören.

Frauen bekommen wir nicht zu Gesicht. Keine Fremden dürfen sie erblicken. Wenn, dann nur verhüllt. Jameel wird es uns später erklären.

Ich erklimme einen der umliegenden Hügel, um einen Überblick über die Umgebung zu gewinnen. Ziegenpfade zeichnen Muster in die Landschaft, in Berge aus Staub und Stein. Der Jordan, das Tote Meer im Osten, dahinter Jordanien. Auf der anderen Seite das Tal der Beduinen. Das, was aussieht wie Ställe, sind Häuser, das, was aussieht wie Müll, sind Ställe. Im Hintergrund erkenne ich Mitzpe Jericho. Mit seinen Strommasten, Wasserleitungen, W-Lan und grünen Gärten.

Gegen Abend versammeln sich die Männer des Dorfes in einem Holzverschlag, der gemütlich mit Teppichen und Tüchern ausgelegt ist. Rathaus, Moschee und Wohnzimmer in einem. Wir müssen die Schuhe ausziehen, bevor wir den Raum betreten können.

Große, dünne Brotfladen werden gebracht, Erbsensuppe, Hühnerhälften in Reis und Zwiebeln. Vor dem Essen stellt sich die Gesellschaft vor den Fernseher. Ein alter Röhrenbildschirm, die Mattscheibe rauschend, darin das Bild von Mekka. Die Beduinen verneigen sich auf ihren Gebetsteppichen. Gott ist groß.

Wir essen mit der rechten Hand. Ein Brotfladen zwischen den Fingern, um sie nicht zu beschmutzen, gedimmtes Licht, Stimmen auf Arabisch.

»Der Ramadan ist sehr wichtig für unsere Kultur«, raunt Jameel. »Der Stamm kommt zusammen, die ganze Familie. Beim Essen vergessen wir die Sorgen. Wir besinnen uns auf das Wesentliche. Das ist nicht nur im Islam wichtig, sondern im Leben.«

Wir schlafen unter freiem Himmel. Eine Decke auf Wüstensand, unter Fuß- und Kopfende ein Kissen deponiert. Über uns die Sterne, so klar und so viele, neben uns noch immer gedämpfte Stimmen. Ich schlafe wie ein Stein.

24. Juni 2016, irgendwo auf Höhe des Meeresspiegels, Palästina

Um 6:50 Uhr weckt uns die Sonne. Nebenan wurde bereits gegessen, belustigte Blicke auf die faulen Deutschen. Die Männer tragen Bauerntücher um die Köpfe, durch ein schweres Band auf der Stirn fixiert. Jameel winkt uns herbei.

An der Längsseite des Verschlags, etwas erhöht auf einem Kissen, sitzt sein Vater, der Stammeshäuptling. Graues Gewand, weißer Bart, goldene Eckzähne. Machtvolle Ausstrahlung. An seiner Hand trägt er einen mit einem dunkelroten Stein besetzten Ring. Ein Transporter kommt, um die Ziegen und Schafe zum Verkauf abzuholen. Während die anderen sich zur Arbeit erheben, bleibt Jameel bei uns, den Gästen. Er fragt, was so ein Flug nach Deutschland wohl kosten würde, und bittet um eine Einladung. Die brauche er, um fliegen zu können.

»Ich würde gerne heiraten«, sagt er. »Aber wie? Ich will hier leben, in der Wüste, aber die Frauen finden das nicht gut. Wenn ich in Deutschland heiraten will und den Vater nach seiner Tochter frage, meint ihr, ich habe eine Chance?«

Wir erklären ihm, dass er sicher auch die Mutter fragen müsste, in jedem Fall aber die Tochter selbst, schließlich wäre sie es, die mit ihm leben sollte.

Jameel macht ein verwirrtes Gesicht. »Wieso?«

»In Deutschland haben die Frauen eine gehörige Portion mitzureden ... Sag es nicht weiter, aber ich befürchte, bei uns im Haus hat meine Frau mehr zu sagen als ich!« Zustimmendes Nicken von Sören.

Jameel runzelt die Augenbrauen. »Das heißt, wenn ich eine Deutsche heirate, dann wird sie mich kontrollieren?« Ihm scheint der Gedanke nicht geheuer zu sein.

»Könnt ihr denn frei entscheiden, wen ihr heiraten wollt?«, frage ich.

Jameel nickt. »Die Männer schon, die Frauen nicht. Sie müssen einen Beduinen heiraten ... Ansonsten sind sie frei.«

»Warum?«

»Aus dem gleichen Grund, warum unsere Frauen sich verhüllen: Wir können es uns nicht leisten, sie zu verlieren. Sie sorgen dafür, dass der Stamm überlebt. Schon vor dem Islam haben sich unsere Frauen vor Fremden verhüllt.« Er grinst. »Wir sind abhängig von ihnen.«

Der Transporter vor unserem Verschlag fährt an und bläst eine Staubfahne herein. Jameel geht hinüber zum Fernseher und schaltet ihn ein. Es läuft *Harry Potter und die Kammer des Schreckens*. »Haaaarryyyy!«, schreit Hermine, und ich frage mich, wie unrealistisch das eigentlich gerade ist: in einer Wüste unter einem Blechdach zu sitzen und gemeinsam mit einem Beduinen *Harry Potter* auf einem Röhrenfernseher zu schauen.

»Was haltet ihr eigentlich von Hitler?«, fragt da Jameel plötzlich.

Ich schaue ihn befremdet an. »Gar nichts. Er war ein Massenmörder!«, antworten Sören und ich wie aus einem Mund.

»Aber unter Hitler ging es allen Deutschen gut!«

Ich schüttle den Kopf. »Ich weiß nicht, woher du deine Informationen nimmst, aber: Mein Großonkel starb unter Hitler. Mein anderer Großonkel musste zu Fuß von Russland nach Hause laufen. Mein Opa humpelte wegen einer Schussverletzung, mein zweiter Opa desertierte kurz vor Kriegsende, um dem sicheren Tod zu entgehen, meine Oma entkam knapp einem Bombenangriff der Alliierten – und wir waren eine Familie, der es verhältnismäßig gut ging. Mal abgesehen davon, was er mit den Juden und den anderen Minderheiten gemacht hat…«

»Aber er war ein guter Führer. Ein starker Mann!«

»Einen guten Führer erkennst du nicht an seiner Stärke. Nicht mal an seinem Ziel. Sondern an seinem Weg. Und Hitlers Weg war sehr, sehr schlimm, glaub mir!«

Es ist bemerkenswert: Während in Israel Hitler nie ein Thema war, werden wir in Palästina nun schon das zweite Mal auf ihn angesprochen. So groß scheint hier die Sehnsucht nach Macht und Stärke, dass mitunter sogar ein Schlächter wie Hitler Anerkennung findet. Wie viel Antisemitismus hinter Jameels Äußerungen steckt, kann ich nicht einschätzen. Genauso wenig, wie viel ihm über das Dritte Reich, den Krieg und den Holocaust bekannt ist. Da war dieser Mann, der die Juden besiegte. Die Juden stehen in diesem Fall für Israel, nicht andersherum. Ein blanker Anachronismus, klar, weil es Israel damals noch nicht gab, aber wenn sich die Sehnsucht nach Macht und Stärke in einer Hitlerbewunderung äußert, ist es egal, ob dahinter Antisemitismus oder eine Bildungslücke steht – dann ist es nicht nur für Juden, sondern auch für mich als Deutschen sehr schmerzhaft.

»Könntest du dir vorstellen, woanders zu leben?«, frage ich, um das Thema zu wechseln.

Jameel schüttelt den Kopf. »Das ist meine Heimat, wir gehören hierher. Das Land gehört nicht uns, aber wir gehören dem Land. Es gibt Beduinen, die in den Städten arbeiten, aber das ist nicht unsere Kultur. Wenn du die Beduinen in die Städte steckst, gibt es keine Beduinen mehr ... Wir bräuchten keine Hilfe, wenn wir nur frei ziehen könnten. Das Militär ist da, um Probleme zu lösen, aber sie machen nur Probleme. Weißt du, was der Koran sagt? Dass sich alle arabischen Länder vereinen werden, um Palästina zu befreien.«

»Aber ist das nicht schon durch die Nachfahren Mohammeds passiert? Die Thora sagt, dass dies das Land der Juden ist. Können nicht einfach alle gemeinsam leben? Wenn es deins und meins ist, kann es nicht unser sein?«

Jameel lächelt. »Leider nein. Alle anderen Religionen hassen den Islam.«

»Die Bibel sagt, dass Abraham Vater der Juden, Christen und Muslime ist. Damit sind alle Religionen Brüder.«

»Also sagt euer Gott, dass du mein Bruder bist?« Er wirkt aufrichtig fröhlich. »Dann: Willkommen, mein Bruder!«

Einst soll ein Engel den Hirten auf dem Feld einen Heiland verkündet haben. Wenn diesen Hirten heute ein Engel erschiene – ich bin mir sicher, sie würden ihm folgen. Zu hoffen ist, dass es ein weiser Heiland wäre.

Bald wandern wir wieder auf der Straße Richtung Jerusalem. Wir wollen nach Kfar Adumim, eine israelische Siedlung, nicht weit entfernt, in die uns der Vater eines Exfreundes der Cousine des Freundes eines Freundes eingeladen hat. So zumindest glaube ich.

Kurz hinter Mitzpe Jericho hält ein Kleinbus, aus dessen Fenster ein Palästinenser fragt, ob er uns mitnehmen solle.

»Eigentlich hat man uns abgeraten, in Palästina zu trampen!«

»Zu Recht«, entgegnet der Fahrer und lacht. Dann öffnet er seine Beifahrertür.

Das Tor von Kfar Adumim wird von einem jungen Mann mit Maschinengewehr bewacht. Als wir erwähnen, dass wir aus

Deutschland kommen, bedeutet er uns, einen Moment zu warten. Allerdings nur, um uns Bilder seines letzten Dresdenurlaubs zu zeigen.

Kurz darauf werden wir von einem anderen Typen angehalten. »Hey, ihr da! Woher kommt ihr?«, bläkt er aus seinem Auto. Eine Pistole liegt auf seinem Schoß. »Und wohin wollt ihr? Wo seid ihr gewesen? Seid ihr Journalisten?«

»Das geht Sie nichts an«, sage ich verärgert und gehe weiter. Der Mann ist offensichtlich weder Polizist noch eine andere Autorität, der wir Rechenschaft schuldig wären.

Er fährt weiter neben uns her und pfeift schrill auf seinen Fingern. »Hey! Beantwortet meine Fragen!«

»Warum sind Sie so unfreundlich zu uns? Wir sind normale Gäste!«

»Wenn ich Fragen stelle, antwortest du und läufst nicht weg, verstanden? Wohin geht ihr?«

»Zu Shalom Berg«, sage ich ruhig. Flüche schießen durch meinen Kopf.

»Was? Wohin?«, schnauzt der Typ weiter.

»Zu Shalom Berg ... Habe ich gerade gesagt.«

»Dann hast du es schlecht gesagt. Sag es noch mal: Shalom Berg! Sag es!«

»Shalom Berg.«

»Geht doch!« Er kurbelt die Scheibe hoch und fährt mit quietschenden Reifen davon.

Was für ein Arschloch. Herzlich willkommen.

Die Bergs sind uns gegenüber wesentlich freundlicher. Mit warmem Lächeln und üppiger Tafel empfangen sie uns in ihrem Haus am östlichen Hang des Dorfes. Eine Klimaanlage kühlt die Luft angenehm herunter, die Sonne fällt durch die Panoramafenster auf die Fliesen, eine große Pfanne Shakshuka dampft auf dem Tisch. Pochierte Eier in Tomatensauce, eine jüdische Spezialität.

»Ihr müsst hungrig sein!«, begrüßt uns Frau Berg und gibt uns die Hand. »Und verschwitzt. Unten könnt ihr duschen!«

Im Untergeschoss des Hauses braust eine üppige Regenwalddusche den Dreck aus unseren Poren. Flauschige Handtücher liegen auf der Anrichte, eine Variation verschiedener Duschgels.

Die Bergs zeigen sich als fantastische Gastgeber. Während das Land vor dem Panoramafenster immer rötlicher und dann dunkler wird, servieren sie Wein und Bier, fragen uns aus, erzählen Anekdoten. »Unser jüngster Sohn, ein Tourguide im Golan, hat sich von der Orthodoxie abgekehrt. Das Handy war schuld! Er konnte es auch am Sabbat nicht aus der Hand legen...« Die Bergs lachen. »Dabei ist der Sabbat mehr als nur Religion! Er ist Familie, Besinnung auf das Wesentliche!«

Sören grinst. »Die Beduinen haben gestern sehr ähnlich über den Ramadan gesprochen!«

Trotz aller Nettigkeit ärgere ich mich, dass ich den Bergs gegenüber nicht unvoreingenommen sein kann. Natürlich schwirrt mir die Armut der Beduinen im Hinterkopf herum, der Eimer mit dem Becher, das Lager, das man von hier aus fast sehen kann. Und natürlich merken das auch die Bergs. Sie machen mir keinen Vorwurf. Versuchen, sich zu erklären.

»Wisst ihr, das Problem ist: Die Beduinen dürfen dort nicht wohnen. Es ist israelisches Militärgebiet – und trotzdem schenkt die UN ihnen Häuser! Unsere Tochter muss mit ihrem Mann und den zwei Kindern in einem Anbau unseres Hauses leben, weil die Regierung uns nicht erlaubt, ein weiteres Haus zu bauen! Und die Beduinen bekommen Häuser von der UN *geschenkt*.«

»Haben Sie die Häuser mal gesehen?«, frage ich. »Es sind Hütten. Container, Ställe... Sie würden dort nicht leben wollen.«

»Aber die Beduinen bekommen diese Häuser *geschenkt*! Es ist ja nicht so, dass sie dort unten leben *müssten*. Die Regierung hat ihnen andere Bereiche zugewiesen, wo sie leben können! Da können sie bauen und glücklich sein!«

»Aber gilt das für Ihre Tochter nicht genauso?«

»Ach ... sie will hier nicht weg. Wir leben schon ewig hier! Aber die Beduinen kommen immer näher, stinken, belästigen uns mit ihren Schafen und Ziegen. Das ist doch kein Leben! Und es ist ja nicht mal alles. Sie attackieren unsere Kinder und entführen unsere Soldaten. Hört man davon in Europa? Es wird immer nur über Israel berichtet, aber die Qualität der palästinensischen Gewalt ist ganz anders! Es ist eben nicht das Gleiche, ob die israelische Regierung gezielt Attentäter töten lässt oder ob jemand einen Kindergarten angreift. Neulich haben die dort unten schon wieder ein Haus geschenkt bekommen!«

»Das war ein Kindergarten«, stellt Sören klar.

»Was weiß ich! Wir haben dafür gesorgt, dass es wegkommt! Es ist ungerecht!«

»Und dass die Beduinen nicht mal Leitungen legen oder nach Wasser graben dürfen, finden Sie gerecht? Während Sie hier fließend Strom und Wasser haben?«

»Wasser ist nun mal kein Privatbesitz. Jeder hat sein Wasser vom Staat zu kaufen, der es verwaltet. Das ist Gesetz in Israel!«

»Aber das hier ist nicht Israel ...«

Und das ist der Punkt. Hier scheiden sich die Geister. Die Bergs sehen es eben anders. Der Abend wird lang und länger und bleibt voller Diskussionen. Herr Berg rät uns, der Stadt Hebron einen Besuch abzustatten, dort sollten wir mit einem Herrn Fleisher reden, der uns sicher mehr zum Thema erzählen könne.

Und dann fasst Frau Berg den Abend zusammen: »Ihr könnt eure Meinungen haben. Aber ihr müsst wissen: Wir sind keine bösen Menschen. Wir wollen nur leben.«

In der Nacht habe ich einen verwirrenden Traum. Ich treffe Mahmud Abbas und Benjamin Netanjahu. Sie wandern einen Bürgersteig entlang, nebeneinander, doch ohne sich anzuschauen. Ich spreche sie an, sie müssten miteinander reden, raus aus ihren Opferrollen, und das Leid der anderen Seite anerkennen, doch sie lachen nur. Zunächst schüchtern, dann immer schamloser. Sie knuffen sich gegenseitig, scherzen gemeinsam über den naiven Deutschen, der das System nicht versteht, wie zwei gute Freunde. Einerseits peinlich berührt, andererseits froh, dass die beiden sich gut verstehen, frage ich, ob ich ein Foto machen dürfe. Doch da halten sie brüsk ihre Hände vor die Linse. Niemand dürfe sie so sehen.

Erinnerung und Identität

Und an jenem Tag werden seine Füße
auf dem Ölberg stehen, der vor Jerusalem
liegt nach Osten hin.

Sach 14,4

26. Juni 2016, Kfar Adumim, Palästina

Ich gehe alleine los. Sörens Knöchel ist erneut angeschwollen, Frau Berg wird ihn später nach Jerusalem bringen. Beim Bergabgehen putze ich mir die Zähne. Drei Stunden Schlaf waren zu wenig.

Während links von mir die Sonne aufgeht, wird ein Auto langsamer, und ein orthodoxer Jude fragt, ob er mich mitnehmen solle. Nein, danke. Die letzten 30 Kilometer zu Fuß.

Auf dem Seitenstreifen entdecke ich zwei Israelflaggen. Autofahnen einst, jetzt abgerissen. Auf einem vorgelagerten Hügel bei Kfar Adumim eine weitere, große, gehisst an einer Fahnenstange. In diesem Umfeld nicht nur Nationalstolz. Irgendwie auch Kampfansage.

Schließlich geht es wieder in die Wüste.

Ich laufe mit den Händen in den Taschen. Irgendwo in den Untiefen spüre ich meine Glücksbringer: zwei Graswurzeln und ein Stück Plastikschnur. Die Plastikschnur ist ein Teil des Tornetzes, in das Papy Djilobodji sein letztes Tor für Werder Bremen schoss und damit den Nichtabstieg der Mannschaft im Mai sicherte.

Zwei Tage vor unserer Abreise war ich mit meinen Brüdern im Stadion. Werder stand auf dem 16. Tabellenplatz, musste gewinnen, um in der Liga zu bleiben. Tausende Fans hatten sich vor dem Weserstadion versammelt, um die Mannschaft zu empfangen. Sangen gemeinsam, hielten grüne und weiße Luftballons in die Höhe. Wir standen dazwischen. Bangten das gesamte Spiel über. Mein kleiner Bruder war irgendwann heiser, ich konnte nicht singen, weil ich einen Kloß im Hals hatte. Dann, 88. Minute, brachte Junuzovic den Ball in den Strafraum, Djilobodji grätschte, und die Stadt bebte. Irgendwann fanden wir uns alle auf dem Rasen wieder. Umarmten Menschen, die wir noch nie zuvor gesehen hatten, mit Tränen im Gesicht. Wir schnitten Grassoden aus dem Boden und eroberten das Tornetz, das viel mehr war als nur ein Stück gespleißtes Polypropylen. Das noch jetzt die Tränen, die Hoffnung und die Erlösung einer ganzen Stadt in sich trägt. Als Werder den Klassenerhalt geschafft hatte, läuteten in Bremen die Kirchenglocken. Im Ernst.

Ich fühle das Netz in meiner Tasche und frage mich, was Identität bedeutet. Ich glaube, es ist die Summe unserer Erinnerungen. Das, was wir erlebt haben, ist das, was uns ausmacht. An diesem 14. Mai schufen wir eine gemeinsame Erinnerung. Etwas, was uns als Gruppe, als Bremer definierte und mich und meine Brüder, aber auch die Menschen um uns herum, enger zusammenschweißte. Erinnerung schafft Identität. Gemeinsame Erinnerung Vertrautheit.

Was ist ein Volk? Ein jüdischer Freund von mir, der Schriftsteller Yiftach Ashkenazi, hat das jüdische Volk einmal als »Schicksalsgemeinschaft« bezeichnet: eine über die Welt verstreute Gruppe, die ihre kollektive Identität nicht nur durch die Religion, sondern vor allem durch ein gemeinsames Gefühl der Ausgrenzung gewann. Dieser Eigenschaft wurde in der Staatsgründung Israels Rechnung getragen. Die jüngere Identität Israels wiederum, so hat es auch Danny beschrieben, hat sich vor allem durch seine Kriege geformt. Kollektive Ängste, kollektive Erfolge – und so viele unterschiedliche Kulturen, dass eine gemeinsame Identität nur durch die Abgrenzung gegen einen gemeinsamen Feind funktionierte.

Ich denke an die Märtyrerplakate in Balata und das Kriegsdenkmal im Golan. In den Köpfen der jeweiligen Menschen ist die Verehrung wahrscheinlich die gleiche: Beide Seiten gedenken der Opfer, die im Kampf für die eigene Identität gefallen sind, während das Symbol der Gegenseite jeweils als barbarisch empfunden wird. Wie will man sich da einander nähern?

Ich glaube, und das gilt auch für Deutschland, man muss gemeinsame Erinnerungen schaffen. Wenn wir miteinander leben wollen, müssen wir auf das uns Fremde zugehen, um gemeinsame, positive Erlebnisse zu erzeugen, und so die Identitäten zusammenrücken. In Israel und Palästina, so befürchte ich, hat dieses Boot schon vor vielen Jahren abgelegt. In Deutschland liegen die Möglichkeiten vor uns.

Die Menschen, die ich damals im Weserstadion umarmt habe, werde ich wahrscheinlich nie wiedersehen. Aber falls wir uns in Zukunft doch noch mal treffen, werden wir uns viel zu erzählen haben. Und uns zumindest in einer Beziehung aufrichtig gut verstehen.

Immer wieder komme ich an Zisternen und Höhlen vorbei. Von den Beduinen gegraben, um die Arbeit der Hirten zu erleichtern. Einer von ihnen steht entfernt auf dem Kamm eines Hügels. Mit der Hand am Halfter seines Mulis sieht er aus wie Winnetou.

Mein Weg windet sich in engen Serpentinen durch die Landschaft. Ich spüre den Anstieg in den Beinen, die Heilige Stadt auf rund 800 Höhenmetern. Rechts nun die weißen Häuser Ma'ale Adumims, einer israelischen Siedlung kurz vor Jerusalem. Links, in einiger Entfernung, zwei weitere Enklaven der Beduinen. In ihren Hütten aus Blech und Holz, in ihrem Müll, ihrer Unsicherheit.

Der Trail verschwindet hinter einem Hügel. Kurz darauf fällt mir ein Pappschild am Boden auf. Der Kopf eines Soldaten, lebensgroß. Drei glatte Schüsse durch Stirn und Schläfe. Ich erinnere mich: Militärgebiet. Weitere Schilder tauchen auf, der Weg wird breiter, mitunter Kettenspuren darin. Ich meine, irgendwer hätte mal erwähnt, man solle sich bei den IDF melden, wenn man militärisches Gebiet durchqueren wolle. Auch, um sicherzugehen, dass kein Training stattfinde.

Als ich aus der Senke heraustrete, erkenne ich am Horizont zwei Panzer. Einer davon bewegt sich. Oh Gott, denke ich, hoffentlich sieht er mich nicht! Und dann: Oh Gott, hoffentlich sieht er mich! Ich winke in großen Gesten und beschleunige meine Schritte. Schließlich erreiche ich das rote Schild, wie es vor jeder palästinensisch kontrollierten Stadt steht, die man aus der B- oder C-Zone betritt: »This road leads to area ›A‹ under the Palestinian authority. The entrance for Israeli citizens is forbidden, dangerous to your lifes and against the Israeli law.« Al-Eizariya, das ehemalige Bethanien. Es gehört zum östlichen Randbezirk Jerusalems.

In Bethanien soll Jesus einst Lazarus von den Toten erweckt haben. Das Johannesevangelium, aus dem die Geschichte stammt, beschreibt sehr plastisch, *wie* tot Lazarus war: »Herr, er stinkt schon, denn er ist vier Tage hier.« Doch Jesus ruft nur: »Lazarus, komm heraus!«, und Lazarus folgt seinem Ruf, noch in seine Grabtücher gewickelt.

Der Name al-Eizariya, »Ort des Lazarus«, erinnert an diese Geschichte. Heute ist vor allem der Gestank geblieben. Und sehr viel Leben.

Gleich am Eingang der Stadt werde ich von einem Müllberg begrüßt. Klamotten, Schrott und Unrat türmen sich in alle Richtungen; oben, auf der Kuppe des Hügels, trotten zwei Pferde auf der Suche nach Essbarem. Ein Eselsgespann überholt mich. Bald schon kann ich die ersten Kirchtürme sehen, Kreuze statt Monde auf ihren Türmen, schließlich die Zypressen des Ölbergs; doch dann endet die Straße abrupt, denn die Mauer versperrt den Weg.

Ich habe mich mit Sören am Kontrollpunkt verabredet. Die Stadt, die wir auf der anderen Seite erreichen, ist dieselbe wie vor 2000 Jahren, und doch eine ganz andere. Der Ölberg, auf dem Jesus in seinen letzten Stunden Zuflucht suchte und von Judas verraten wurde, ist heute dicht bebaut. Steile Straßen, schlechte Bürgersteige, gute Falafeln. Dazwischen die christlichen Kirchen: zwei Himmelfahrtkapellen, die Vaterunserkirche, die Maria-Magdalena-Kirche, die Kirche aller Nationen, das Dominus Flevit, das Mariengrab. Dahinter die strahlende Aussicht auf das alte, das antike Jerusalem: Stadtmauer, Tempelberg, die goldene Kuppel des Felsendoms.

Jesus soll damals auf einem Eselsfohlen nach Jerusalem geritten sein. So, wie der jüdische Prophet Sacharja es für den Messias prophezeit hatte. Auch der Gang über den Ölberg war kein Zufall, denn laut Sacharja sollte der Messias über diesen Weg in die Stadt ziehen. Schwer zu sagen, ob es sich dabei um historische Aktionen Jesu oder spätere literarische Fiktion handelte, in jedem Fall aber liegt aufgrund derselben Prophezeiung der größte jüdische Friedhof der Welt am westlichen Hang des Ölbergs. Abertausende Gräber ziehen sich über den Erdboden, friedlich liegen sie in der Abendsonne, die Toten eine schlafende Armee in Erwartung des Jüngsten Tages. Genau diese Erwartung wollte Jesus – oder wollten die Evangelisten – mit seinem Einzug in die Stadt bedienen: Seine Anhänger standen, ausgebreitete Kleider und Zweige schwenkend, vor den Toren Jerusalems, um ihren König zu empfangen.

Unsere eigene Ankunft gestaltet sich weniger glorreich. Eine Polizeistaffel steht vor dem Löwentor, ein Scharfschütze schwenkt sein Präzisionsgewehr, statt auf einem Fohlen reiten wir auf brüchigen Sohlen in die Stadt.

Der Sonnenuntergang wird von einem Kanonenschuss begleitet. Im muslimischen Viertel herrscht dichtes Gedränge: An den Straßenecken stehen Polizisten mit Funkhörern im Ohr, mit Gewehren und Schutzwesten, die für Frieden sorgen sollen und ohne die, so liegt die Vermutung nahe, es hier noch viel friedlicher wäre. Zwischen den Häusern hängen Ramadanlaternen. Vor den Rinnsteinen, unter ihren dunklen Nikabs kaum zu erkennen, sitzen die Bettlerinnen. Schamvoll ihr Tun, aber einträglich, denn zu Ramadan soll jeder Muslim den Bedürftigen spenden.

Sören und ich wandern unter den glitzernden Lichtern entlang. Die Kulisse gleicht einem orientalischen Weihnachtsmarkt, Granatapfelsaft und Baklava statt Glühwein und Helene Fischer.

Viel zu spät packt uns der Hunger. Ein Falafelhändler öffnet noch einmal sein Rolltor für uns und bittet uns in seine Küche. Wir essen Blumenkohl, Gurke und Humus, neben uns breitet er seinen Teppich aus und betet in Richtung Mekka. Aber auch in Richtung der Edelstahlfriteuse, die vor ihm steht. Ramadan, habibi.

Der Deutsche, der Garten und das leere Grab

*Sie fanden aber den Stein weggewälzt von dem Grab...
und fanden den Leib des Herrn Jesus nicht.*
Lk 24,2–3

27. Juni 2016, Jerusalem

Das Erwachen gleicht einem Konzert. Ein Paukenschlag eröffnet den Tag, darüber legt sich der aufsteigende Gesang der Muezzins. Es folgt ein Chor aus Vogelstimmen, der vom Läuten der christlichen Glocken begleitet wird. Um uns herum räkeln sich müde Backpacker. Tauben gurren in den Dachgossen und schwärmen aus in die Stadt. Wir werden ein paar Tage in Jerusalem bleiben. Nicht nur, um die religiösen Pilgerstätten zu besuchen, auch, um uns mit ein paar Leuten zu treffen, die uns mehr über das heutige Heilige Land erzählen können.

Unser erster Weg führt uns zu Michael Avishai, einem emeritierten wissenschaftlichen Leiter des Botanischen Gartens, von dem wir uns erhoffen, dass er uns einen Einblick in die Seele des israelischen Staates vermitteln kann.

Michael Avishai wude 1935 in Deutschland geboren. Drei Jahre später musste er mit seiner Familie nach Brünn fliehen, heutiges Tschechien. Während seine älteren Geschwister und sein Vater sich weiter nach England durchschlugen, blieb er, zu jung für die Gefahren der Reise, mit seiner Mutter, die Zwangsarbeit in den Fabriken verrichtete, in Brünn. Michael musste sich verstecken. In Kellern, einem nahe gelegenen Kloster, im Wald. Um ihn barst die Welt, die Bomben fielen wie Regen, und die einzige Bezugsperson, die er hatte, war weit entfernt im Industrieviertel der Stadt, die das Ziel der Angriffe war. 1945, mit Ende des Krieges, gingen Michael und seine Mutter nach Wien, später nach München. Nach mehreren antisemitischen Vorfällen in der Schule wechselte er auf ein von den Amerikanern gegründetes hebräisches Gymnasium, bis er mit der Staatsgründung Israels auswanderte.

»Ich erinnere mich noch sehr gut an dieses neue, jüdische Israel, das uns plötzlich ein Heim werden sollte«, erzählt er, während wir an einem Seerosenteich entlangspazieren. »Den Hunderttausenden, die den Holocaust überlebt hatten ... Und nachdem ich so lange und schmerzlich an der Tatsache, dass ich Jude bin, gelitten hatte, war es für mich nur natürlich, nach Israel zu gehen.« Michael kam in einen Kibbuz bei Akko, 1953 ging er zur Armee und kehrte anschließend zurück, um Gärtner zu werden.

Heute sprießen ihm kleine Härchen aus den Ohren. Er spricht galantes, festliches Deutsch, dessen Worte manchmal ein bisschen angestaubt daherkommen und an Nachrichtensendungen in Schwarz-Weiß erinnern. Im Alter hat sich seine Haltung gekrümmt. Hin zu den Pflanzen, die er so liebt.

»Dank dem Umstand, dass ich als Kind sehr viel Zeit im Wald verbringen konnte, auch nach dem Krieg, war meine Verbindung zur Natur eine besondere. Es war nur selbstverständlich, dass ich Gärtner werden wollte und dem Land etwas zurückgab.«

Wir schlendern durch einen Abschnitt von Bonsaibäumen, die Beschreibungen auf Hebräisch, Englisch, Arabisch.

»Schaut euch um: Die Pflanzenwelt hier ist eine besondere. Weil Israel eine Landbrücke ist, Durchmarschgebiet zwischen Europa, Asien und Afrika, kommt die Flora aus der halben Welt. Und obwohl der Mensch die Natur in den letzten 2500 Jahren nicht gut behandelt hat, haben sich die Pflanzen gehalten und leben friedlich miteinander.«

1959 kam Michael nach Jerusalem, um Botanik zu studieren. Wenig später wurde er zum wissenschaftlichen Leiter des entstehenden Gartens ernannt.

»Ihr müsst verstehen, die zionistische Idee, auf der unser Land Israel und auch dieser Garten beruhen, gewann in den ersten Jahren des 20. Jahrhunderts ihre Form. Sie war eng mit dem Sozialismus verbunden. Marx war ja Jude, Heine auch. Die zionistische Idee war also, um es ganz einfach zu sagen, das jüdische Volk zu einem normalen Volk zu machen; in einem Land, in dem Juden ihre Wurzeln haben. Der jugendliche Drang einer gebildeten Schicht, der sozialistische Traum und auch ein gewisses Revoltieren gegen die heimischen Bedingungen formten den Boden, in dem die Wurzeln des modernen Israel stecken. Man wollte die eigene Zukunft gestalten, von einer Schicksalsgemeinschaft zu Schicksalsschmieden werden! Und das gilt auch für mich.«

Michael sagt das nicht ohne Stolz. Er bekam die Möglichkeit, seinen Beitrag zu leisten. Der Botanische Garten ist sein Erbe für sein Volk, sein Dank an seine Freunde, die Pflanzen. Die Natur, die ihm damals Zuflucht vor den Nazis bot, sie sprießt heute in Israel.

Während wir unter einer Allee hoch aufschießender, hellgrün belaubter Bäume entlangwandern, kommen wir auf die arabische Welt zu sprechen. Michael erzählt in bedächtigen Worten.

»Ich denke, in gewisser Weise kann man die Bevölkerung der arabischen Welt mit dem damaligen Nazideutschland vergleichen. Auch sie wurde von einer Gruppe Verrückter gekidnappt, die in ihrem Wahnsinn sich und ihrer Umwelt riesigen Schaden antut... Zweifellos ist ein ausschlaggebendes Problem der jetzigen Situation, dass sich die Einwohner von Gaza und der Westbank in einem Zustand der militärischen und politischen Unterdrückung durch ihre eigene Nationalbewegung befinden. Man kann ja Mitleid mit den Einzelnen haben, die sich gegen die

Affen der Hamas zur Wehr setzen – aber leider ist das die Minderheit! Und vielleicht ist das auch etwas, für das man das damalige Deutschland kritisieren kann: Es findet sich einfach keine Mehrheit, die aktiv Widerstand gegen diesen Irrsinn leistet.«

In Michaels Stimme mischt sich Verletzung, als er über manch Anschuldigungen von palästinensischer Seite spricht: »Ich kann einfach nicht verstehen, dass es Menschen gibt, die uns vorwerfen, wir würden uns gegenüber den besetzten Gebieten wie Nazideutschland verhalten! Wie kann jemand überhaupt auf die Idee kommen, so etwas zu sagen? Wenn sie in Bethlehem schreiben, die Stadt sehe aus wie das Warschauer Ghetto, dann ist das eine Ungeheuerlichkeit gegenüber den Menschen, die in diesen Ghettos leben mussten! Und gleichzeitig wollen sie Städte wie Hebron oder Bethlehem ›judenrein‹ haben! Das ist doch nicht recht!« Michael ist laut geworden. Die Nazivergleiche, sie treffen ihn, der selbst unter den Nazis gelitten hat, persönlich.

»Glaubst du denn, es wird jemals ein Zusammenleben möglich sein?«, frage ich behutsam.

Der alte Mann grinst. »Lieber Freund, diese Form des Zusammenlebens, die gibt es bereits: in Israel.«

Wir spazieren weiter. Ab und an gibt Michael eine Anekdote über einen Baum oder Strauch zum Besten oder erklärt, wie verschiedene Pflanzen in Israel kultiviert wurden.

Schließlich stelle ich die übliche Frage: »Glaubst du noch an Gott? Nach allem, was dir widerfahren ist, nur wegen der Religion, in die du hineingeboren wurdest?«

Michael überlegt sehr lange. Wägt ab, schweigt. Schließlich antwortet er: »Am Anfang glaubte ich noch an den lieben Gott... Aber dann fragte ich: Wie kann so etwas sein? Wie kannst du so etwas erlauben? Als Wissenschaftler sehe ich die Religion als eine bedeutende Stufe in der menschlichen Entwicklung. Die Zehn Gebote etwa sind nicht nur religiöse Ziele, sondern ein Beispiel von Normen und Werten, die wir als Menschen anstreben sollten, um unser Schicksal vernünftig zu gestalten. Der Staat ist letztlich die aufgeklärte Form der Religion. Und um deine Frage zu beantworten: Ich bin Biologe. Ich glaube an das Leben. An die Tatsache, dass das Leben sich auf geordnete Weise entwickelt hat und höchstwahrscheinlich entwickeln wird.«

Er lächelt. Ein fröhlicher Spalt in seiner betagten Rinde.

Am Nachmittag führt uns unser Weg zum Tempelberg – oder al-Haram asch-Scharif –, dem Zankapfel der Religionen, an dem sich der größte Teil der Konflikte der letzten Jahrzehnte entzündet hat. Schon Jesus soll hier für Aufruhr gesorgt haben, als er die Geldwechsler und Opfertierhändler aus dem Tempelbereich verwies, mit dem Vorwurf, sie würden eine »Räuberhöhle« daraus machen. Gut möglich, dass die Geschichte wahr ist, lieferte sie doch die perfekte Vorlage für seine spätere Hinrichtung.

2000 Jahre später laufen wir vorbei an 3-D-Bildern, die den Heiland mit Hirtenstock und Friedensgeste zeigen, an Plastikkreuzen und elektrischen Gebetskerzen und an kunstvoll geflochtenen Dornenkronen, die gemeinsam die Altstadt in ein religiöses Disneyland verwandeln.

Auf dem Vorplatz der Klagemauer herrscht reger Betrieb. Gruppen jüdischer Feiernder tanzen und klatschen sich durch die Menge, trommeln und musizieren, Klezmermusik. Manche von ihnen tragen Lederriemen an Armen und Stirn, Gebetskapseln daran fixiert, Ausdruck ihres Glaubens.

Dazwischen werden Kinder wie Adlige zur Klagemauer hofiert. Heute ist für die Mädchen Bat Mizwa, für die Jungen Bar Mizwa – ihr Eintritt in die religiöse Mündigkeit des Judentums. Küsse, Umarmungen und Bonbons werden verteilt.

Über dem Fest, durch dicke Felsmauern vom Trubel der Altstadt getrennt, liegen die anderen, die muslimischen Heiligtümer: die al-Aqsa-Moschee, der Felsendom. Dort oben soll Abraham beinahe seinen Sohn Isaak geopfert haben; laut jüdischer Tradition wurde die gesamte Welt dort gegründet. Auch Mohammed soll da gewesen sein. Auf einer nächtlichen Reise mit seinem geflügelten Pferd Buraq, um in den Himmel aufzufahren und dort mit Jesus und den jüdischen Propheten zu diskutieren.

Um der muslimischen Gemeinde Respekt zu zollen, ist der Haram asch-Scharif an den letzten Tagen des Ramadan für nicht muslimische Touristen geschlossen. Wir sehen Polizisten und Soldaten patrouillieren, aktuell wird wieder von Unruhen berichtet.

Ich erinnere mich an den Bürgermeister von Haifa, der einst als größtes Glück seiner Stadt bezeichnete, dass sie nie ein Heiliger betreten habe.

28. Juni 2016, Jerusalem

Tamar Avraham kann ihren Dialekt nicht verbergen. Rheinland vermutlich, sympathisch, selbst wenn sie kritisiert. Tamar lebt seit vielen Jahren in Jerusalem. Sie kam einst als katholische Theologiestudentin, konvertierte zum Judentum, hat die israelische und die deutsche Staatsbürgerschaft. Sie arbeitete in der Holocaust-Gedenkstätte Yad Vashem, dem in Stein gemeißelten Aufschrei gegen die Unmenschlichkeiten der Nazizeit – und sie leitet Touren zu den zerstörten arabischen Dörfern in Israel, wo sie über die »Nakba« aufklärt. Mit ihrer Arbeit steht Tamar ziemlich allein im Land. Ein Spagat zwischen zwei Welten, zwischen zwei Traumata, die nicht zu vergleichen sind und doch unweigerlich zusammengehören, da sie die Geschichte zweier Völker prägen, die einerseits gespalten, andererseits untrennbar miteinander verbunden sind.

»Die eine Erinnerung lässt die andere nicht zu«, erklärt sie das Dilemma, während wir in einem Café nahe der Altstadt sitzen. »Viele Palästinenser können die Einzigartigkeit des Holocaust nicht begreifen, weil sie Israel nicht als Opfer denken können. Weil manche von ihnen den Holocaust rückblickend vielleicht sogar als gerecht einstufen würden. Das ist natürlich vollkommen falsch, aber psychologisch nicht ungewöhnlich. Gleichzeitig würde für viele jüdische Israelis eine Anerkennung der Nakba auch irgendwo die Legitimität ihres Staates infrage stellen – und das geht natürlich gar nicht ... Ich habe mich lange mit der jüdischen Erinnerung auseinandergesetzt. Da war die Nakba als palästinensische Erinnerung die perfekte Ergänzung. Dass beide Narrative schon so lange nebeneinanderher existieren, ist natürlich Symptom, aber auch Teilursache des heutigen Konflikts.«

Tamar erzählt, als würde sie mit sich selbst diskutieren. Immer zwischen zwei Einstellungen hin- und herspringend, die Gedenkstättenführerin und der Tourguide im Dialog.

»Im Grunde ist ein Hauptproblem der heutigen Situation, dass der Zionismus zwar eine jüdische Heimat kreieren wollte, sich aber mit der damaligen Kultur dieser Heimat nie auseinandergesetzt hat. Die Tragödie dieses Staates ist, dass er immer ein Teil des Westens, nicht aber des Nahen Ostens sein wollte.«

»Wo beginnt denn in deinen Augen der Konflikt?«, frage ich, während ein Kellner uns Falafeln bringt, die für mich israelisch und arabisch sind und gleichzeitig irgendwie auch immer veganes Deutschland.

Tamar überlegt. »Ich glaube, es gibt drei wichtige Wendepunkte in der Geschichte: die Umsetzung des Zionismus, die für das jüdische Volk Fluch und Segen bedeutete; der Erste Weltkrieg sowie die dazugehörige Aufteilung des Landes; und die Unruhen 1929. Die ersten Zionisten waren geleitet von einer durchaus idealistischen Idee eines sozialistischen Staates, doch sie entwarfen ihn von Europa aus, ohne die Gegebenheiten im damaligen Osmanischen Reich zu kennen. Sie trugen viele Scheuklappen. Warum gründeten sie zum Beispiel Tel Aviv als neue, hebräische Stadt, während das nahe gelegene Yaffo einen großen Hafen und ein reges, modernes Stadtleben bot, in das man sich hätte integrieren können? Weil die Idee war, etwas Neues, Eigenes aufzubauen ... Aber dadurch entwickelte sich der intern angestrebte Sozialismus nach außen hin zu einer Form des Kolonialismus. Und während das alles noch revidierbar gewesen wäre, manifestierte der Erste Weltkrieg und die damit einhergehende Politik der europäischen Siegermächte die sich ausbildenden Fronten. Die Unruhen in Hebron, Safed und dem Rest des Landes waren einerseits ein Ausdruck dessen, zogen aber gleichzeitig einen klaren Cut. Denn sie richteten sich hauptsächlich gegen die alteingesessenen palästinensischen Juden, nicht gegen die europäischen Zionisten – und schufen damit Schubladen, in denen es nur noch ›Juden‹ und ›Araber‹ gab. Nichts dazwischen. Die Gründung des jüdischen Staates war schließlich aus der Zeit heraus richtig und wichtig, doch ist sie seither Teil des Problems, weil ein ›jüdischer‹ und ein ›demokratischer‹ Staat genau genommen nicht vereinbar sind.«

»Hätte es einen besseren Weg gegeben?«

Tamar seufzt. »Die Krux ist, dass schon so früh das Vertrauen zueinander zerstört wurde. Heute gibt es so viele Wahrheiten. Jede Seite hat ihre eigene Geschichte. Das muss man akzeptieren. Es kommt nicht darauf an, was *wahr* ist, sondern, was Menschen fühlen, glauben. Egal, wie abstrus das manchmal ist. Und wenn einige Leute behaupten, die Juden würden Tunnel unter die al-Aqsa-Moschee graben, um sie zum Einsturz zu bringen, dann muss man dem Rechnung tragen. Es ist klar, dass es nicht stimmt, aber man muss die Ängste ernst nehmen und bekämpfen. Nur so kann man Vertrauen zueinander gewinnen.«

»Was, glaubst du, würde Jesus heute machen? Wie würde er sich verhalten?«

Tamar lacht. »Ich muss gestehen, Jesus ist für mich nicht so zentral. Ich habe kein Problem damit, was er gesagt hat, aber als

Kirche das Schicksal der Welt an eine Person zu hängen – damit tu ich mich schwer. Wenn wir uns jedoch die Aussagen Jesu anschauen, dann wollte er, glaube ich, Religion und Politik klar voneinander trennen. Dementsprechend würde er wohl die Siedlungspolitik kritisieren, vielleicht auch den Machtanspruch am Tempelberg.«

»Wie stünde er den Palästinensern gegenüber?«

»Das ist schwer zu sagen ... Es gibt kein Pendant zu den Palästinensern im Neuen Testament. Jesus selbst übt eine gewisse Zurückhaltung gegenüber den Heiden, aber gleichzeitig bedienen die Palästinenser sein Bild der Schwachen und Unterdrückten. Es gibt heute die ›Rabbiner für Menschenrechte‹, die sich auf Basis der Thora für soziale Gerechtigkeit einsetzen. Vielleicht wäre Jesus da einzuordnen.«

»Meinst du, es gebe heute die Möglichkeit für einen Messias?«

»Die Staatsgründung Israels wurde von vielen als Zeichen für den kommenden Messias angenommen! Nur ist die Frage, wie sich ein Messias bei all den unterschiedlichen Gruppen und politischen Interessen im Land durchsetzen könnte.«

»Glaubst du, es bräuchte den Märtyrertod?«

Tamar überlegt lange hin und her. Legt den Kopf abwechselnd in verschiedene Richtungen, als würden linke und rechte Gehirnhälfte sich streiten. »Theologisch ist der Märtyrertod sicher nicht notwendig. Jesus wollte ja auch nicht sterben, die Stilisierung des Leidens im Christentum ist ja nur ein Weg, um damit umzugehen. Aber realistisch gesehen mussten in den letzten Jahrzehnten die meisten Menschen, die für Gerechtigkeit gekämpft haben, dafür sterben oder zumindest leiden. Martin Luther King, Nelson Mandela, hier auch: Jitzchak Rabin.«

»Der Märtyrertod ist doch heute der maximale Beweis für Authentizität!«, wirft Sören ein. »Ich meine, wie street ist es, für seine Überzeugungen zu sterben?«

Ich schaue ihn verblüfft an. Was wohl als Witz gemeint war, hört sich erschreckend einleuchtend an. »Woran glaubst du?«, frage ich Tamar schließlich.

Sie wirft ihre Haare zurück. Schlägt die Beine übereinander und legt einen Finger ans Kinn. »Ich halte mich für eine Agnostikerin. Ich denke, dass wir in Gott eine Kraft suchen, die für Gerechtigkeit steht. Die Vision, dass letztlich das Gute siegen wird. Das ist im Übrigen ein zutiefst jüdischer Glaube: Bei allem Furchtbaren, was da kommt, es wird nie das Letzte sein!« Sie lächelt. »Auf dieser Basis waren die Auferstehungsvisionen der frühen Christen erst möglich.«

Ich nehme an, Tamar meint mit ihrem letzten Satz das unbeschreibliche Vakuum, das in den Köpfen der Anhänger Jesu nach seinem Tod geherrscht haben muss. Die meisten von ihnen hatten ihre Heimat verlassen, um ihm zu folgen. Waren mit seiner Hinrichtung zu Kollaborateuren eines politischen Aufstands geworden, hatten ihre Sicherheit verlassen, weil sie an einen Messias glaubten, der ein neues Zeitalter einläuten sollte. Und nun hing er da, am Kreuz, ermordet durch eine der schmachvollsten Hinrichtungsarten des Römischen Reiches. »König der Juden« hatten die Römer verhöhnend in sein Kreuz geritzt.

Was folgte, ist schwer zu beschreiben: Es gab Visionen, Erscheinungen vor Einzelnen, eventuell auch vor größeren Gruppen – und egal, wie man es erklären will, *irgendetwas* geschah, was noch heute Christen an die Auferstehung Jesu glauben lässt. Fake News, sagen die einen, Jesus war nur scheintot, die Auferstehung inszeniert, einer der größten PR-Coups der Geschichte. Andere behaupten, Jesus sei zwar gestorben, der Leichnam aber geraubt worden, seine Auferstehung durch einen Doppelgänger gespielt. Und dann gibt es jene, die an das göttliche Wunder glauben, wie es in der Bibel überliefert wird. Jesus gibt sich durch seine Kreuzigung und Auferstehung als göttliche Gestalt zu erkennen, etwas, was in der jüdischen und antiken Welt bis dahin nicht denkbar gewesen war, schickt seine Jünger in die Welt, stemmt die Arme in die Hüften und verkündet: »Tja, ich hab's euch doch gesagt!«

Tamar wiederum spielt auf eine vierte, psychologische Erklärung der Geschichte an: eine Melange aus Trauer, Frust, Schuldgefühlen und der *zutiefst jüdischen Hoffnung*, wie sie es nannte, die bei einigen Jüngern für Visionen sorgte. Visionen, in denen ihnen der Heiland tatsächlich erschien und Trost zusprach. Wahrhaftige Gotteserscheinungen also, die Jesu Wirken als Sieg auslegten und die dankbar von den anderen Jüngern aufgenommen und im Laufe der Jahre überall im Reich verbreitet wurden.

29. Juni 2016, Grabeskirche, Jerusalem

Es ist noch still in der Kirche. Vereinzelte Schritte hallen über den uralten Boden, nur wenige Gläubige verirren sich in diesen frühen Morgenstunden in die Gewölbe. Im Augenblick herrscht hier ein Ort der Einkehr. Hohe Gänge ziehen sich durch den Bau; dunkel, rumpelig, unsortiert. Der Boden ist abgewetzt, ausgetreten, mehrfach ausgebessert. Das Kirchenschiff des Theseus. Die Kronleuchter werden mittlerweile mit Strom betrieben. Die Gemälde an den Wänden sind von der Zeit zerfressen, Brüche in der Farbe zeichnen das Alter in junge Engelsgesichter.

Schon wenige Jahre nach Jesu Tod hatten sich kleine judenchristliche Kreise gebildet, die ihn verehrten. Die Hauskirche in Kapernaum, das »Haus des Petrus«, wir haben es gesehen. Paulus, ein Jude, wurde von den jüdischen Gelehrten geschickt, um die neue Sekte zu bekämpfen, doch jäh erreichte auch ihn eine Vision, und er wurde zu einem der größten Verfechter der neuen Lehre. Mitunter wird Paulus als einer der Begründer des heutigen Christentums gesehen, denn zu seiner Zeit begann die Missionierung der Heiden, und damit der faktische Bruch mit dem Judentum. Während Jesus und die Urgemeinde noch die Thora lehrten, wurden nun die Gesetze aufgeweicht, um den Glauben auch für »Nichterwählte« zugänglich zu machen.

Ursprünglich ist die Geschichte Jesu also die eines Verlierers. Doch dann geschah etwas, was aus seiner Niederlage einen Siegeszug werden ließ. Ich habe ehrlich gesagt keine Ahnung, ob Jesus damals wirklich auferstanden ist – aber ich denke, es ist auch egal. Da war einer, dessen Botschaft und Leben so gut waren, dass er die Menschen glauben machte, er *könnte* Gottes Sohn sein. Ob er es am Ende war, ist in meinen Augen zweitrangig.

Heute teilen sich sechs christliche Gemeinden die Räumlichkeiten der Grabeskirche. Jedes religiöse Lager hat seinen eigenen Bereich, bis hin zur Gemeinde der Äthiopier, die auf dem Dach der Kirche ihre Kultstätte findet. Die orthodoxen Kapellen schimmern geheimnisvoll, darum herum herrscht die wuchtige Macht der westlichen Architektur. Hier schwebt Weihrauch im Raum, dort fliegen Tauben durch die luftigen Höhen.

Helena, die Mutter Konstantins, ist auch für diese Kirche verantwortlich. In der ersten Hälfte des 4. Jahrhunderts ließ sie genau dort den Boden aufgraben, wo sie die Kreuzigungsstätte Jesu vermutete. Der Legende nach kamen drei Kreuze zum Vorschein. Um zu identifizieren, welches davon das Jesu sei, wurde ein Kranker herbeigeschafft, der nacheinander die drei Kreuze berührte. Als er das Kreuz Jesu betastete, siehe, da ward er geheilt.

Allmählich füllt sich die Kirche. Touristengruppen drängen herein, Pilger mit Selfiesticks statt Wanderstab. Feierlicher Gesang hallt durch die Gänge, schwer und getragen, vielfach verstärkt durch das Echo der Wände. Plötzlich kommt ein Trecker durch das Seitenschiff, bringt Baumaterial für die Renovierung des Heiligen Grabes. Ich sehe Sören von einer Horde Koreaner umringt. Nacheinander stellen sie sich neben ihn und lassen sich fotografieren. Auf seine Frage, warum sie das täten, lächeln sie nur. Während sie aufgeregt miteinander tuscheln, hört man immer wieder die Worte »Yesu! Yesu!« durch den Raum fliegen. Die Auferstehungshoffnung, sie lebt noch immer.

Es ist schön, all die Glaubensrichtungen unter einem Dach zu erleben. Sie erinnern daran, dass Religion immer nur eine Glaubens*gemeinschaft* ist: eine Gruppe, in der man sich auf ein gemeinsames Bekenntnis geeinigt hat und doch jeder ganz individuell glaubt. Denn kein Glaube ist uniform. Und am wichtigsten: Glaube heißt »Glaube«, weil er kein Wissen ist. Er kann für den Gläubigen von großer Wahrheit sein, aber er wird niemals be- oder widerlegbar sein. Deshalb soll jeder Mensch seinen Glauben haben. Aber er darf niemals versuchen, ihn über den Glauben anderer zu stellen.

Das tote Mädchen

*... und Gott wird abwischen alle Tränen
von ihren Augen...*
Offb 21,4

29. Juni 2016, auf dem Weg nach Hebron, Palästina
Wir haben es geschafft. Jerusalem, das Ziel all unserer Anstrengungen, liegt hinter uns. Da wir noch ein paar Tage Zeit haben und da Hebron so oft in den letzten Tagen erwähnt wurde, haben wir uns entschieden, uns selbst ein Bild von der Stadt zu machen. Wir wollen uns mit Aktivisten von Youth Against Settlements treffen, einer NGO, die über die Situation der Palästinenser in Hebron aufklärt. Am Tag darauf werden wir Yishai Fleisher treffen, den Sprecher der israelischen Siedlung, den Herr Berg erwähnt hat.

Hebron, arabisch al-Khalil, war laut islamischer Tradition schon die Heimstatt Adams und Evas, nachdem sie den Garten Eden verlassen mussten. Auch das Grab der Erzeltern soll hier liegen; die sterblichen Überreste Abrahams, Isaaks und Jacobs sowie Sarahs, Rebekkas und Leahs. Für Juden wie Muslime ist das Grab gleichermaßen heilig – was einer der Gründe für die ständigen Spannungen in der Stadt ist.

Während Ende des 15. Jahrhunderts viele Juden infolge der Reconquista nach Hebron flohen und dort friedlich mit den restlichen Einwohnern zusammenlebten, kam es 1929 zu einer Welle der Gewalt gegen die jüdische Bevölkerung, als das Gerücht laut wurde, die Juden würden sich in Jerusalem des Haram asch-Scharif bemächtigen. Viele muslimische und christliche Bewohner stellten sich gegen den wütenden Mob und versteckten die Mehrheit ihrer jüdischen Nachbarn, dennoch forderte der Konflikt 67 Todesopfer. Da die Spannungen auch in der Folgezeit nicht nachließen, evakuierten die Briten die Juden aus der Stadt. Mit Beginn der Besatzung 1967 entstand schließlich eine israelische Siedlung im Zentrum Hebrons, die bald auf ein verlassenes Militärgelände am Rand der Stadt verlegt wurde und heute den alttestamentlichen Namen Kirjat Arba trägt.

Knapp 30 Jahre später, 1994, prägte ein weiterer Ausbruch der Gewalt die Geschichte der Stadt, als Baruch Goldstein, ein radikaler jüdischer Siedler, in die Abrahamsmoschee eindrang und 29 betende Palästinenser erschoss. In der Folge kam es zu Ausschreitungen, bei denen weitere 19 Palästinenser und fünf Israelis starben. Als Reaktion wurde beschlossen, die Stadt zu teilen: Der größte Teil der Altstadt sowie die Siedlungen sollten unter israelische Militärkontrolle kommen, der Rest sollte von der Palästinensischen Autonomiebehörde überwacht werden.

Wir fahren vorbei an trockenen Hügeln. Vorbei an Bethlehem, an Dahers Weinberg, an Dörfern und Betonklötzen und Sandsäcken, hinter denen Soldaten mit Maschinengewehren posieren. An einem Kreisel in der Nähe des Stadtzentrums von Hebron endet unsere Fahrt. Ein Sicherheitsmann der Autonomiebehörde beobachtet den Verkehr, ein Tankwart, der an einer Zapfsäule lehnt, drückt seine Zigarette in einer Pfütze aus.

»Hi! Seid ihr Nils und Sören?« Ein dunkelhaariges Mädchen spricht uns an. Lange Locken, skandinavischer Akzent. Haut, die viel zu blass für diese Breitengrade ist. Sie gibt uns die Hand. »Ich bin Kassandra.«

Wir folgen ihr durch das Gewirr der Innenstadt, bis wir zu einem verwahrlosten, scheinbar verlassenen Haus gelangen. Schimmel und der Geruch von Pisse. »Das ist eins unserer Zentren«, erklärt Kassandra, während wir marode Treppenstufen emporsteigen, im Dunkeln, denn Licht scheint es hier nicht zu geben. »Oh, und das ist Fadi!«

Hinter einer verrosteten Metalltür erwartet uns ein müde dreinschauender Typ. »Hi!«, sagt er und reicht uns die Hand. Dreitagebart, zerknittertes Hemd. »Ich bin gleich fertig.«

Die Wohnung ist spartanisch eingerichtet. Zwei Matratzen, ein Computer, kaputte Fliesen. Im Bad eine offene Glühbirne, ein Eimer zum Spülen. Durch eines der Fenster kann ich draußen ein metallenes Tor erkennen. NATO-Draht, Gitterstäbe, Überwachungskameras. Davor Roadblocks.

»Einer der Zugänge zur Shuhada-Street«, bemerkt Kassandra. »Der Zugang ist den Palästinensern verwehrt. Ihr werdet später mehr davon sehen.«

Fadi und Kassandra nehmen uns mit auf einen Spaziergang durch die Basare. Händler, die ihre Waren anpreisen, ein Esel, der auf das Pflaster pinkelt, auf seinem Karren kistenweise Hühner auf dem Weg zur Schlachtbank. Nach gut 100 Metern dünnt das Treiben aus, nur noch wenige Auslagen im Suk. Rechts eine leere Gasse, an ihrem Ende ein Sofa, über das eine riesige Palästinaflagge gesprayt wurde.

»Hier schlug einmal das Herz Hebrons«, erklärt Fadi und deutet auf eine meterhohe Betonmauer links des Sofas, die, zusätzlich durch NATO-Draht und einen Metallzaun gesichert, den Durchgang zu einer anderen Straße blockiert. Ein Stöckelschuh hat sich im Draht verfangen. Aschenputtel auf Abwegen.

»Ghost Town« nennen Fadi und Kassandra diesen Teil der Stadt, der durch die Repressionen der militärischen Besatzung und die Zweiteilung nahezu verlassen ist. »Hier gab es einst Hunderte Läden, Tausende Menschen, die hier lebten«, erklärt Fadi. »Aber seit Baruch Goldstein ist es ein Geisterviertel.«

Die Mehrzahl der Verschläge, die in die Erdgeschosse der Häuser eingelassen wurden, sind verbarrikadiert. Die Gassen sind mit Gittern überzogen, als Schutz wovor, erschließt sich mir nicht. Schließlich eine weitere versperrte Passage. Ein Kind spielt mit Steinen davor, mit roter Farbe steht an den Wänden: »This is Palestine«. Militärposten auf den Dächern, Israelflaggen, Schießscharten, mit Tarnnetzen verhangen.

»Was ist das für Schutt da oben?«, frage ich mit Blick auf einen löchrigen Maschendraht, der über die Gasse gehängt wurde und mit Holzlatten, Steinen und Plastiktüten übersät ist.

»Oh, das sind Geschenke der Siedler«, entgegnet Fadi. »Seht ihr die oberen Stockwerke? Dort wohnen sie.« Blumentöpfe hinter Glas, verschlissene Gardinen. »Sie schmeißen auf uns, was sich als Wurfgeschoss eignet. In den Plastiktüten ist meist Kot oder Pisse. Manchmal werfen sie auch Schlangen.« Er deutet auf einen größeren Bau ein Stück die Straße hinunter, wo ein Basketballfeld über den Dächern der Stadt zu erkennen ist. »Das da ist meine alte Schule. Heute ist sie ein Thorazentrum. Seht ihr den Riss dort in der Wand? Er gehört zu einem palästinensisch bewohnten Haus, aber wir können ihn nicht reparieren, weil das Militär uns nicht erlaubt, das Basketballfeld zu betreten. ›Security reasons‹. Das ist Blödsinn! Die Zweiteilung der Stadt ist strategisch angelegt. Die Checkpoints sind so verteilt, dass sie unsere Infrastruktur zerstören. Baruch Goldstein hat alles verschlimmert. Könnt ihr euch das vorstellen? Da wird eine Bluttat an Palästinensern verübt, als Konsequenz sterben weitere Palästinenser, und unsere Stadt wird geteilt. Dort vorne ist übrigens der nächste Checkpoint. Dahinter beginnt die israelische Militärkontrolle. Bis auf die Abrahamsmoschee, in der Goldstein damals sein Attentat verübte, habe ich keinen Zutritt.«

Wir kommen auf einen freien Platz, der viel sauberer und heller ist als alles, was wir bisher von Hebron gesehen haben. Links erblicken wir das Gotteshaus, das über dem Grab der Erzeltern steht und das nach Goldsteins Attentat in einen muslimischen und einen jüdischen Bereich geteilt wurde. Mächtige Steintreppen führen uns hinauf zur muslimischen Seite.

Das Innere der Abrahamsmoschee glänzt in warmem Schein. Ein flauschiger Teppich umschmeichelt die Füße, im Zentrum des Raumes stehen die marmornen Kenotaphen von Rebecca und Isaak. An der Rückwand gewähren zwei Einlassungen den Blick auf die Grabmäler von Abraham und Sarah. Ehrfürchtig durchwandern wir den Saal. Tücher als Röcke, um unsere kurzbehosten Beine zu verdecken. Kassandra hat sich einen Schal um den Kopf geschlungen. Im Nordteil der Moschee steht eine hölzerne Kanzel. Mehrere Meter hoch, aus einem einzelnen Baumstamm geschnitzt. Daneben sieht man vier Löcher in der Wand, die mit Kitt ausgebessert wurden, Relikte des Massakers von Baruch Goldstein. Vier Magazine schoss er leer, bis er von einem überlebenden Palästinenser überwältigt wurde. Der erschlug ihn in seiner Not mit einem Feuerlöscher.

»Ich muss euch gleich verlassen, Kassandra wird euch weiterführen«, bemerkt Fadi. »Aber eins gebe ich euch noch zu bedenken: Das israelische Netz der Militäranlagen ist löchrig. Es gibt Hunderte kleinerer Übergänge, über die wir jederzeit in die militärisch überwachte Zone eindringen und Siedler attackieren könnten. Das wissen sowohl die Israelis als auch die Palästinenser. Das bedeutet zum einen: Wir sind nicht an einem gewaltsamen Konflikt interessiert. Wir kennen die offenen Stellen, aber wir nutzen sie nicht. Und zum anderen: Die ›Sicherheitsmaßnahmen‹ dienen nicht dem Schutz der Israelis. Sondern der Vertreibung von Palästinensern.«

Damit verlässt uns Fadi, und Kassandra übernimmt die Führung. Die Militärpräsenz ist in diesem Teil der Stadt selbst für israelische Verhältnisse überdurchschnittlich hoch. Wenn man wissen will, in welchen Häusern Israelis wohnen und in welchen nicht, schaut man auf die Dächer. Jedes israelische Zuhause scheint mit der Nationalflagge versehen.

Vor einem jüdischen Shop komme ich mit einem Siedler ins Gespräch. Er hat mich auf der muslimischen Seite des Grabs der

Erzeltern gesehen. Unverhohlen spricht er mich darauf an: »Du weißt, dass es Mörder sind, oder? 40 tote Juden in den letzten 25 Jahren allein in Hebron! Und kein einziger Palästinenser ist gestorben!«

Ich runzle verwundert die Stirn. »Und was ist mit 1994?«

»Ach, Goldstein war ein Verrückter! Die Araber haben ihn wahnsinnig gemacht, er war krank. Aber 40 Tote durch 40 Verrückte, kannst du mir das erklären? Das glaubst du doch selbst nicht! Die Araber sind Terroristen!«

Wenig später steigen wir steile Steintreppen hinauf, an deren Ende Kassandra einem schmalen Pfad durch einen Olivenhain folgt. Links liegt ein verlassener Militärposten. Ich tapse über das Dach eines baufälligen Hauses und werfe einen Blick durch die Schießscharten. Die jüdische Siedlung im Norden, das Grab der Erzeltern, die Altstadt. Alles mit einem präzisen Gewehr zu erreichen.

»Als wir im letzten Jahr die Oliven ernten wollten, kamen Siedler und griffen uns an«, erzählt Kassandra, während wir durch den Hain streifen. »Sie warfen mit Steinen, versuchten, die Bäume anzuzünden. Natürlich entstand eine Auseinandersetzung. Eine Freundin wurde von einem anrückenden Soldaten mit dem Gewehrknauf ins Gesicht geschlagen. Am Folgetag wollte ich durch einen Checkpoint ins Militärgebiet, aber ein Soldat erkannte mich. Er ließ mich nicht rein. ›Aus Sicherheitsgründen‹. Als ich ihm versicherte, dass ich keine Waffen oder Ähnliches bei mir trug, sagte er, ich solle einen anderen Eingang benutzen.«

Unweit des Olivenhains liegt eine jüdische Minisiedlung in einem einzelnen Gebäudekomplex. Dahinter eine Militärstation. Eine Gruppe Soldaten mit schwerer Ausrüstung rennt an uns vorbei, doch Kassandra beruhigt uns. »Nur eine Übung.«

Kurz darauf bleiben wir an einer unscheinbaren Kreuzung stehen. »Hier wurde neulich ein ›Terrorist‹ hingerichtet«, erklärt

Kassandra. »Er hatte einen Soldaten angegriffen, aber lag schon entwaffnet und wehrlos am Boden, da kam ein anderer Soldat und schoss ihm in den Kopf. Es gibt Videos davon auf Youtube.«

Sören und ich blicken auf eine wenige Zentimeter breite Mulde im Asphalt. Heute steht fest: Der Soldat, der den Attentäter erschoss, wurde wegen Totschlags von einem israelischen Militärgericht zu anderthalb Jahren Haft verurteilt.

»Ich weiß nicht, was ihn geritten hat«, fährt Kassandra fort. »Er war sehr jung. Vielleicht war ihm das alles zu viel. Die meisten Soldaten haben gerade erst die Schule verlassen, wenn sie nach Hebron kommen. Die Besatzung wird zum Großteil von Kindern ausgeführt. Kindern mit Macht. Kindern mit Gewehren.«

Auf unserem Rückweg in den palästinensisch kontrollierten Teil der Stadt durchqueren wir die Shuhada Street. Von Weitem erblicke ich bereits die andere Seite des Checkpoints, den wir vom »Youth Against Settlements Center« aus gesehen haben. Links und rechts von uns muschelförmige Markisen; darunter Parolen in arabischen und hebräischen Schriftzeichen. An einem Haus prangt in blauem Lack ein Davidstern. Ich bleibe verwundert stehen.

»Von den Siedlern«, erklärt Kassandra. »Um zu zeigen, dass dieses Haus den Juden gehört.«

30. Juni 2016, Hebron, Palästina

Mein Handy klingelt. »Hallo?«, huste ich verschlafen in den Hörer. Ich liege, halb in meinen Schlafsack gewickelt, auf dem harten Boden des »Youth Against Settlements Center«. Am anderen Ende der Leitung meldet sich Yishai Fleisher.

»Shalom, Nils! Seid ihr schon auf dem Weg nach Hebron?«
»Wir sind schon da. Worum geht's?«

Yishais Stimme klingt angespannt. »Es hat einen Anschlag gegeben. Vielleicht ist es doch keine gute Idee, sich heute zu treffen. Die Stadt ist nicht sicher.«

Jäh bin ich hellwach. »Was ist passiert?«

Stimmen im Hintergrund. Rascheln. »Entschuldige, ich melde mich später, ja?« Er legt auf.

Sofort durchsuche ich das Internet nach Nachrichten. Verschiedene Seiten tickern, dass ein junger Palästinenser in die israelische Siedlung bei Hebron eingedrungen sei und ein 13-jähriges Mädchen im Schlaf erstochen habe. Zivile Sicherheitsleute erschossen den Attentäter, das Mädchen starb im Krankenhaus. Ich blicke zu Sören. Flucht oder Ausharren? Wir entscheiden uns zu bleiben.

Kurz bevor wir das Center verlassen, stolpert Kassandra aus ihrem Zimmer, um uns zu warnen. Wir sollten vorsichtig sein. Die Siedler würden sich rächen wollen.

»Was ist mit den Palästinensern?«, frage ich.

»Die haben Angst ... Das ist nie gut.«

Im palästinensisch kontrollierten Gebiet scheint das Leben seinen gewohnten Gang zu nehmen. Am Checkpoint vorm Grab der Erzeltern werden wir abgetastet, dann dürfen wir passieren. Yishai Fleisher empfängt uns in seinem Büro am äußeren Rand des militärisch überwachten Bereichs.

»Ihr seid mutig«, begrüßt er uns, während er uns mit einem anerkennenden Nicken die Hand gibt. Kippa, angegrauter Bart, Hemd. Lachfalten um die Augen. »Wie war eure Ankunft?«

Unser Gespräch findet zwischen Anrufen, Push-Nachrichten und hereinstürmenden Kollegen statt. Yishai gibt sich Mühe, die Situation so normal wie möglich wirken zu lassen.

»Ihr habt eine Stunde«, erklärt er. »Setzt euch, und fragt mich, was ihr wollt. Ihr müsst wissen, Hebron ist einer der wichtigsten Orte des Judentums. Von hier stammt unser Quellcode, der Ursprung unserer Identität. Vielleicht kennt ihr die Stimmen, die behaupten, wir seien Fremde, ›Siedler‹. Stimmen, die uns 2000 Jahre der Sehnsucht nach diesem Ort absprechen. Aber wir sind Rückkehrer! Wir sind das einheimische Volk seit 3800 Jahren. Unsere Urelltern liegen hier begraben. In Jerusalem steht unsere Verbindung zum Himmel, aber in Hebron haben wir unsere Wurzeln.« Yishai fixiert uns mit einer Mischung aus Vehemenz und Selbstverständlichkeit.

»Ich finde es bedeutsam, dass Abraham nicht nur der Vater des Judentums, sondern auch des Islams und des Christentums...«

Yishai unterbricht mich. »Natürlich! Ismael und Isaak sind die Söhne Abrahams. Aber die Thora sagt auch, welcher Sohn welches Land bekommen soll. Für Ismael ist die gesamte Arabische Halbinsel vorgesehen! Aber Isaak soll über Israel herrschen. Ihr müsst verstehen, ihr lest eure Bibel als einen religiösen Text. Aber für uns ist es ein Buch über *unser* Volk, in *unserer* Sprache, das *unsere* Geschichte von vor 3500 Jahren dokumentiert. Es ist das Geschichtsbuch unseres Volkes! Gott hat uns dieses Land versprochen.«

»Und was sagen die anderen Religionen dazu?«

Yishai lacht. »Ich fordere meine muslimischen Gesprächspartner gerne heraus: ›Seht ihr nicht, dass Allah mit den Juden ist? Er hat euch all euer Land, all euer Öl gegeben, aber Israel gehört den Juden! Steht nicht im Koran in Bezug auf die Juden: *O Volk, betritt das Heilige Land, das Allah euch bestimmte?* Warum sonst könnt ihr uns nicht besiegen? Solltet ihr nicht auf den Willen Allahs hören und einfach aufgeben?‹ Ich sag euch was: Die Dschihadisten spüren, dass die Prophezeiung in Erfüllung geht. Sie werden nervös!«

»Was meinst du damit?«

Yishai blickt uns bedeutungsschwanger an. »Die Kabbala sagt: *Wenn der Messias kommt, wird Wissen in die Welt fließen, und das Land Israels wird ergrünen.* Schaut euch um, es passiert!

Die Juden kehren in ihr Land zurück, sie sprechen eine Sprache. Gott erzählt uns seine Geheimnisse. Ich meine, wer hätte je gedacht, dass ein großes Stück Metall fliegen könnte? Wer hätte je gedacht, dass das Judentum nach dem Holocaust zu so großer Stärke finden würde? Wir leben in der messianischen Zeit. Und unsere Feinde spüren das. Sie sind eifersüchtig.«

Yishai versprüht funkelnden Optimismus. Das Problem seiner Thesen ist nur: Er sieht die Thora als von jedermann akzeptiertes Gedankengut. Aber wie soll jemand Yishais Argumentation zustimmen, der kein Jude ist? Wie soll jemand neidisch auf das messianische Zeitalter sein, wenn er gar nicht daran glaubt?

Ich werfe Yishai einen zweifelnden Blick zu. »Und wie passt der heutige Mord in dieses Bild? Wie passen all die Anschläge, die Kriege ins Bild des Messias? Was läuft schief?«

Yishai lehnt sich zurück, hebt eine Augenbraue und blickt mich fest an. »Mein Freund, eins musst du verstehen: Wir leben in der besten aller Zeiten. Alle Kriege, die Israel geführt hat, all die Attentate, alle Morde zusammengenommen, haben zu weniger Toten geführt als zwei Tage Auschwitz. Natürlich ist das Geschehene schlimm, aber als Jude musst du die Dinge in Relation sehen! Heutzutage haben wir die Möglichkeit zurückzuschlagen. Das ist ein Wunder! Wir haben unsere Kraft zurückgewonnen, wir können Dinge aushalten und uns wehren. Wir wissen, wie man liebt. Aber wir wissen auch, wie man kämpft.« Er macht eine kurze Pause. »Der geschehene Mord wird uns sicher nicht brechen. Er wird uns inspirieren. Wir werden Schulen im Namen der Toten errichten, ihr Tod wird nicht umsonst gewesen sein. Wir lassen uns nicht erschrecken. Wisst ihr, es ist nicht falsch, wenn die Internationalen sagen, es gebe keine Zweistaatenlösung inklusive Siedlungspolitik. Wir müssen dieses Land kontrollieren! Wir sind die Eingeborenen! Wir dürfen keine Deals eingehen. Frieden ist gut, aber wenn Krieg herrscht, dann herrscht Krieg.«

»Und was, glaubst du, wird geschehen, wenn euer Messias kommt?«

»Der Messias wird die Exilierten versammeln und die Juden befreien. Wir werden einen Tempel bauen, für alle Nationen, und der Messias wird uns die Geheimnisse der Welt offenbaren. Wir sehnen uns nach diesem Tag, aber wir dürfen nicht darauf warten. Heute Abend ist eine Beerdigung. Da wird Zeit für Emotionen sein. Aber darüber hinaus müssen wir unseren Teil leisten.«

Da stürmt ein weiterer Kollege ins Büro und verwickelt Yishai in eine hitzige Diskussion. Er entschuldigt sich bei uns und gibt uns die Hand. »Vielen Dank, dass ihr da wart. Gott segne euch!«

Die Straßen im militärisch kontrollierten Gebiet haben sich mittlerweile gefüllt. Soldaten marschieren über den brüchigen Asphalt, schwer bewaffnet, mit angespannten Gesichtern. Internationale Beobachtergruppen patrouillieren durch die Gassen. In schusssicheren Westen, man befürchtet Ausschreitungen. »Seid vorsichtig«, raten sie uns immer wieder. »Tut nichts Unüberlegtes!«

Wir wandern entlang eines Bürgersteigs, vorbei an einer mit rostigen Fässern fixierten Betonmauer, als plötzlich ein Auto herangerast kommt und nur wenige Zentimeter vor Sörens Schienbeinen stoppt.

»Was war das denn?«, ruft er entgeistert.

Der Fahrer schaut grimmig durch die Windschutzscheibe, wendet den Wagen und fährt mit quietschenden Reifen davon.

»Ein Siedler«, erklärt eine der Internationalen. »Er wollte nicht, dass du fotografierst. Jetzt wisst ihr, was wir meinten mit: Passt auf euch auf!«

Immer häufiger werden wir nun von Militärjeeps überholt. Soldaten auf den Ladeflächen, Blicke und Läufe in alle Richtungen. Wir folgen der Straße nach Kirjat Arba, bis rechts ein holpriger Weg eine Abkürzung andeutet. Nach einigen Hundert Metern versperren Roadblocks den Weg. Dahinter zwei kläffende Hunde, angekettet auf den Resten eines verbrannten Müllhaufens. Wir wollen schon umkehren, da winkt uns ein Junge zu. Er schraubt an den Achsen eines heruntergekommenen Toyota. »Salam aleikum!«, ruft er und winkt uns herbei. Wir entscheiden uns um.

Doch schon bald bemerken wir, dass die Menschen uns hier länger, feindseliger betrachten als sonst. Blicke, die fragen, was wir hier zu suchen hätten. Grimmiges Abtasten. Es ist, als müssten wir mit jedem »Salam aleikum« versichern, dass wir keine Siedler sind. Ein weiterer Junge tritt aus einem Hauseingang und verlangt Geld. Mit herrischer Stimme gebietet er uns, stehen zu bleiben. »Salam aleikum!«, rufen wir und eilen davon.

Wir gelangen an eine Kreuzung. Links der Weg ins Zentrum, rechts in Richtung der israelischen Siedlung. Wir wollen gerade den Rückzug antreten, da springt jäh ein kleines Mädchen auf die Straße und ruft: »Shalom, shalom, shalom!«

Oh nein, denke ich. Eine Gruppe Jugendlicher kommt auf uns zu. Umringt uns. Ich versuche, sie in ein Gespräch zu verwickeln, doch sie lachen nur. Schubsen uns herum, fassen uns ins Gesicht. Als ich einen der Jungs am Arm festhalte, windet er sich mit erschreckender Kraft aus meinem Griff. Sie packen Sörens Kamera. Ziehen an seinen Haaren. Täuschen Schläge an. Lachen. Dahinter das Kind. »Shalom, shalom, shalom!«

Ich blicke mich beunruhigt um. Im Zweifel alles fallen lassen und rennen. Doch dann würden sie uns folgen, würden sich vielleicht die Erwachsenen einmischen, die uns jetzt noch interessiert aus der Ferne beobachten, und wer weiß, was dann? Halten sie uns für Siedler, wird es eng. Halten sie uns für Internationale, haben wir vielleicht Glück. Wir sind auf uns allein gestellt. Ein paar Finger streifen meine Wange.

Plötzlich sehe ich ein Taxi heranfahren. Ein Engel! Der Fahrer erkennt die Situation und hält am Rande der Menschentraube, die sich um uns gebildet hat. Sören und ich durchbrechen den Ring und springen darauf zu. Ich reiße die Tür auf, werfe mich auf die Rückbank, Sören setzt hinterher. Jemand hat ihn erneut an den Haaren gepackt, doch mit einem Tritt gegen das fremde Schienbein und einem beherzten Ruck am eigenen Schopf kann er sich befreien. Während er unter Anstrengungen die Tür zuzieht, schiebe ich in Rekordzeit alle Knöpfe herunter. »Los!«, rufe ich dem Fahrer hektisch zu, doch einige Jungs haben sich vor die Motorhaube gestellt. Die Fenster sind offen, jemand spuckt herein. Als ich das Beifahrerfenster hochkurbeln will, trifft mich eine Faust hart an der Schläfe. Dann endlich rollen wir los.

Der Taxifahrer entschuldigt sich mehrfach in brüchigem Englisch bei uns, versichert, wie leid es ihm tue, in Hebron seien nicht alle so. Im Moment kann ich das nicht glauben. Ich kann nichts dagegen tun, der Vorfall wirft seine Schatten auf die gesamte Reise. Schlug mir das Herz eben noch bis zum Hals, sitzt es mir jetzt irgendwo in der Hose. Alles, was wir bisher erlebt haben, scheint plötzlich infrage gestellt. Ich habe Kopfschmerzen. Eigentlich will ich nur noch nach Hause.

Die Soldaten, die uns kurz darauf in der Altstadt begegnen, erscheinen uns mit einem Mal wie Freunde. Unter ihnen fühlen wir uns sicher. Sie können uns beschützen. Mittlerweile sind viele Orthodoxe auf den Straßen. Sie tragen festliche Kleidung, dazu Maschinengewehre. Pistolen im Hosenbund.

Das Militär hat die gesamte Straße von Kirjat Arba bis zum jüdischen Friedhof im Zentrum Hebrons abgeriegelt. Alle 100 Meter stehen paarweise Soldaten. Helme, Knieschoner, die Brust- und Bauchtaschen voller Magazine. Irgendwann rollt, angeführt von einem Jeep mit riesiger Israelflagge im Heck, Auto um Auto aus der Siedlung und steuert in Richtung Zentrum. Unruhige Blicke der Soldaten, doch für den Moment bleibt alles ruhig. Die Palästinenser beobachten das Treiben aus ihren Fenstern. Manche kommen vom Einkaufen in der Stadt, denn die Sonne geht bald unter. Zeit des Fastenbrechens.

Wir laufen dem Tross hinterher. Einige Kinder machen Witze über Molotowcocktails, die internationalen Beobachter verbieten ihnen den Mund. Auf den letzten Metern zum Friedhof passieren wir die Kreuzung, auf der der festgenommene Palästinenser erschossen wurde. Das Loch im Asphalt, kurz dahinter die jüdischen Gläubigen, die auf den Beginn der Zeremonie warten.

Es sind mehrere Hundert Menschen auf dem kleinen jüdischen Friedhof zusammengekommen, um Anteil zu nehmen. Eine israelische Flagge weht auf halbmast, ein Fernsehteam filmt. Drum herum das Meer der palästinensischen Häuser. Vorne der Vater, der Psalmen liest, daneben die Mutter, die schluchzt, ununterbrochen schluchzt. Vor den beiden, nur wenige Zentimeter Abstand, drei Soldaten. Der Vater beendet seine Lesung, der Rabbi sagt ein paar Worte, und die Gemeinde beginnt zu singen. Zuerst leise, dann immer lauter, als mehr Stimmen mit einsteigen. Ein feierliches Lied, das an- und abschwillt und von Leben und Tod und Gott erzählt. Ich habe einen Kloß im Hals. Die Mutter schluchzt noch immer. Ich denke an mein Geheimnis.

Und schließlich, die Dämmerung ist bereits fortgeschritten, geschieht etwas Schreckliches. Nichts physisch Schreckliches, nichts, was körperliche Folgen für jemanden hätte, und doch: Es ist nur ein kurzes Knacken, dann beginnt der Gesang der Muezzins. Aus allen Minaretten der Stadt schallen gleichzeitig die rauschenden Gebete zu Gott, die sonst so heimelig klingen, doch in diesem Moment nichts anderes bei mir und den Menschen um mich herum auslösen als Schmerz. Ein Kind ist gestorben, in einem viel zu häufig auf den Glauben reduzierten Krieg, und plötzlich singen die Religionen im Wettstreit. Zum selben Gott, zu verschiedenen, vielleicht zu niemandem da oben, ich weiß es nicht. Ich kann spüren, wie die Gemeinde um mich herum lauter wird. Ich sehe die Gesichter der Gläubigen, manche wippen vor und zurück, die Augen geschlossen, sie schreien fast, als hätten sie Angst, dass ihr Gott sie nicht hören könne. Mir rollt eine Träne die Wange hinab.

Die Nacht verbringen wir im »Youth Against Settlements Center«. Ich kann nicht schlafen, Nacken und Schultern schmerzen, ich habe Durchfall. Der Körper macht zu, weil der Kopf nicht mehr mitkommt. Ich schreibe Anna, frage, ob bei ihr und unserem Geheimnis alles in Ordnung sei, sie fragt nach mir, ich antworte, klar, alles im Lot. Erst als Kassandra mir eine Johanniskrauttablette gegen Nervenleiden gibt, finde ich in den Schlaf.

1. Juli 2016, Jerusalem

Zurück in der Heiligen Stadt, erfahren wir, dass Hebron weiträumig abgeriegelt ist. Es hat weitere Tote gegeben. Ein Palästinenser starb in einer Tränengaswolke bei Ramallah. Eine junge Frau wurde am Grab der Erzeltern von einem Soldaten erschossen. Ein Israeli starb in seinem Auto, als ein Attentäter aus dem Hinterhalt das Feuer auf ihn eröffnete. Ministerpräsident Netanjahu beschloss, das Haus des Attentäters von Kirjat Arba zerstören zu lassen. Zudem sollen 42 weitere jüdische Wohnkomplexe in Kirjat Arba entstehen.

Von der Dachterrasse unseres Hotels sieht die Stadt aus wie eine Herde Schildkröten. Uralt und erhaben liegen sie auf den Hügeln. Man würde sich nicht wundern, wären sie vom einen auf den anderen Tag plötzlich verschwunden. Fortgewandert, müde von all den Konflikten und Zwistigkeiten um sie herum.

Auf ihren Rücken, die schon so viel ertragen mussten, wachsen mittlerweile Satellitenantennen. Wie die Gebete der Menschen richten sie sich auf einen unsichtbaren Punkt im Himmel.

Epilog

8. Juli 2016, Zgheib-Militärbasis, Sidon, Libanon

»Deutsche, ja?« Der Mann wirft uns einen misstrauischen Blick zu. »Und ihr wollt in den Süden? Was habt ihr da vor?«

»Wir wollen zum Hermon.«

Er verschränkt die Arme. »Zum Hermon? Das ist gefährlich! Daesh, Israel!« Blättert durch unsere Reisepässe. Diejenigen ohne Israel-Stempel, die wir eigens auf Anfrage bei den deutschen Behörden erhalten haben. »Kennt ihr jemanden vor Ort?«

Ich diktiere ihm eine hastig gekritzelte Telefonnummer. »Mehdi Fayek, unser Guide.«

Der Beamte klemmt sich den Hörer ans Ohr. Schnelle Sätze auf Arabisch. Er wird laut, hält inne, schreit. Dann lacht er. Dann schreit er wieder. Schließlich legt er auf.

»Ihr braucht keine Genehmigung«, erklärt er.

»Was? Auch nicht für Kana? Tyros?«

»Nein.«

»Sicher?«

»Gehen Sie.« Er deutet auf die Tür.

Ich bin sprachlos. Ursprünglich hieß es, der Süden des Libanon sei nur mit einer militärischen Genehmigung zu bereisen. Das Land werde von der Hisbollah kontrolliert, Milizen, die keinen Spaß verstünden. Dazu die Nähe zu Israel. Riskant. Zwei Tage haben wir verplempert, für nichts.

Auf dem Landweg war der Libanon für uns ohnehin nicht zu erreichen gewesen. Die Grenze zu Israel ist seit Ewigkeiten geschlossen. Zudem mussten wir zurück nach Deutschland, um Gepäck und Pässe zu wechseln, da die libanesischen Behörden jedem die Einreise verweigern, dem sie einen Aufenthalt in

Israel nachweisen können. Jesus musste damals lediglich einer der Handelsrouten folgen, um an die phönizische Küste zu gelangen. Wir brauchten zwei Flüge, 6200 Kilometer.

Am späten Nachmittag des nächsten Tages befinden wir uns bereits in einem Kleinbus auf dem Weg in die Berge. Wir waren in Kana, wo Jesus einst Wasser zu Wein gemacht haben soll, und in der Gegend um Tyros, wo er sich dem Markusevangelium zufolge von einer Syrophönizierin belehren ließ. Es waren die letzten Stationen auf unserer Route: Jesu Wirken auf heidnischem Boden, der römischen Provinz Syria, um auch dort die verlorenen Schafe Israels zu erreichen. Nun wollen wir noch einmal zum Hermon. Zurück zum höchsten Punkt unserer Reise, nur ein paar Kilometer und gleichzeitig unerreichbar weiter nördlich, um den Wahnsinn all dieser Grenzziehungen mit eigenen Augen zu erfassen.

Wir fahren noch einmal durch Beirut. Früher das Juwel der libanesischen Küste, Handelszentrum und Catwalk der Levante, heute nicht mehr viel davon übrig. Im Süden prangen Einschusslöcher wie Altersflecken an den Fassaden, Stromkabel hängen wie Spinnennetze. Zwischen den Häuserschluchten spielen die Kinder mit Soft-Airs. Eng an die Fassaden gedrückt, viel zu realistische Szenarien. Der Bürgerkrieg endete 1990 durch das Abkommen von Taif zwar mit einer Einigung, vor allem aber weil alle Parteien nach über 15 Jahren des Kampfes müde waren.

Schließlich trägt uns die Straße die Berge hinauf. Neben uns brummt ein Laster, auf dessen Ladefläche zwei Möbelpacker Bier auf einem festgezurrten Sofa trinken, dahinter ein Kleinbus, Fleisch- und Wurstwaren, Partyservice Unger. An einer Kreuzung hat sich ein Stau gebildet. Zwei Verkehrspolizisten streiten darüber, wer Vorfahrt hat.

Ich schaue zurück. Hinter uns die Hänge des Chouf, majestätische Zedern, die uns gemeinsam mit Himmel und Meer eine

Ahnung von der Schönheit des Landes geben. Vor uns die Beeka-Ebene. Garten des Libanon, die Fortsetzung des Jordangrabens in einer Hochebene.

Knapp zehn Kilometer nördlich des Hermons liegt das drusisch-christliche Dorf Rashaiya. Kopfsteinpflaster im breiten Suk, die Menschen zurückhaltend, Aprikosen- und Granatapfelbäume in den Gärten. Dahinter beginnen die Stellungen der Hisbollah, errichtet, um den IS am Eindringen in den Libanon zu hindern.

Mehdi Fayek begrüßt uns vor einem flachen Steinbau. Ursprünglich wollten wir gemeinsam zu einem Jesus-Heiligtum in der Nähe des Dorfes wandern, doch Sören fühlt sich unwohl. Bereits während der Fahrt klagte er über Magenprobleme. In der Nacht weckt er mich, er habe Blut gespuckt. Wir fahren ins Krankenhaus, anderthalb Liter Infusion. Lebensmittelvergiftung, sagt der Arzt, nichts Ernstes. Und doch das Aus für alle weiteren Pläne.

Am folgenden Morgen sitze ich mit Mehdi auf der Veranda des Hauses. Weinreben wachsen an einem Metallgitter empor und überdachen die Einfahrt. Ein paar Wochen noch, und die Trauben sind bereit zur Ernte. Vor uns, auf einem flachen Holztischchen, steht ein verziertes Tablett. Salbei, Mandeln, Rosinen. Mehdi fragt, ob ich etwas trinken wolle. Französisch, die alte Mandatssprache. »Je mange thé?« Ich nicke ihm grinsend zu.

Im Süden erheben sich die Hänge des Hermons. Dschabal asch-Scheich, nennt ihn Mehdi. Berg des Herrn. Die Sonne wandert um das Massiv herum und taucht seine Südflanke in Licht. Irgendwo dort haben wir vor nicht langer Zeit gesessen. Bier getrunken, mit unseren Jungs vom Golan, und das Rumpeln in Syrien gehört.

Ich kann jeden Menschen verstehen, der seine Heimat auf der Flucht nicht zurücklassen will. Der in Hamburg den Gesang von den Minaretten vermisst, in Leipzig nach Datteln und Kichererbsen sucht. Bei mir sind es Labskaus und der Gesang von Möwen. Ich freue mich irrsinnig darauf. Heimat ist, was Geborgenheit vermittelt.

Ich blättere durch mein Notizbuch. »Wer Frieden will, muss friedlich sein«, steht da, und: »Es geht nicht darum, *was* du bist, sondern *wer* du bist.« Im Laufe der Reise haben sich die Seiten gefüllt.

Jesus haben wir auf unserer Wanderung nicht gefunden. Aber Einblicke in die Gegend, die ihn formte. 2000 Jahre später. Ich glaube nicht, dass eine Figur wie er heute noch möglich wäre. Wie schwer sein Weg war und wie schwer er noch heute ist, das haben wir auf dieser Wanderung erlebt.

Am Ende ist mir die Vorstellung angenehm, dass auch Jesus nicht perfekt war. Fehler werden verziehen. Aber nur weil sie verziehen werden, heißt das nicht, dass wir sie auch begehen müssen. Wir alle sind gute Menschen, solange wir es versuchen. Wer Frieden will, muss friedlich sein.

Könnte von ihm stammen.

Dank

Es gibt wahrscheinlich unzählbar viele Leute, ohne die ich diese Reise und das Buch nicht hätte verwirklichen können. Unmöglich, alle zu nennen. Ich hoffe, die folgende Aufzählung ist einigermaßen umfassend.

Ich bedanke mich bei Lisa, Martin und Pierre für die gemeinsame und monatelange Vorbereitung des Projekts. Für all die Kontakte, Tipps und gewissenhaften Mails.

Ich danke Thimna und Stefan für die Unterkunft, ihr Wissen und ihre Freundschaft. Chris, Yael und Tom für die familiäre Aufnahme. Ludger, Mitri, Michael und Tamar für all ihr Knowhow. Ruth Hartmann und Sabine Haupt vom Goethe-Institut Libanon sowie Laura Hartz vom Goethe-Institut Ramallah für ihre Unterstützung. Und natürlich Matt, ohne den wir in der Wüste wahrscheinlich verdurstet wären.

Dank gebührt außerdem Professor Dr. Marco Frenschkowski von der Universität Leipzig für die wissenschaftliche Beratung. Kaleb für die kritische Stimme. Julia, Peter und Olaf für ihren Beistand. Fabian Bergmann für die intensive und zuweilen lustige Zusammenarbeit. Und Margret Kirsch für all das Herzblut.

Zudem danke ich Andrea Stobbe und der gesamten Nordkirche, die geflissentlich übersehen, wie viele Semester ich schon auf dem Buckel habe, und mich stattdessen auf all meinen Wegen unterstützen.

Und natürlich meiner Anna. Für den Rückhalt, die Kraft und die Ruhe.

Zuletzt selbstverständlich Sören. Danke (und sorry) für alles!